Dora Heldt

Bei Hitze ist es wenigstens nicht kalt

Gibt es etwas Schlimmeres, als seinen fünfzigsten Geburtstag mit der ganzen Familie feiern zu müssen, Geschäftskollegen des Mannes und Nachbarn inklusive? Wenn man obendrein noch unter Stimmungsschwankungen und Hitzewallungen leidet? Doris denkt gar nicht daran, sich ihrem Schicksal zu ergeben: Zusammen mit ihren ehemaligen Schulfreundinnen Katja und Anke bietet sie dem gefürchteten Datum bei einem Wellness-Wochenende an der Ostsee die Stirn.
Früher, zu Schulzeiten, waren die Erwartungen der drei ans Leben hoch. Aber wer gibt schon gerne zu, dass seither nicht alles wunschgemäß gelaufen ist? Massagen, Yoga und Pediküre helfen, die Dinge (vorerst) zu beschönigen. Den großen Knall kann dann aber selbst die beste Hot-Stone-Massage nicht verhindern …

Dora Heldt, 1961 auf Sylt geboren, ist gelernte Buchhändlerin und lebt heute in Hamburg. Mit ihren Romanen führt sie seit Jahren die Bestsellerlisten an, die Bücher werden regelmäßig verfilmt.
Weitere Informationen unter www.dora-heldt.de

Dora Heldt

Bei Hitze ist es wenigstens nicht kalt

Roman

dtv

FSC www.fsc.org
MIX
Papier | Fördert gute Waldnutzung
FSC® C019821

Neuausgabe 2016
8. Auflage 2025

Tumblingerstraße 21, 80337 München
produktsicherheit@dtv.de
Dieses Werk wurde vermittelt durch die Literarische Agentur Thomas Schlück GmbH, Hannover
Umschlagbild: Markus Roost
Fotos im Innenteil: Birgit Schmidt; Bernd Schumacher; fotolia © Pavlo Vakhrushev, Carmen Steiner, mattilda, Thomas Leiss, Angelika Bentin, mahey
Satz: Greiner & Reichel, Köln
Druck und Bindung: Druckerei C.H.Beck, Nördlingen
Printed in Germany · ISBN 978-3-423-21628-9

EINLADUNG

Liebe Familie und liebe Freunde,

wie Ihr hoffentlich alle wisst, wird Doris am 27. Mai flotte fünfzig.
Das ist für mich ein Anlass, alle alten Freunde einmal wieder um uns zu versammeln, damit dieses Fest auch gebührend gefeiert wird. Doris würde das bestimmt genauso sehen, wenn sie es denn wüsste. Das Schöne an dieser Überraschungsparty ist aber: Das Geburtstagskind hat noch keine Ahnung. Damit das so bleibt, bitte ich Euch, an diesem Tag um 12 Uhr pünktlich am Gasthof Hanske bei uns in der Straße zu sein. Natürlich feiern wir nicht dort, sondern machen mit dem bereitstehenden Bus eine kleine Fahrt (ca. 45 Minuten) zur eigentlichen Location. Das klingt umständlich, aber wir wollen Doris ja überraschen.
Ich hoffe, Ihr unterstützt mich bei diesem Plan, kommt alle zum Feiern und freut Euch genauso wie

Euer Torsten

Im Treppenhaus roch es nach angebratenen Zwiebeln. Anke stellte ihren Einkaufskorb auf dem Boden ab und schloss den Briefkasten auf. Drei Wurfsendungen und mehrere kleine Umschläge fielen ihr entgegen. Den Aufkleber »Keine Werbung« hätte sie sich auch sparen können, er wurde von diesen Zustelltrotteln mit einer Konsequenz ignoriert, die sie zur Mörderin machen könnte. Sie schloss die kleine Metalltür und stopfte die gesamte Post zwischen ihre Einkäufe, bevor sie die sechsundvierzig Stufen zu ihrer Wohnung hinaufstieg. Ihr rechtes Knie knirschte. »Arthrose«, hatte der Hausarzt vor einem halben Jahr diagnostiziert, »das kann mit fast fünfzig schon mal sein. Gehen Sie schwimmen, Bewegung hilft.« Seitdem ging sie jeden zweiten Tag ins Hallenbad. Ihr Knie knirschte trotzdem. Dafür war sie jetzt öfter erkältet. Und jeden Monat um zwanzig Euro ärmer, so viel kostete das Frühschwimmerticket. Sie würde es Ende des Monats kündigen. Sie konnte Chlorgeruch um halb sieben sowieso nicht leiden.

In ihrer Wohnung angekommen ließ sie die Tür hinter sich zufallen und lehnte sich schwer atmend dagegen. Irgendwann, das wusste sie, irgendwann würde sie in eine Wohnung umziehen, zu der höchstens vier Stufen führten. Oder ein Fahrstuhl. Sie schlüpfte aus den Sandalen, drückte die Taste für den Anrufbeantworter und lief barfuß unter der Stimme ihrer Schwester in die Küche.

»Hallo, Anke, ich bin es, Martina. Du, Jörg und ich sind am Samstag eingeladen und kriegen keinen Babysitter für Jasper. Kannst du ihn abholen? Sei doch so gut und ruf mal zurück. Wir machen es auch wieder gut. Bis später. Tschüss, tschüss.«

Mit einem Seufzer begann Anke, ihre Einkäufe wegzuräumen. Ob ihre Schwester jemals einen Gedanken darauf verschwendete, sie, Anke, könnte einfach mal etwas vorhaben? Es war doch nicht selbstverständlich, dass Jaspers Patentante jeden Samstag allein auf dem Sofa verbrachte. Davon ging Martina aber aus. Bereits zum dritten Mal in diesem Monat sollte sie als Babysitter für ihren siebenjährigen Neffen einspringen. Der ja nichts dafür konnte und zauberhaft war. Nur deshalb ließ sie sich jedes Mal darauf ein. Trotzdem hatte sie überhaupt keine Lust, sich von Martina dauernd ausnutzen zu lassen. Das Los der Älteren, dachte sie kopfschüttelnd, sie war eben immer noch Babysitter. Früher für die kleine Schwester, jetzt für deren Sohn. Die perfekte kleine Martina, inzwischen schön, klug, reich, Ärztin, Ehefrau, Mutter war immer noch die beste aller Töchter. Die alles locker unter einen Hut brachte, ob Praxis, Kind oder Partys im Tennisclub. Dass die wunderbare Martina aber auch Gott und die Welt und vor allen Dingen ihre Schwester ständig einspannte, dagegen konnte man nichts sagen. Das war einfach gute Organisation. Anke bekam ganz langsam schlechte Laune. So wie meistens, wenn sie über Martina nachdachte. Weil diese Gedanken dann weiterliefen und irgendwann bei ihrer Mutter endeten.

Entschlossen ließ sie die Kühlschranktür zufallen und wandte sich zurück. Dabei fiel ihr Blick auf den Poststapel, den sie achtlos auf den Küchentisch geworfen hatte. Als sie den obersten Brief umdrehte, zuckte sie zusammen. Er war handschriftlich adressiert, die Schrift war schwungvoll und energisch. Sie hätte sie auch erkannt, wenn der Absender gefehlt hätte.

Mit dem Brief in der Hand füllte sie Wasser in die Kaffeemaschine und löffelte Kaffeepulver in die Filtertüte. Eins, zwei, drei, einen für die Kanne. Nach dem Knopfdruck setzte sie sich langsam, immer noch den Brief in der Hand, an den Tisch, starrte auf das Kuvert und warf es auf den Stapel. Sie würde warten, bis der Kaffee durchgelaufen wäre. Der Rest der Post bestand aus Rechnungen. Anke überflog die Summen und legte alles zur Seite. Sie musste sich mal wieder etwas ausdenken, die Nachzahlung ans Gaswerk hatte sie nicht auf dem Zettel gehabt. Das finale Gurgeln der Kaffeemaschine stoppte ihre Überlegungen. Sie stand auf, warf noch einen Blick auf den cremefarbenen Umschlag, nahm einen Becher aus dem Schrank und zog langsam die Kaffeekanne von der Wärmeplatte. Während sie die Milch in den Kaffee rührte, griff sie wieder nach dem Brief, wendete ihn und starrte auf den Absender. Nach all den Jahren war ihr immer noch komisch zumute, wenn sie den Namen las. Es war eine Melange aus Herzklopfen und Widerwillen, sehr seltsam. Mit angehaltenem Atem nahm sie ein Obstmesser und schlitzte den Umschlag auf. Sie überflog die Einladung und las danach die zweite Seite, atmete aus und las alles noch einmal langsam.

Hallo, Anke,
jetzt ist unser dreißigjähriges Abiturtreffen schon wieder ein Jahr her und somit auch unser letztes Treffen. Müssen

wir eigentlich immer Anlässe haben, um uns alle zu sehen? Das ist doch dämlich, oder? Aber wenigstens gibt es mal wieder einen Anlass. Ich weiß nicht, wann Du das letzte Mal mit Doris telefoniert hast und ob Du auf dem Laufenden bist, aber meine Frau weigert sich kategorisch, diesen Geburtstag zu feiern. Sie findet es demütigend, fünfzig zu werden. (Das waren tatsächlich ihre Worte.)
Mir ist es ein Rätsel, warum sie sich solche Gedanken macht, also habe ich beschlossen, dass sie feiern muss. Wohin es geht, sage ich nicht, seid sicher, dass es ein toller Tag wird. Ich habe ja unsere ganze alte Clique eingeladen und bin mir sicher, die Stimmung wird wie früher sein, als wir noch alle jung und unerschrocken waren. Deswegen müsst Ihr dabei sein, Du und Katja, Ihr seid doch das Traumtrio gewesen.
Also dann, denkt daran, dass alles topsecret ist, nicht, dass Doris doch noch etwas ahnt und einfach vorher durchbrennt.
Jedenfalls freue ich mich auf ihr Gesicht.
Liebe Grüße, Torsten

P.S. Und bitte: Nichts verraten! Ich freue mich.

Anke ließ den Brief sinken und starrte aus dem Fenster. Was für eine bescheuerte Idee. Wenn Doris nicht feiern wollte, dann wollte sie eben nicht. Und es war klar, dass Torsten nicht kapierte, warum seine Frau diesen Geburtstag als demütigend empfand. Er war eben ein Mann und hatte früher schon selten nachgedacht.

Anke überlegte, wie lange sie sich eigentlich kannten. Es

mussten fast fünfunddreißig Jahre sein. Großer Gott. Wie das schon klang. Uralt.

Sie hatten zusammen Abitur gemacht. Doris, Katja und sie waren in einer Schülerzeitungsredaktion gewesen. Drei völlig unterschiedliche Mädchen, die sich gut ergänzten. Nicht mehr und nicht weniger. Allerdings waren sie ein gutes Team. Drei Preise hatte ihre Zeitung bekommen. Sie hieß ›Wilde Wörter‹. Chefredaktion Anke Kerner, Layout und Fotos Doris Goldstein, Text Katja Severin. Es war gefühlte zweihundert Jahre her. Mittlerweile hieß Doris nicht mehr Goldstein, sondern Goldstein-Wagner, natürlich ein Doppelname, so viel Zeit muss sein, und die Farbe von Katjas mahagonifarbener Mähne kam aus der Tube.

Anke schob ihren Kaffeebecher zur Seite und strich den Brief glatt. Wirklich eine blöde Idee. Wie kam Torsten nur auf einen solchen Schwachsinn? Jetzt würde sie ihn auch noch anrufen müssen, um ihm zu sagen … ja, was eigentlich? Dass sie an diesem Tag keine Zeit hätte? Und keine Lust? Das fehlte ihr noch: ein ganzer Tag sentimentales Geschwätz über alte Zeiten. Das Abitreffen vor einem Jahr und das Essen, zu dem Torsten kurz danach eingeladen hatte, waren ihr schon zu viel gewesen. Wie Doris wohl reagierte? Und ob Katja kommen würde?

Mit Doris telefonierte sie ab und zu, allerdings rief sie selbst nie an. Immer nur Doris. Bei den letzten Telefonaten hatte Anke das Gefühl gehabt, Doris wäre ein bisschen angetrunken gewesen. Es war aber nur so ein Gefühl, das Telefonat hatte nicht lange genug gedauert. Sie hatten sich nicht mehr richtig viel zu erzählen.

Mit Katja hatte sie tatsächlich bis zu diesem Abitreffen überhaupt keinen Kontakt gehabt. Katja Severin. Die

Schönste der Schule. Alle Typen waren in sie verknallt, es war kaum auszuhalten gewesen. Und dann hatte sie natürlich die ganz große Karriere gemacht. Volontariat, Studium und anschließend Moderatorin eines täglichen Boulevardmagazins im Fernsehen. Anke hatte sie jeden Abend gesehen. Vor zwei Jahren war Katja dann plötzlich weg vom Bildschirm. Auf dem Treffen hatte sie erzählt, dass sie jetzt das Regionalbüro in Kiel leite, sie sei es leid, auf der Straße ständig erkannt zu werden. Wer's glaubt ..., hatte Anke im Stillen gedacht, aber zugeben müssen, dass Katja sich wirklich kaum verändert hatte. Sie sah aus wie Mitte dreißig und redete auch so. Anke fühlte sich alt und grau neben ihr, obwohl Katja ein halbes Jahr älter war. Manchmal werden Gene ungerecht verteilt, genauso wie das Geld, das man für Schönheitskorrekturen ausgeben muss.

Entschlossen faltete Anke den Brief zusammen und schob ihn unter die Obstschale. Sie würde diese Albernheit nicht mitmachen, Sentimentalitäten wollte sie sich nicht leisten. Sie nicht. Mit einem Knirschen in den Knien stand sie auf und ging in den Flur, um ihre Schwester anzurufen. Bevor sie sich mit alten Geschichten herumschlüge, könnte sie auch telefonieren.

Martina meldete sich nach dem zweiten Freizeichen. »Hallo, Anke, hast du deinen AB abgehört?«

Wenn Anke irgendetwas nicht leiden konnte, dann waren es diese affigen Abkürzungen. »Ich höre den Anrufbeantworter immer ab. Wann müsst ihr denn am Samstag los?«

Martinas Stimme klang wie immer gehetzt. »Spätestens um vier. Wir sind zu einer Gartenparty eingeladen, ein ehemaliger Studienkollege von Jörg. Die haben sich ein irres Haus direkt am Meer gekauft, das muss traumhaft sein, aber es sind sonst überhaupt keine Kinder da, und du weißt ja, wie Jasper nervt, wenn er sich langweilt. Also, du kannst ihn nehmen, ja?«

Ankes Blick fiel auf ein Foto ihres Neffen, das im Regal stand. Er grinste in die Kamera, seine Zahnlücke war nicht zu übersehen, das blonde Haar verwuschelt. Er konnte ein Satansbraten sein, aber er wickelte Anke um den Finger. Martina war die Pause zu lang. »Mama hat Opernkarten, sie kann nicht. Was soll ich denn machen?«

›Absagen?‹, dachte Anke, hatte aber keine Lust, in eine Diskussion mit ihrer Schwester einzusteigen, die sie sowieso verlieren würde. »Okay, ich hole ihn gegen drei ab und bringe ihn Sonntagmittag wieder zurück. Und du ...«

»Super«, unterbrach Martina sie, »auf dich ist doch Verlass. Jasper freut sich. Und irgendwann mache ich es auch mal gut und wir zwei gehen schön essen. Ich denk mir was aus!«

Anke verzichtete auf einen Kommentar und verabschiedete sich.

Resigniert stieß Doris die Luft aus und musterte sich im Schlafzimmerspiegel. Der Knopf würde vielleicht zugehen, aber in keinem Fall der Reißverschluss, egal, wie sehr sie den Bauch einzöge oder den Atem anhielte. Dieser dämliche Rock war definitiv zu eng. Und zwar mindestens eine Größe. Und ausschließlich auf der Hüfte.

Doris schob das Teil unwirsch an sich hinunter und ließ die zusammengerollte Stoffwurst achtlos auf dem Boden liegen.

›Jetzt wirst du auch noch fett‹, dachte sie wütend. Und das trotz Yoga und gesunder Ernährung. Diese verfluchten Hormone. Sie griff zu einer Jeans, die über dem Stuhl hing und schlüpfte hinein. Wenigstens die passte noch. Es wäre sowieso übertrieben, zu einem Friseurbesuch ein Designerkostüm anzuziehen. Trotzdem hatte sie diesen Rock nur einmal getragen, und das war erst ein Jahr her. Sie atmete tief aus, knöpfte die weiße Bluse zu und zog die Jacke an. Obenrum war alles in Ordnung, die Jacke ließ sich locker schließen.

Es klingelte an der Haustür, das war wohl schon Frau Kröger, die nie ihren Schlüssel benutzte, wenn sie eines der Autos vor dem Haus parken sah. Doris warf einen abschließenden Blick in den Spiegel und ging nach unten, um ihre Putzfrau reinzulassen.

»Guten Morgen, Frau Goldstein-Wagner, ich habe Ihren Wagen gesehen. Ich dachte, Sie wären mit Ihrem Mann bis Mittwoch verreist.«

Doris ging ein Stück zur Seite, ließ Frau Kröger vorbei und folgte ihr in die Küche. Sie putzte schon seit fünfzehn Jahren bei ihnen, jeden Dienstag und Freitag. Mittlerweile hatte sie das Rentenalter erreicht, zum Glück war bislang kein Wort darüber gefallen, dass sie mit der Arbeit hier aufhören wollte. Obwohl es eigentlich übertrieben war, dass sie immer noch zweimal in der Woche kam, zumal Moritz, Doris' zweiter Sohn, seit einem halben Jahr auch ausgezogen und so aus einer vierköpfigen Familie ein Paar geworden war, das in einem viel zu großen Haus lebte.

»Ich bin doch nicht mit nach Berlin gefahren. Mein Mann hat den ganzen Tag auf der Messe zu tun und ich hatte irgendwie keine Lust, drei Tage allein durch die Stadt zu laufen.«

Frau Kröger schüttelte ungläubig den Kopf. »Also wirklich. Sie sind doch sonst immer mitgefahren. Berlin ist so eine tolle Stadt, ich war letztes Jahr mit dem Roten Kreuz da, mit so einer Bustour und zwei Übernachtungen. Also, das war sehr interessant, ich will da unbedingt noch mal hin.«

»Tja, meine Liebe«, Doris lehnte sich an den Küchenblock und sah zu, wie ihr guter Geist die blaue Strickjacke auszog und über einen Stuhl hängte, »hätte ich das gewusst, hätte ich meinen Mann gebeten, Sie mitzunehmen. Er schnarcht auch nicht.«

»Frau Goldstein-Wagner …« Unter der Strickjacke trug Frau Kröger ein enges T-Shirt, unter dem sich drei Rollen abzeichneten. Mit entrüstetem Gesicht sah sie hoch. »Das fehlt ja wohl noch. Haben Sie schon gefrühstückt? Soll ich oben anfangen?«

Doris dachte kurz an ihren Rock und fragte sich, im Hinblick auf die Krögerschen Speckrollen, ob die Unzufriedenheit mit der Figur vielleicht im Rentenalter aufhörte.

Sie würde heute jedenfalls nicht frühstücken. »Sie können hier anfangen, ich bin fertig. Ich fahre auch gleich zum Friseur.«

»Gut.« Frau Kröger stellte einen kleinen Eimer in die Spüle und ließ Wasser einlaufen. Während sie wartete, drehte sie sich zu Doris um und musterte sie. »Sie sehen abgespannt aus. Ist alles in Ordnung?«

»Ja, ja. Ein bisschen Kopfschmerzen. Habe ich meistens, wenn das Wetter umschlägt.«

›Und wenn ich abends mehr als eine Flasche Weißwein auf der Terrasse trinke‹, fügte sie in Gedanken hinzu und vergewisserte sich mit einem Blick, dass sie die leeren Flaschen in den Altglaskorb gestellt hatte.

»Dann fahre ich mal los. Ich will nach dem Friseur noch einkaufen, dann sehen wir uns nicht mehr. Also, einen schönen Tag.«

»Ihnen auch. Bis Freitag.« Frau Krögers Konzentration galt wieder dem Wassereimer. Doris griff nach Handtasche und Schlüssel und verließ das Haus.

»Noch nicht ganz.« Im Friseursalon drückte Maren die Aluminiumfolie, die um die Strähne gewickelt war, vorsichtig wieder zu. »Zehn Minuten musst du noch.«

Doris zerrte am Halsausschnitt des Plastikumhangs, um ihn zu lockern. »Dann lass aber bitte dieses Wärmeteil weg. Mir kocht schon der Kopf.«

Dabei war es nicht nur der Kopf, sie spürte den Schweiß auch zwischen den Brüsten kribbeln und am Rücken. So musste sich ein Huhn in einem Bratschlauch fühlen. Viel Hitze, viel Plastik.

»Es ist doch heute gar nicht so heiß. Und so warm hatte ich

es auch gar nicht eingestellt.« Maren schob das Wärmegerät zur Seite. »Geht aber auch ohne. Willst du was Neues zu lesen?«

»Nein danke. Aber wenn du ein Wasser hättest ...«

Während Maren ein Glas holte, schloss Doris die Augen und versuchte, die Hitzewellen zu beherrschen. Sie hatte das immer öfter. Ganz plötzlich wurde ihr Körper zum Ofen und der Schweiß brach aus. Sie stellte sich die dunklen Flecken auf der Kleidung vor, die alle sehen könnten, sobald sie, vom Umhang befreit, aufstehen müsste, um zu bezahlen. Es war peinlich. Und grauenvoll. Die Welle ebbte langsam wieder ab. Doris öffnete die Augen und betrachtete sich im Spiegel. Ihr Gesicht glänzte, sie wischte mit der Hand schnell über Oberlippe und Schläfen, in der Hoffnung, niemand würde sie dabei beobachten.

»Hier, bitte.« Ein Wasserglas wurde auf den Beistelltisch gestellt, Maren stellte sich hinter sie und legte ihr die Hände auf die Schulter. »Und sonst? Kommst du heute Abend zum Literaturkreis? Sag mal, schwitzt du so?«

»Geht das vielleicht noch ein bisschen lauter?« Doris drehte sich zu ihrer Sitznachbarin. Deren Trockenhaube verhinderte zum Glück ein Mithören. »Das kommt von diesem Plastikumhang. Ich kann heute nicht, Moritz kommt zum Essen, und er war seit zwei Monaten nicht zu Hause.«

»Ach so, schade. Wie geht es ihm denn? Er studiert in Hamburg, oder?«

»Ja.« Dankbar registrierte Doris, dass ihr Körper wieder zu seiner normalen Betriebstemperatur zurückfand. »Es geht ihm gut, er hat halt viel mit dem Studium zu tun. Und jetzt auch noch eine neue Freundin. Die bringt er mit.«

»Ach was. Und? Wird Mutti eifersüchtig?«

»Quatsch. Ich bin ja froh, dass er endlich eine hat. Er ist ein richtiger Spätzünder, ging nie los, saß immer nur zu Hause vor dem Computer, und das mit vierundzwanzig. Jetzt wird er mal normal.«

Maren lachte leise und wickelte wieder eine Strähne aus. »Ganz anders als der große Bruder, was? Wie geht es Sascha denn eigentlich? Den habe ich ewig nicht gesehen.«

›Ich auch nicht.‹ Der Gedanke kam mit Wucht, Doris brach wieder der Schweiß aus, diesmal hatten die Hormone nichts damit zu tun. »Auch gut. Er hat so wenig Zeit, wir telefonieren aber regelmäßig.«

»Hat er denn ...« Erleichtert hörte Doris das Telefon klingeln. Maren schob die Strähne an ihren Platz zurück und ging zur Rezeption, um das Gespräch anzunehmen.

Doris fuhr mit der Hand über ihren Hals, alles war gut. Irgendwann würde auch mit Sascha alles wieder gut. Sie müsste nur Geduld haben. Krisen gab es in den besten Familien, bei manchen dauerten sie einfach nur länger.

Auf dem Rückweg zum Auto schaute sie noch in zwei Boutiquen nach einem Rock, der genauso aussah wie der alte, aber besser geschnitten war. Sie fand keinen, was ihre Laune sinken ließ. Also konnte sie auch nach Hause fahren.

Im Flur roch es nach Reinigungsmittel. Frau Kröger war davon überzeugt, dass viel Chemie viel Sauberkeit ergibt. Doris ließ die Haustür hinter sich offen, um durchzulüften. Sie stellte ihre Handtasche neben die Garderobe und ging in die Küche, warf die Kaffeemaschine an und stellte mit wenigen Handgriffen die Kaffeedose, die Obstschale und zwei Vasen um. Seit fünfzehn Jahren nun dekorierte Frau

Kröger nach dem Putzen Gegenstände neu und Doris räumte anschließend alles wieder zurück. Sie hatte mittlerweile aufgegeben zu glauben, dass die Putzfrau irgendwann selbst darauf käme, dass Doris immer wieder die alte Anordnung herstellte. Es war egal, Doris hatte ja auch sonst nichts zu tun.

Sie zog die Zeitung aus dem Poststapel, nahm ihren Kaffee und setzte sich auf die Terrasse. Heute war der 27. April, in genau vier Wochen war ihr Geburtstag. Der Fünfzigste.

Als ihre Mutter fünfzig geworden war, hatte die ganze Familie in einem damals sehr angesagten Hotel gefeiert. Es war eine der furchtbarsten Feiern, die Doris je mitgemacht hatte. Sie war damals mit Moritz schwanger, Sascha war drei und gerade in seiner ersten bockigen Phase. Doris' Vater hielt eine Rede, an die sie sich nicht mehr erinnern konnte, die aber dazu führte, dass ihre Mutter in Tränen ausbrach. Die Stimmung war dann endgültig auf dem Tiefpunkt, als Sascha seiner Oma seinen Apfelsaft auf die teure neue Seidenbluse kippte und Doris ihre Schwangerschaftsübelkeit nicht mehr in den Griff bekam. Fast zwei Stunden lang musste sie sich immer wieder auf der Damentoilette übergeben. Während der gesamten Zeit brüllte Sascha im Restaurant, was seinen Vater, der mit zwei von Doris' Cousins am Tresen saß und Cognac trank, nicht allzu sehr bekümmerte.

Hinterher hatte Torsten zerknirscht mitgeteilt, dass er die Feier und Doris' Mutter nüchtern einfach nicht überlebt hätte. Vermutlich hatte er damit recht.

Und jetzt war sie in vier Wochen dran. Doris überlegte, ob sie auf ihre Familie mittlerweile genauso wirkte wie ihre Mutter damals. Sie hoffte inständig, dass es nicht so wäre. Auf keinen Fall würde sie so ein Debakel an diesem Tag zulassen. Es würde keine Feier geben. Keine Reden, keine furchtbaren Geschenke, niemanden, der Cognac trinken musste, um die zu überleben. Das würde sie nicht zulassen.

Das Sonnenlicht schimmerte durch die Jalousien. Katja drehte sich vom Fenster weg und zu Alex hin. Langsam öffnete sie die Augen und sah ihn an. Er schlief noch fest. Sie legte ihren Kopf an seine Halsbeuge, strich mit der Hand langsam über seine glatte Brust. Dass er sich rasierte, daran hatte sie sich gewöhnen müssen. Männer machten das heute, jetzt fand sie es sexy. Sie hielt inne und sah zu dem Wecker auf dem flachen Nachttisch. Es war halb neun. Ihr Dienst begann zwar erst später, aber sie wollte noch joggen. Von nichts kommt nichts, diesen Satz hatte sie verinnerlicht. Also drehte sie sich mit einem kleinen Bedauern von Alex weg, stand leise auf und ging auf Zehenspitzen ins Bad.

Zehn Minuten später stand sie vor der Haustür und dehnte ihre Oberschenkel. Nach einem kurzen Blick auf die Uhr trabte sie los. Sie lief in Richtung Park, wie immer dieselbe Route, vierzig Minuten, jeden Morgen, das war ihre Kampfansage an das schwache Bindegewebe. Bislang lag sie in Führung.

Nach einer Viertelstunde wurden ihre Beine schwer. Sie biss die Zähne zusammen und zwang sich, an etwas Schönes zu denken. An Alex zum Beispiel. Und an die letzte Nacht. Deshalb hatte sie jetzt so müde Beine. Sie musste grinsen, sofort lächelte sie ein entgegenkommender Mann mit Hund an. Vermutlich drehte er sich auch nach ihr um, weil er nicht darauf kam, woher er sie kannte. Sie kannte ihn jedenfalls nicht. Gleich darauf lief sie am Seeufer entlang, die Wasseroberfläche glitzerte in der Sonne, ihre ohnehin schon gute Laune wurde noch besser. Morgen würde ihr Wochenende beginnen und Alex bis Montagmorgen in Kiel bleiben, also stünden ihr drei wunderbare Tage bevor. Sie war fast am Ende ihrer Runde angelangt und verlangsamte ihr Tempo. Vier Frauen mit Nordic-Walking-Stöcken marschierten ihr entgegen. Die letzte der Gruppe bewegte sich ungeübt und staksig. Ihre graue Jogginghose war zu kurz und an den Knien ausgebeult, das rote T-Shirt zu oft gewaschen, sie hatte keinerlei Körperspannung und wirkte müde und grau. Als Katja an ihr vorbeilief, sagte sie: »Guten Morgen, Frau Severin.«

An der Stimme erkannte Katja sie, überrascht grüßte sie zurück, trabte aber weiter. Es war Karen, die am Empfang des Senders arbeitete. Katja war entsetzt, wie altbacken diese Frau wirkte. Wie konnte man mit sich selbst so nachlässig sein? Und dann noch diese Altweibersportart betreiben? Fünf Kilo weniger, eine anständige Frisur und besser sitzende Sportkleidung, dann würde sie wieder aussehen wie eine Frau und nicht wie Tante Ilse. Furchtbar.

Noch immer kopfschüttelnd bog Katja in ihre Wohnstraße ein und betrachtete eher zufällig ihr Spiegelbild im Schaufenster der Sparkasse. Die enge Sporthose endete über dem Knie, das knappe weiße T-Shirt betonte ihre Taille und die festen Oberarme, der geflochtene mahagonifarbene Pferdeschwanz baumelte locker über den Rücken. ›Alles gut‹, dachte sie zufrieden, trudelte langsam aus und blieb einen Moment tief durchatmend stehen. ›Es ist nur leider alles scheißanstrengend.‹ Sie schleppte sich die drei Stufen zum Bäcker hoch und stellte sich in die Schlange. Als sie an der

Reihe war, lächelte die Verkäuferin sie an. »Morgen, Frau Severin, Sie haben vielleicht eine Disziplin. Immer wenn ich sie morgens laufen sehe, bekomme ich ein schlechtes Gewissen. Ich müsste dringend etwas tun, hier ist eine Rolle, da ist Hüftspeck, mir passt nichts mehr. Aber was soll's? Meine Knie sind im Eimer, ich habe Rückenschmerzen, mit vierzig ist der Lack eben ab. Was darf's denn sein?«

»Machen Sie doch Yoga, das hilft auch.« Katjas Blicke schweiften über die verschiedenen Körbe. »Ich nehme ein Vollkornbrötchen, ein normales, ein Croissant und ein kleines Schwarzbrot und die ›Kieler Nachrichten‹.«

»Und vom Yoga bekommt man auch so eine schöne Haut?« Die Brötchen landeten mit Schwung in der Tüte. »Drei Euro neunzig bitte.«

»Nein.« Katja zog einen Fünfeuroschein aus ihrem Strumpf. »Das kommt vom Sex.«

Sie amüsierte sich über die knallrote Gesichtsfarbe der Verkäuferin, griff nach dem Wechselgeld und der Tüte und verließ lächelnd den Laden.

Alex stand schon an der Tür. »Ich habe dich gesehen, schöne Frau.« Er strich ihr eine Haarsträhne aus dem Gesicht und küsste sie auf den Hals. »Salzig. Wunderbar.«

Katja schob ihn sanft zur Seite und drückte ihm Brötchentüte und Zeitung in die Hand. »Ich muss duschen. Machst du Kaffee?«

»Schon erledigt.« Er schob das T-Shirt ein Stück hoch. »Soll ich mit unter die Dusche?«

»Nein.« Lächelnd schlängelte sie sich unter seinem Arm durch. »Kindskopf. Ich muss nachher zum Dienst, ich will nicht so hetzen. Guck schon mal in die Zeitung.«

In der Dusche hielt sie sekundenlang ihr Gesicht in den Wasserstrahl. Alex war der beste Liebhaber der letzten Jahre. Und der unersättlichste. So, dass es ihr manchmal schon fast zu viel war. Aber nur manchmal. So war es eben, wenn man eine Berglöwin war, so wurden Frauen wie sie nämlich genannt. Eine Berglöwin war eine Frau mittleren Alters, die sich einen jüngeren Mann nahm. Alex war neunundzwanzig, Katja achtundvierzig. Obwohl man es ihr nicht ansah. Sie hatte eben einfach genug Disziplin und einen Vater, der Schönheitschirurg war.

Katja stellte die Dusche ab und griff nach einem Handtuch. Vor dem Spiegel musterte sie sich kritisch. Nein, es gab nichts zu beanstanden, alles war okay. Und über die kleine tätowierte Rose freute sie sich immer noch. Das war eine geniale Idee gewesen, sie war ihr gekommen, als sie im Urlaub auf Korsika eine schöne Frau mit einer ähnlichen Tätowierung gesehen hatte. Katjas Vater hatte sich einige Wochen vorher über Patienten aufgeregt, die im Alter ihre Tattoos entfernen ließen. »Als wenn man in seiner Jugend nicht darüber nachdenken könnte, dass aus einem Gänseblümchen irgendwann mal eine Sonnenblume wird. Auf alter welker Haut sieht das grauenhaft aus.«

In dem Moment hatte Katja beschlossen, sich tätowieren zu lassen. Es sollte dezent und klein sein und als Mahnung dienen, sich nie gehen zu lassen.

Als sie am nächsten Tag das Tätowierstudio in Hamburg betrat, geriet sie an Alex. Der sah nicht nur unfassbar gut aus, sondern tätowierte ihr eine hinreißende Rose auf die Schulter und lud sie anschließend zum Essen ein. Damit hatte es angefangen. Und jetzt tat er nicht nur ihrer Seele gut, sondern auch noch ihrem Körper. Zufrieden trocknete sie sich ab und zog einen dünnen Bademantel über. Das Leben war doch herrlich.

»Wann bist du heute Abend zu Hause?« Alex ließ die Zeitung sinken und sah sie an. »Am Hafen ist ein Open-Air-Konzert, da könnten wir doch noch hin.«

Katja schob ihren Teller zur Seite und beugte sich nach vorn. »Was für eine Band?«

»Mehrere. Bist du schon fertig mit frühstücken?«

»Ich habe nach dem Laufen doch nie so viel Hunger.« In Wirklichkeit könnte sie jetzt ein halbes Schwein auf Toast essen, aber sie zwang sich, nach einem halben Vollkornbrötchen und zwei Kiwis aufzuhören. Größe 36 war nun mal Verzicht. Sie dachte kurz an Karen vom Empfang und fühlte sich leicht. »Ich habe um halb neun Dienstschluss, um neun bin ich hier. Wenn nichts dazwischenkommt.«

»Gut. Dann gehen wir noch hin?«

Bis vor einem halben Jahr hatte Katja sich nach Dienstschluss nur noch platt aufs Sofa fallen lassen und sich mit der Fernbedienung durch alle Kanäle gezappt, bis die schlechten Fernsehprogramme sie frustriert einschlafen ließen. Abend für Abend. Bis Alex sie da rausgeholt hatte. Plötzlich war die alte Energie wieder da, plötzlich passierte wieder was.

Katja stand auf, küsste Alex' Nacken. »Ja. Wir gehen. Ich freue mich. Ich ziehe mich schnell an. Danke fürs Frühstück.«

Eine Viertelstunde später kam sie zurück in die Küche. Ihre langen Haare waren noch feucht, sie hatte sie locker hochgesteckt, trug ein enges grünes, ärmelloses Kleid und Riemchensandalen mit hohen Absätzen. Alex griff nach ihrem Handgelenk und zog sie zu sich. »Tolles Kleid. Habe ich dir heute schon gesagt, dass du eine unfassbar schöne Frau bist? Beeil dich im Sender, komm schnell wieder.«

Katja fuhr mit der Hand kurz unter sein T-Shirt. Er fühlte sich so gut an. Mit Bedauern küsste sie ihn. »Ich habe überhaupt keine Lust zum Arbeiten. Bis später.«

Als sie die Treppe hinunterstieg, immer noch lächelnd, fiel ihr ein, dass sie dieses Kleid vor drei Jahren in Florenz gekauft hatte. An einem der zahlreichen heimlichen Wochenenden mit Hermann. Wie dämlich war sie damals eigentlich gewesen? Zum Glück war das vorbei. Und ihr jetziger Liebhaber war fast dreißig Jahre jünger als ihr damaliger. Das hätte sie vor drei Jahren auch niemandem geglaubt.

»Guten Morgen, Frau Severin. Ich habe nur einen Brief für Sie, ich wollte ihn gerade einwerfen.«

Katja zuckte zusammen, sie war so in Gedanken versunken gewesen, dass sie fast in den Briefträger gelaufen wäre. »Ich habe Sie gar nicht gesehen, Morgen, ich nehme ihn gleich mit. Schönen Tag noch.«

Sie spürte seine Blicke auf ihrem Hintern, als sie die Tür hinter sich ins Schloss fallen ließ. Auf dem Weg zum Auto riss sie den Umschlag auf und überflog die Zeilen. Ein Satz stach ihr sofort ins Auge: »... wird Doris am 27. Mai flotte fünfzig.«

Meine Güte, Torsten war immer noch so ein uncharmanter Klotz wie früher. In ihrem Abiturjahrgang war er derjenige mit dem größten Schandmaul gewesen. Erst reden, dann denken, das war schon damals seine Devise. Es war nicht zu fassen. Und jetzt sollten sie alle zu einer Überraschungsparty kommen, die Doris nicht wollte? Und Anke und sie waren vermutlich eingeteilt, einen lustigen Sketch aufzuführen, bei dem die übrigen Gäste vor lauter Fremdschämen nicht wissen würden, wohin sie schauen sollten. Und dann noch alles geheim. Das war wirklich typisch Torsten: nicht denken, nur machen.

Katja blieb vor ihrem Auto stehen und kramte, die Augen weiter auf den Brief gerichtet, nach dem Schlüssel. Andererseits war es im letzten Jahr beim Abitreffen überraschend lustig geworden mit Anke und Doris. Und auch, als sie sich ein paar Wochen später mit Torsten in Hamburg gesehen hatten. Das war sogar ein toller Abend gewesen, sie wusste auch nicht genau, warum der Kontakt wieder eingeschlafen war. Sie setzte sich in den Wagen und las den ganzen Brief noch einmal. Fünfzig – das war wirklich eine brutale Zahl. Katja stellte sich Doris vor, die inmitten ihrer Familie, langweiligen Nachbarn und Geschäftsfreunden vor einem Stück Schwarzwälder Kirschtorte und einem Kännchen Kaffee sitzt. Das wäre doch der Albtraum. Es wäre also viel besser, wenn die alte Clique eine richtige Party steigen ließe. Und die könnte ruhig groß und teuer werden. Es wäre nur gerecht, dass Torsten für so einen dämlichen Satz ordentlich bezahlen müsste.

»Warum eigentlich nicht?«, sagte sie laut, während sie den Motor startete. »Mädels, lasst uns Spaß haben und über alte Zeiten reden. Und alles auf Tottis Rechnung.«

Doris drückte das kalte Glas an ihre Schläfe und schloss kurz die Augen. Torsten hatte sich immer noch nicht gemeldet, sie hatte ihm auf die Mailbox gesprochen und ihn um einen Rückruf gebeten. Das war bereits Stunden her. Vermutlich hatte er sein Handy leise gestellt, er fand es sowieso furchtbar, jederzeit erreichbar zu sein. Und er telefonierte nicht gern. Manchmal fragte sie sich, wie er es geschafft hatte, beruflich so erfolgreich zu sein. Im Privatleben ging er allen Dingen, die ihm unangenehm waren, sehr erfolgreich aus dem Weg.

Beim Blick auf die Uhr zuckte sie zusammen. Es war bereits fünf, in zwei Stunden würden Moritz und seine neue Freundin auf der Matte stehen, und sie hatte noch nicht einmal angefangen zu kochen. Entschlossen trank sie den letzten Schluck Weißwein und erhob sich. Ihr wurde ein bisschen schwindelig. ›Zu schnell aufgestanden‹, dachte sie und hielt sich einen Moment lang am Tisch fest. ›Gibt sich gleich wieder.‹

Sie ordnete das leere Weinglas in die Spülmaschine ein, klappte die Tür zu, stellte das Gerät an und lehnte sich dagegen. Als das Gurgeln des Wasserzulaufs einsetzte, stieß sie sich ab und öffnete den Kühlschrank. Eigentlich hatte sie Lammkeule für heute Abend vorgesehen. Mit grünen Bohnen und Rosmarinkartoffeln. Das machte immer wieder Eindruck auf Gäste, eine Demonstration der perfekten Gastgeberin und Superköchin. Nur leider war die neue Freundin ihres jüngeren Sohnes Vegetarierin. Doris konnte sich nicht daran erinnern, in ihrer Jugend überhaupt Vegetarier gekannt zu haben. Das war doch erst später losgegangen. Aber es war nervig. Jetzt musste sie Tagliatelle mit Gemüse machen, darum hatte Moritz sie gebeten. Langweilig wie nur was, aber eine Alternative war ihr auch nicht eingefallen.

Sie nahm das Gemüse aus dem Kühlfach und begann, die Tomaten zu waschen. Eigentlich hatte sie keine Lust zu kochen. Sie hatte Moritz gesagt, dass sein Vater gar nicht zu Hause sei, und ihm vorgeschlagen, das Essen doch aufs nächste Wochenende zu verschieben, damit Torsten auch die neue und anscheinend erste richtige Liebe seines Sohnes begutachten könne. Natürlich hatte sie es geschickter ausgedrückt.

»Ach, Mama«, hatte Moritz mit genervter Stimme geantwortet, »mach doch nicht so einen Film. Ich will nur meine Taucherausrüstung vom Boden holen und zufällig ist Wiebke dabei. Wir kommen nur ganz kurz vorbei.«

»Ihr könnt doch wenigstens hier essen. Ich habe dich ewig nicht gesehen. Ich koch was Schönes, ach, komm!«

Moritz hatte am Telefon schon dieselbe kurz angebundene Art wie sein Vater.

»Nudeln mit Gemüse, Wiebke isst kein Fleisch. Und mach nicht so ein Tamtam. Bis Freitag.«

Diese Wiebke hatte gerade ihr Abitur gemacht und wollte jetzt für ein halbes Jahr nach London. Sie war neunzehn. Doris war mehr als zweieinhalbmal älter. Wie war sie selbst eigentlich in diesem Alter gewesen? Mit neunzehn? Es war die Zeit der ›Wilden Wörter‹, die Zeit der Pläne, der Aufregung, weil das Leben jetzt endlich losgehen würde, die Zeit der Vorfreude.

Damals war sie fast jeden Tag mit Katja und Anke zusammen. Gut, mit Torsten auch, schließlich waren sie damals bereits ein Paar, aber mit Katja und Anke fand das wirkliche Leben statt. Sie hatte diese Schülerzeitung sehr ernst genommen und so viel Herzblut investiert, so viel Ehrgeiz. Und diese beiden Freundinnen waren so wichtig, es gab kaum ein Thema, was sie nicht nächtelang diskutiert hätten, keine Tabus, keine Spielchen. Damals fühlte sich Doris lebendig, damals hatte sie sich alles zugetraut. Wo war dieses Leben geblieben?

Kopfschüttelnd griff sie zu einer Möhre und schrubbte sie unter laufendem Wasser. Sie wurde sentimental, das kam von den Hormonen. Und davon, dass Wiebke neunzehn war. Mein Gott, das Mädchen hatte wirklich noch alles vor sich. Auch das, was niemand wollte. Schrecklich. Und das als Vegetarierin.

Anke, Katja und sie waren nach den Redaktionsrunden immer mit den Rädern zu »Elas Grill« gefahren. Ela hieß eigentlich Manuela und hatte bis spät in die Nacht ihre Pommesbude geöffnet. Keine von ihnen hatte sich damals Gedanken über Hüftspeck gemacht, sie saßen zufrieden am Tisch und hauten sich nachts Currywürste rein. Wenn es ganz anstrengend gewesen war, sogar mit Pommes.

Doris spürte plötzlich diesem Gefühl nach und lächelte. Wie hieß dieses Lied?

›Geile Zeit‹? Es war eine gewesen. Vielleicht erschien sie ihr im Moment vom Weißwein, von diesem drohenden Geburtstag und einer neunzehnjährigen Vegetarierin verklärt, aber trotzdem: Es war eine geile Zeit. Eine der besten, die sie in ihrem Leben gehabt hatte.

Ihr schossen Tränen in die Augen, sofort wischte sie sie weg. Wieso wurde sie bloß so scheißsentimental? Es passierte ihr immer öfter, sie heulte bei Siegerehrungen im Fernsehen, bei Filmen mit kleinen Tieren, bei alten Schlagern mit unfassbar schlechten Texten. Sie hatte sich nicht mehr unter Kontrolle.

Im selben Moment, als sie sich räusperte und die Tränen herunterschluckte, hörte sie das Telefon klingeln. Nach einem weiteren Räuspern nahm sie das Gespräch an.

»Goldstein-Wagner.«

»Wo warst du denn vorhin? Ich habe schon dreimal angerufen.«

Margret Goldstein klang wie immer beleidigt.

»Hallo, Mama, ich war beim Friseur.« Doris klemmte den Hörer unters Kinn und griff nach dem Sparschäler und einer Zucchini.

»Schon wieder? Du warst doch erst. Das ist gar nicht gut für die Haare, dieses dauernde Strähnchenfärben.«

»Was wolltest du denn?« Doris konzentrierte sich auf die grüne Schale, nur damit sie ruhig blieb.

»Ich habe vorhin mit Moritz telefoniert. Der kommt ja heute zu euch. Mit seiner neuen Freundin. Das ist wirklich blöd.«

»Wieso?«

»Weil ich sie auch gerne kennengelernt hätte. Aber ich spiele freitags immer Doppelkopf. Da hättest du ja auch dran denken können. Das kann ich jetzt nicht mehr absagen.«

Doris legte den Sparschäler zur Seite und atmete tief durch. »Das musst du ja auch nicht. Moritz will doch nur seine Tauchsachen abholen. Er hat selbst gesagt, ich soll nicht so ein Tamtam machen, sie wollen gar nicht lange bleiben. Das wird keine große Familienzusammenkunft. Ich koche noch nicht mal groß.«

Ihre Mutter schnaubte. »Es ist doch wohl nicht zu viel verlangt, wenn ich mir die Freundin meines Enkels ansehen möchte. Als ob du dadurch so viel mehr Arbeit hättest. Du bist in letzter Zeit dermaßen komisch ...«

Ihre Mutter hatte damit nicht grundsätzlich unrecht, nur jetzt gab es wirklich überhaupt keinen Anlass zu diesem Satz.

Doris ließ das Wasser laufen und hielt ihre Handgelenke darunter. Sie hatte keine Lust, sich aufzuregen.

»Wie auch immer, Mama, es ist ja nicht das letzte Mal, dass Moritz nach Hause kommt. Demnächst machen wir ein Essen, dann kannst du seine Freundin ja begutachten. Für heute wünsche ich dir viel Spaß beim Doppelkopf.«

»Ich habe Bettwäsche für Moritz gekauft. Die soll er mitnehmen. Sag ihm doch, dass er auf dem Weg zu euch hier noch anhält. Sonst steht die Tüte ewig im Flur.«

»Mama, ruf ihn doch selbst an. Du hast doch seine Handynummer.«

»Er geht nicht dran.«

Doris spürte schon wieder eine Hitzewelle anrollen. Mit geschlossenen Augen atmete sie durch die Nase ein. Ganz ruhig bleiben, nichts anmerken lassen.

»Dann wird er bei mir auch nicht drangehen. Er soll ein anderes Mal bei dir vorbeikommen. Außerdem hat er genug Bettwäsche von hier mitgenommen.«

Ein kleines Rinnsal lief ihr von der Schläfe über die Wange.

Ihre Mutter ließ nicht locker. »Du meinst doch wohl nicht die ausgemusterte Wäsche von euch? Ich bitte dich, junge Leute müssen doch mal was Modernes haben.«

»Mama, bitte!« Doris' töchterliche Selbstbeherrschung schwand rapide. »Reg mich nicht auf.«

»Kind, ich verstehe wirklich nicht, warum du so gereizt bist. Also, ehrlich …«

»Ich bin nicht gereizt. Ich habe nur keine Zeit, so lange zu telefonieren.«

»Wie meinst du das denn jetzt? Ich denke, du kochst heute nicht.«

Doris rieb sich die Stirn. »Ich koche nicht groß, aber ich koche. Lass uns in den nächsten Tagen wieder telefonieren, ja? Schönen Abend noch.«

Ihre Mutter schnappte nach Luft. »In den nächsten Tagen? Du meldest dich doch nie.«

»Mama.« Doris fühlte ein Pochen in der Schläfe. Wenn das hier noch länger dauerte, würde sie gleich stechende Kopfschmerzen bekommen. »Wie gesagt, ich muss jetzt was tun. Tschüss.«

Sie legte auf und wartete. Und zwar genau zwölf Sekunden, dann setzte das Klingeln wieder ein.

»Ja, Mama?«

»Kennen Friedrich und Hannelore die neue Freundin von Moritz schon?«

»Nein, Mama.« Doris hätte mit dieser Wendung rechnen müssen. Margret Goldstein war seit fast dreißig Jahren eifersüchtig auf die Schwiegereltern ihrer Tochter. Weil Wagners so erfolgreich waren, ein so großes Haus hatten, Golf spielten, eine Finca auf Mallorca besaßen und damit nicht genug: Statt einer mittelmäßigen Tochter hatten sie zwei extrem gut aussehende und erfolgreiche Söhne produziert. Lediglich die Tatsache, dass ihre Tochter mit einem der beiden Wagner-Sprösslinge verheiratet war, hatte Margret Goldstein ein wenig versöhnt. Und nicht zuletzt die beiden Enkelsöhne, die zumindest zur Hälfte aus den erfolgreichen Wagner-Genen bestanden.

»Dann ist ja gut.«

Die zufriedene Antwort ihrer Mutter ging direkt in die pochende Schläfenader. Doris öffnete die Kühlschranktür und nahm die angebrochene Weinflasche heraus.

»Doris, bist du noch dran?«

»Ja.« Sie füllte das Glas nur halb, schließlich musste sie noch kochen. »Wie gesagt, ich muss jetzt Schluss machen, also bis bald.«

»Was ist denn jetzt mit deinem Geburtstag? Wo findet die Feier statt?«

»Mama, ich habe es dir schon gesagt, ich habe keine Lust zu feiern. Vielleicht fahren Torsten und ich an dem Wochenende weg.«

»Warum das denn? Du wirst doch auch dauernd eingeladen und gehst überall hin. Und es ist ein runder Geburtstag. Doris, ich bitte dich, du wirst nur einmal fünfzig. Ich habe meinen damals ganz groß gefeiert, das war so ein schöner Abend. Das willst du dir entgehen lassen? Das kannst du ja wohl nicht machen. Du hast auch Verpflichtungen.« Margrets Stimme wurde mit jedem Satz vorwurfsvoller. Doris spürte schon wieder den Schweiß in ihrem Gesicht.

»Mama, du hast auf deiner tollen Feier den ganzen Abend geheult. Und wolltest Sascha und Torsten an die Wand klatschen.«

Jetzt bekam Margret regelrechte Schnappatmung. »Das stimmt doch gar nicht. Du warst schwanger und hast doch kaum was mitbekommen.«

Doris schloss kurz die Augen. »Ist ja auch egal. Ich feiere jedenfalls nicht. Du kannst ja gern die Woche drauf zum Essen kommen. Aber am 27. findet hier nichts statt. So, und jetzt muss ich was tun. Bis bald.«

»Du hast auch nie Zeit für mich. Und über den Geburtstag reden wir noch mal. Also, sag bitte Moritz wegen der Bettwäsche Bescheid. Und schöne Grüße. Tschüss.«

Mit einem erleichterten Seufzer ließ Doris sich auf einen Stuhl sinken. Sie verstand nicht, wie Margrets Lebensgefährte das aushielt. Ihre Mutter wurde mit jedem Jahr dominanter und anstrengender. Wahrscheinlich ging es nur, weil die beiden nicht zusammen wohnten. Werner hatte eine Wohnung in der Nähe, und wenn Margret zu anstrengend wurde, ging er nach Hause. Da hatte er seine Ruhe. Und Margret rief Doris an. Das Thema Geburtstagsfeier war garantiert auch noch nicht ausgestanden.

Doris stützte das Kinn in die Hand und sah aus dem Fenster in den Garten. Der Gärtner war gestern erst da gewesen und hatte ganze Arbeit geleistet. Der zum See hin abfallende Rasen war frisch gemäht, die großen Terrakottakübel neu bepflanzt, die Rosenbeete geharkt und vom Unkraut befreit, die Terrassenmöbel neu geölt, es sah aus wie auf dem Blatt eines Gartenkalenders. Margret hätte sich schon wieder darüber aufgeregt, dass Doris überhaupt einen Gärtner beschäftigte. Sie selbst machte heute noch alles allein, das wäre gar kein Problem. Dabei vergaß sie nur zu erwähnen, dass ihr Grundstück 500 Quadratmeter groß war, der Garten von Torsten und Doris indessen 2500. Aber die mittelmäßige

Tochter konnte der patenten Mutter sowieso nichts recht machen. So war es eben.

Nach einem Blick auf die Uhr stand Doris auf und putzte wieder Gemüse. Sie hoffte nur, dass Werner sich seine entspannte Haltung bewahrte und noch lange leben würde. Sie mochte sich nicht ausdenken, wie sich Margret entwickeln würde, wenn ihm irgendetwas geschähe.

Irgendwann hatte Doris gelesen, dass Frauen im Alter immer mehr Züge ihrer Mütter annahmen. Diese Vorstellung war für sie der absolute Horror. Seit Sascha auf der Welt war, hatte sie sich verzweifelt bemüht, nie etwas zu sagen oder zu fragen, was auch nur annähernd dem Tonfall oder gar der Formulierung ihrer Mutter ähnelte. Es war gar nicht einfach, aber Doris bildete sich ein, es geschafft zu haben. Mehr oder weniger zumindest.

Allerdings hatte Moritz gerade noch am Telefon gesagt, sie solle nicht so ein Tamtam machen. Na ja, aber sie konnte eben nicht immer funktionieren. Es war so einfach, als die Kinder noch klein waren. Die Bilder in ihrem Kopf von Sascha und Moritz im Kinderwagen, bei der Einschulung, in den Urlauben trieben ihr schon wieder Tränen in die Augen. Diese blöde Sentimentalität! Doris schüttelte den Kopf und trank das Glas aus. Bescheuert, sie musste sich ablenken. Entschlossen stand sie auf und griff zu einem Messer und einer Zwiebel. Mit jeder Haut, die sie abzog, kamen mehr Tränen. Nur flossen sie nicht mehr aus Sentimentalität, sondern aus Frust.

Als das Gemüse fertig geschnippelt und das Nudelwasser im Topf war, blieb ihr noch eine halbe Stunde, sich umzuziehen und frisch zu machen. Und dann wollte sie doch mal sehen, ob es ihr nicht gelänge, einen freundschaftlich-lässigen Abend mit ihrem jüngsten Sohn und seiner großen Liebe hinzukriegen, an dem nichts, aber auch gar nichts an Margret Goldstein erinnerte. Das wäre doch gelacht.

Doris warf das gebrauchte Geschirrhandtuch in den Wäschekorb und ging nach oben. ›Jeans und weiße Bluse‹, dachte sie, ›und die Haare hochgesteckt. Damit kann nichts schiefgehen.‹

Sie lächelte immer noch, als sie vor ihrem Kleiderschrank stand und die Bluse herausnahm. Es musste ein schöner Abend werden.

Eine gefühlte Ewigkeit später stand sie etwas schwankend an der Haustür und sah die Rücklichter von Moritz' Auto kleiner werden. Als sie hinter der Kurve verschwunden waren, blieb sie noch einen Moment stehen, dann drehte sie sich um, ging hinein und ließ die Haustür hinter sich ins Schloss fallen.

Im Esszimmer begann sie, die schmutzigen Teller auf ein Tablett zu stellen. Wiebke hatte über die Hälfte ihrer Portion unberührt liegen gelassen. Die erste Liebe ihres Sohnes hatte sich als mageres, schweigsames, humorloses Wesen entpuppt, die auch noch ein grauenhaftes Lippenpiercing trug. Und Moritz hatte auch nicht gerade zu einem fidelen Abend beigetragen. Zuerst hatte er seine Nudeln in sich hineingeschaufelt und Doris dann mit der vergeistigten Wiebke allein gelassen, weil er sich um seine Taucherausrüstung kümmern wollte. Der Versuch, mit dem Mädchen irgendwie in ein Gespräch zu kommen, war grandios gescheitert. Wiebke hatte sie nur angestarrt und Doris' Redefluss irgendwann mit den Worten: »Ich würde an Ihrer Stelle keinen Wein mehr trinken«, unterbrochen. Dieses blöde Balg.

Doris setzte den Tellerstapel plötzlich wütend auf dem Tisch ab und stützte sich mit den Händen auf den Stuhl. Was bildete die sich eigentlich ein? Sie selbst hätte sich in diesem Alter nie getraut, so einen Satz in Gegenwart von Torstens Mutter rauszuhauen. Wieso machte diese Krähe das?

Das Telefon klingelte. Das Display zeigte Torstens Handynummer. Vielleicht wollte er fragen, was das denn für eine Zuckerpuppe sei, die sein Sohn angeschleppt habe. Doris nahm das Gespräch an.

»Du hast nichts verpasst. Ein mageres, unfreundliches, schlecht gelauntes Huhn, das kein Fleisch isst.«

»Was?« Seine Stimme klang irritiert. »Welches Huhn?«

Es war klar, Torsten hatte vergessen, dass sein Sohn zum Essen kommen wollte. Die Baumesse forderte sein ganzes Hirn, da konnte er sich nicht noch mit Familienkleinkram befassen.

»Dein Sohn Moritz hat heute seine neue Flamme Wiebke zum Essen mitgebracht. Es war furchtbar.« Doris redete langsam und überdeutlich, nebenbei schenkte sie sich Wein ein.

»Ach so.« Torsten war überrascht. »Hat er eine Freundin? Das wusste ich gar nicht. Seit wann denn?«

»Das habe ich dir alles erzählt. Seit drei Monaten. Ein seltsames Wesen.«

»Ist doch schön für ihn.«

Doris trank das Glas leer und starrte dabei in den dunklen Garten. Was sollte sie darauf auch sagen.

»Doris? Bist du noch dran?«

»Ja. Sicher. Und sonst? Was gibt es Neues?« In der Flasche war noch ein kleines bisschen, ein halbes Glas. Und danach war Schluss. Sie musste nur aufpassen, dass sie deutlich redete. Aber erst mal konnte sie auch nur zuhören, was ihr Mann erzählte.

»Du, hier ist alles wie immer. Viel Stress, Lärm und schlechte Luft. Messe, eben. Aber weißt du, wen ich getroffen habe? Da kommst du nie darauf: Mathias Schweiger. Der ist Architekt und deshalb auch hier.«

»Kenne ich nicht.«

»Doch, der war mal mit Katja zusammen, Katja Severin, gleich nach dem Abitur. Er war eine Klasse über uns, lebt jetzt in Berlin. Wir sind befreundet gewesen. Ich habe mir überlegt, ihn auch zu deinem Geburtstag einzuladen, wir haben uns ewig nicht gesehen. Du mochtest ihn damals auch.«

Das Glas war leer, die Flasche auch. Doris schob beides zur Seite und sagte: »Ich habe keine Erinnerung an ihn. Und natürlich kannst du ihn einladen, nur nicht zu meinem Geburtstag. Der findet nicht statt, das habe ich jetzt schon tausendmal gesagt.«

»Sag mal«, Torstens Stimme klang leise und vorsichtig, »hast du einen im Kahn? Du klingst angetrunken.«

»Unsinn, ich bin nur müde. Ich gehe jetzt ins Bett. Also, gute Nacht.«

»Gute Nacht. Und … Doris?«

»Was?«

»Über deinen Geburtstag reden wir noch mal. Du stellst dich wirklich an, mit dieser blöden fünfzig. Ich bin auch seit Januar fünfzig und habe nicht so ein Theater gemacht. Ich finde …«

Langsam legte Doris das Telefon zurück auf die Station.

Ein Mathias, der mal mit Katja zusammen war? Katja war dauernd mit irgendjemandem zusammen gewesen. Kein Mensch konnte sich die alle merken.

Aber es war doch ein Witz, dass sie heute schon zum zweiten Mal an Katja dachte. Das hatte bestimmt etwas zu bedeuten. Warum wollten eigentlich alle mit ihr über diesen furchtbaren Geburtstag reden? Warum reichte es nicht, dass sie sagte, sie wolle nicht feiern? Warum nahm sie eigentlich niemand ernst? Und wieso war so ein Huhn wie Wiebke erst neunzehn und sie schon fast fünfzig? Und warum sollte sie nicht einfach selbst mal etwas entscheiden? Wann war der beste Zeitpunkt, einfach mal aus dem Bauch heraus etwas zu beschließen, ohne zu überlegen, wie man allen alles recht machen könnte?

Doris fand: Der Zeitpunkt ist jetzt.

»Katja? Hier ist Doris.«

Sie ließ sich langsam auf die Armlehne des Sessels sinken.

»Doris? Das ist ja eine Überraschung. Wie geht es dir? Wir haben ja schon wieder so ewig nichts voneinander gehört. Erzähl mal!«

»Katja, ich werde in vier Wochen fünfzig. Das ist schlimm genug. Noch schlimmer ist die Aussicht, das in einem furchtbaren Lokal mit der ganzen Familie feiern zu müssen. Mit meiner Mutter. Und mit Torstens Geschäftsfreunden. Und den Nachbarn. Ich krieg einen Fön.«

Katja wartete einen Moment. Dann fragte sie vorsichtig: »Ist alles in Ordnung bei dir?«

»Nein.« Doris schwang ihre Beine ein Stück hoch und ließ sich ganz in den Sessel rutschen. »Ich meine, … es ist nichts in Ordnung. Ich habe ein bisschen zu viel getrunken, mein Sohn geht morgen tauchen, seine komische Freundin hat ein schreckliches Piercing und isst kein Fleisch, aber offensichtlich auch kein Gemüse, ich bin so komisch im Kopf und habe keine Hormone mehr. Und ich werde fünfzig. Lass uns zu dritt reinfeiern, du, Anke und ich. Wir fahren an die Ostsee, da gibt es ein tolles Wellness-Hotel, lass uns drei schöne Tage zusammen verbringen und uns wieder so fühlen wie früher. Sonst drehe ich demnächst durch. Was sagst du dazu? Kannst du an dem Wochenende?«

Erschöpft hielt sie inne, ihre Zunge wurde immer schwerer. ›Katja denkt sicher, ich bin total betrunken und irre. Was rede ich da überhaupt?‹

Aber Katja lachte nur. »Ich glaube schon. Warum eigentlich nicht? Das machen wir. Das ist eine sehr gute Idee. Es ist viel zu lange her. Und, Doris?«

»Ja?«

»Bleib locker, Schätzchen. Fünfzig ist kein Alter für Frauen wie du eine bist.«

Natürlich war sie wieder zu früh dran, es war noch nicht einmal vier und sie hatte bereits ihr Zimmer bezogen und alles ausgepackt. Doris ließ sich auf den Sessel am Fenster sinken, sah sich um und was sie sah, gefiel ihr: die Einrichtung, der freie Blick auf die Ostsee, das breite Bett mit den vielen Kissen, ihre persönlichen Dinge, die sie im ganzen Zimmer verteilt hatte. Es war einfach schön hier. Nur, dass sie jetzt zwei Stunden in diesem Zimmer sitzen und auf Katja und Anke warten sollte, gefiel ihr nicht. 18 Uhr war die verabredete Ankunftszeit, dann wollten sie sich in der Hotelbar treffen.

Aber sie musste ja zu früh ankommen. Wie immer. Wobei sie diesmal eigentlich gar nichts dafür konnte. Moritz hatte sie gefragt, ob er ihr Auto übers Wochenende haben könnte. Er wollte mit Wiebke ein paar Tage nach St. Peter-Ording fahren, zum Surfen, seine Ausrüstung passte aber nicht in seinen alten kleinen Peugeot. Doris hatte kurz nachgedacht und ihm dann erzählt, dass sie mit zwei alten Freundinnen an die Ostsee wolle, Torsten aber nicht wissen sollte, wo sie die Nacht zu ihrem Geburtstag verbringen würde. Moritz hatte sie nur mit hochgezogenen Augenbrauen angesehen und geantwortet, dass er nur ihr Auto wolle, der Rest ihm aber völlig egal sei. Er würde seinen Vater ohnehin bis zum Wochenende nicht sehen oder mit ihm sprechen.

»Kann ich den Wagen jetzt haben oder nicht?«

»Du sagst Papa aber nicht, wohin du mich gefahren hast?«

»Mein Gott, warum sollte ich? Das ist mir doch völlig wuppe. Und du bist an deinem Geburtstag doch mittags wieder da, oder? Na, also.«

Doris fragte sich, was er wohl mit Wiebke machte, während er surfte. Vielleicht würde er sie einfach am Strand vergraben. Diesen düsteren Hungerhaken konnte sie sich einfach nicht vorstellen auf einem Surfbrett.

Moritz hatte sie also hierhergebracht, allerdings ziemlich früh, weil er anschließend ja noch Wiebke abholen musste, die trotz ihrer mageren Figur keinen Platz zwischen den Taschen, Jacken und Segeln auf der Rückbank gefunden hätte. Doris, ganz entspannte Mutter, war natürlich einverstanden, es sei alles so in Ordnung, Moritz solle nur den Mund halten. Er winkte genervt ab, der runde Geburtstag seiner Mutter und ihr eigenwilliges Vorhaben waren ihm offensichtlich total egal.

Und jetzt saß sie in ihrem Zimmer herum und fragte sich, was um alles in der Welt sie auf die Idee gebracht hatte abzuhauen. Torsten würde in drei Stunden nach Hause kommen und den Zettel auf dem Küchentisch finden:

Lieber Torsten,
ich möchte gern allein in diesen Geburtstag hineinfeiern. Am Sonntagmittag bin ich wieder zu Hause, spätestens gegen 13 Uhr. Nimm es mir nicht übel, aber es muss so sein.

Kuss, Doris

Wahrscheinlich würde er sauer sein. Und das zu Recht. Aber sie hatte keine Lust gehabt, ihm von ihrer Auszeit, und das war eine, zu erzählen. Immer wieder hatte er in den letzten Wochen von dieser Feier angefangen, nicht einmal hatte er begriffen, wie anstrengend das für sie war. Und dann war plötzlich diese Sehnsucht da gewesen, das Verlangen, noch einmal das Gefühl von früher zu spüren. Das ging nur mit Anke und Katja.

Trotzdem hatte sie jetzt ein schlechtes Gewissen. Dabei waren es doch nur drei Tage, die sie mit alten Freundinnen in einem Hotel verbringen würde. Das war ja nun weiß Gott keine Sensation, das machten Millionen von Frauen jedes Jahr und überall.

Entschlossen stand sie auf, um nach unten ins Bistro zu gehen und einen Kaffee zu trinken. Von da aus hatte sie den Parkplatz und die Rezeption im Blick, vielleicht würde eine der beiden ja auch etwas früher eintreffen.

Doris bekam einen Platz am Fenster, bestellte sich einen Milchkaffee und ließ ihre Blicke über den Parkplatz wandern. Sie wusste noch nicht einmal, was für Autos Katja und Anke fuhren. Was aber auch unwichtig war, vermutlich gab es sehr viel wichtigere Dinge, von denen sie keine Ahnung hatte. Sie hatten zwar über die Jahre, besser Jahrzehnte, immer mal wieder Kontakt gehabt, aber richtig viel wussten sie nicht mehr voneinander.

Der Milchkaffee kam, Doris griff automatisch zum Zuckerstreuer, dann fiel ihr der Kostümrock ein und sie ließ die Hand wieder sinken. Es ging auch ohne.

Katja und Anke waren beide immer noch so dünn wie vor dreißig Jahren. Jedenfalls waren sie es, als sie sich im letzten

Jahr, ein paar Wochen nach dem Abitreffen, in Hamburg zum Essen gesehen hatten. Torsten hatte einen Tisch in einem Restaurant an der Elbe bestellt und natürlich alles organisiert und bezahlt. Das ließ er sich nie nehmen, Doris ging das manchmal auf den Geist. Katja aber schien es nicht zu stören, sie war lässig wie immer, schön sowieso und freute sich so offensichtlich, Doris und Torsten zu sehen, dass Doris fast die Tränen kamen. Anke war etwas abgespannt, lief aber während des Abends zu alter Form auf. Sie war redegewandt wie immer, hatte einen scharfen Verstand und ein schnelles Gehirn. Im Laufe des Abends verwischten sich die Jahre, in denen sie sich nicht gesehen hatten, Doris fand die Gesichter von damals wieder, auch die alte Zuneigung war wieder da. Es war seltsam, nach all den Jahren fühlte sie sich plötzlich in die Achtzigerjahre zurückversetzt. Immer mehr Stichworte flogen über den Tisch, aus denen Geschichten wurden. Natürlich hatte auch der Wein etwas damit zu tun, dass ihre Stimmung immer ausgelassener wurde. Zumindest empfand Doris das so.

Sie hatte sich plötzlich wieder sehr jung gefühlt. Zum Ende des Abends war Anke stiller geworden, fast schon missmutig. Egal was Torsten sagte, Anke war dagegen. Vermutlich konnte sie Alkohol nicht vertragen, manche Menschen wurden vom Wein traurig. Oder sie hatte einen stressigen Tag gehabt. Wie auch immer, Doris ließ sich den Abend nicht verderben. Und Anke war immer die Spaßbremse gewesen. Sie hatten sie früher schon zu allem überreden müssen, letztlich aber hatte sie bei allem mitgemacht.

Auch für das Treffen an diesem Wochenende hatte Katja alle Register ziehen müssen, das hatte sie zumindest Doris erzählt. Anke hatte natürlich spontan abgesagt. Sie habe zu viel zu tun, sie könne nicht frei nehmen, lauter wichtige Termine. Anscheinend lief im Verlag wirklich nichts ohne sie. Doris war enttäuscht gewesen. Sie hatte Anke euphorisch das Hotel beschrieben, die Lage, das Meer, die Anwendungen, hatte geschildert, wie wichtig dieses Wochenende für sie sei, wie sehr sie sich darauf freue, dass sie nach all den Jahren mal wieder zu dritt sein würden, und dann war unerwartet und brutal Ankes Antwort gekommen: »Du, das passt mir nicht.«

Das war typisch. Anke war immer zuerst dagegen. Doris hatte nach dem Gespräch sofort Katja angerufen. Und die hatte es irgendwie geschafft, Anke zu überreden.

Auf dem Parkplatz hielt ein dunkelgrünes Mini-Cabriolet. Doris beugte sich vor, um besser sehen zu können. Es war Katja. Sie telefonierte, während sie einparkte, mit dem Handy in der Hand. Unwillkürlich musste Doris lächeln. Katja hielt sich selten an Regeln. Das war aber auch das Besondere an ihr. Doris hatte natürlich eine vorschriftsmäßige Freisprechanlage. Sie hielt sich auch immer an Geschwindigkeitsbegrenzungen und parkte nur in erlaubten Zonen. Manchmal fand sie sich langweilig. Aber sie konnte sich jetzt auch nicht mehr ändern.

Katja fand Alex' Stimme am Telefon genauso sexy wie den ganzen Mann. »Dann wünsche ich dir viel Spaß mit den mittelalten Damen«, sagte er. »Du fehlst mir jetzt schon.«

Katja antwortete, während sie versuchte, den Wagen einigermaßen gerade einzuparken, ohne die riesigen Blumenkübel zu treffen: »Sei vorsichtig, mein Lieber. Ich gehöre zu diesen mittelalten Damen, auch wenn du das dauernd ignorierst.«

Alex lachte. »Das tust du doch auch. Gott sei Dank. Also dann, viel Spaß, und wenn es langweilig wird, haust du einfach ab.«

»Bist du blöde?« Katja stellte den Motor ab. »Es ist alles bezahlt. Ich werde mich von einer Wellnessanwendung zur nächsten hangeln. Wenn wir uns nächstes Wochenende sehen, erkennst du mich nicht mehr. Ich freue mich auf dich.«

»Ich mich auch. Ich denke an dich. Und ruf mal an.«

»Mach ich.« Katja drückte einen Kuss auf das Telefon und steckte es zurück in ihre Tasche. Dann schloss sie das Verdeck, stieg aus und streckte kurz ihren Rücken durch.

»Dann mal los, Severin«, sagte sie laut, ehe sie den Kofferraum öffnete. »Die alten Zeiten waren doch ganz lustig.«

An der Rezeption ließ sie ihre Tasche fallen und knipste ihr schönstes Moderatorinnenlächeln an. »Guten Tag, mein Name ist Severin, für mich ist ein Zimmer reserviert.«

Die junge blonde Frau an deren Revers das Namensschild »Jessica« prangte, beugte sich ein Stück vor und lächelte charmant. »Herzlich willkommen, Frau Severin, ich habe Sie natürlich sofort erkannt. Ich freue mich sehr. Meine Mutter und ich haben früher keine einzige Sendung mit Ihnen verpasst. Sie haben sozusagen meine Kindheit begleitet.«

Katja war bekannt für ihre Selbstbeherrschung. Ihre Miene blieb gut gelaunt. »Das ist ja sehr schön ...« Sie verzichtete darauf, den Satz mit »mein Kind« zu beenden. Stattdessen fragte sie: »Sind Frau Goldstein-Wagner und Frau Kerner schon da?«

»Frau Goldstein-Wagner wartet im Bistro. Sie haben Zimmer 142, im ersten Stock, der Fahrstuhl ist gleich hier vorn. Kann ich Ihnen mit dem Gepäck helfen?«

»Nein danke.« Katja schnappte sich den Schlüssel. »Das schaffe ich schon. Ich sehe nur so gebrechlich aus, in Wirklichkeit bin ich noch ganz fit.«

Bevor sie zum Fahrstuhl ging, schaute sie kurz ins Bistro. Doris stand sofort auf, als sie die Freundin entdeckte.

»Du bist ja wie immer zu früh.« Mit ausgebreiteten Armen kam Doris auf sie zu. Katja ließ einfach ihre Tasche fallen und umarmte sie.

»Na, du ja auch. Ich bin so gut durchgekommen, dachte, ich fahre von Kiel aus länger hierher. Wie geht es dir?«

Sie musterte Doris und fand, dass sie besser aussähe als bei ihrem letzten Treffen. Die schmale graue Hose und die grüne, die Hüfte umschmeichelnde Tunika standen ihr gut. Ihre honigblonden, dichten Haare fielen bis auf die Schultern, sie war dezent geschminkt und bis auf ein Paar Perlenohrringe und ihren Ehering ohne Schmuck.

»Gut.« Doris drückte Katjas Hand. »Doch, sehr gut. Ich freue mich, dass das so kurzfristig geklappt hat. Wir machen es uns schön, oder?«

»Was glaubst du denn?« Katja bückte sich und griff nach ihrer Tasche. »Ich bringe nur schnell meine Sachen aufs Zimmer und komme sofort wieder. Du kannst mir schon einen Kaffee bestellen, oder besser ein Glas Sekt auf die Ankunft. Anke müsste ja auch gleich kommen.«

»Mach ich.« Doris wandte sich zurück zum Tisch, während Katja mit langen Schritten zum Aufzug lief.

In ihrem Zimmer angekommen inspizierte sie nur rasch das Badezimmer – es war groß und hell und edel –, öffnete ihre Tasche, um ein Kleid, zwei Blusen und einen Blazer aufzuhängen, schloss mit Schwung die Schranktür und machte sich auf den Weg zum Eröffnungssekt.

Die Tür ging nicht auf. Anke mühte sich mit dem Griff ab und kam durch die Anstrengung immer mehr ins Schwitzen. Entnervt drehte sie sich zu dem hinter ihr stehenden Mann um und sagte: »Haben Sie vielleicht die Güte, mir mal zu helfen?«

Der zog spöttisch die Augenbrauen hoch, trat einen Schritt vor und entriegelte mit nur einem Griff die Tür. »Bitte. Nach Ihnen.«

Anke stieg mit dem Koffer in der Hand umständlich aus dem Zug und blieb einen Moment auf dem Bahnsteig stehen. Zumindest so lange, bis dieser arrogante Typ an ihr vorbeigelaufen war. Dann zog sie den Griff des Koffers hoch und rollte ihn zum Bahnhofsvorplatz.

Sie hatte keine Ahnung, wie weit das Hotel vom Bahnhof entfernt war. Katja hatte es ihr nicht gesagt, und sie hatte vergessen, danach zu fragen. An einer Stellwand neben der Tourismusinformation fand sie einen Ortsplan. Während sie ihren Standort und dann das Hotel suchte, hielt ein Taxi neben ihr. Der Fahrer stieg aus und zündete sich eine Zigarette an. Als Anke sich zu ihm umdrehte, hob er den Kopf.

»Taxi?«

Anke erlag der Versuchung nicht. Sie hatte sich genau überlegt, wofür sie wie viel Geld ausgeben konnte. Taxifahren war nicht vorgesehen.

»Wie komme ich zum Hotel ›Seeblick‹? Wie weit ist das?«

»Mit dem Wagen fünf Minuten.« Er trat die Zigarettenkippe auf dem Gehweg aus und ging um den Wagen zum Kofferraum. Bevor er die Klappe öffnen konnte, sagte Anke: »Das kann ich auch zu Fuß gehen. Danke.«

»Mit dem Gepäck?« Der Taxifahrer hatte die Hand noch auf dem Kofferraum. »Ich kann Sie fahren.«

»Nicht nötig.« Anke schulterte ihre Handtasche und warf noch einen abschließenden Blick auf den Ortsplan. »Mein Koffer hat Rollen. Schönen Tag noch.«

Eine halbe Stunde später hatte sich an Ankes linker Ferse eine Blase gebildet. Sie blieb stöhnend stehen und verlagerte das Gewicht der schweren Handtasche auf die andere Schulter. Sehnsüchtig stellte sie sich vor, im klimatisierten Taxi zu sitzen, die schwere Tasche neben sich auf der Rückbank. Sie wischte sich den Schweiß von der Stirn und humpelte langsam weiter. Wenn sie gewusst hätte, wie weit das Hotel vom Bahnhof entfernt lag, hätte sie Doris oder Katja gebeten, sie vom Zug abzuholen. Aber das hatte ihr ja niemand gesagt.

Beim letzten Telefonat mit Doris hatte die nur begeistert über das Hotel gesprochen und mindestens zehnmal gesagt, wie sehr sie sich freue, dass alles geklappt habe. Anke verstand das nicht. Doris Goldstein tat so, als wäre nach dem 27. Mai ihr Leben vorbei. Dabei konnte sie sich doch wirklich nicht beklagen: genug Geld, tolles Haus, erwachsene Söhne, kein nerviger Job und immer noch Torsten. Der sogar diese alberne Überraschungsfeier organisiert hatte, zu der sie überhaupt keine Lust hatte, auch wenn Katja sie dazu überreden wollte. Manche Frauen hatten einfach Glück im Leben.

Hinter der nächsten Wegbiegung tauchte das Hotel auf. Anke blieb wieder stehen und betrachtete es. Sie wollte gar nicht wissen, was Doris für diese drei Tage bezahlen müsste, vermutlich würde ihr bei der Summe schwindelig werden. Aber gut, darüber brauchte sie sich keine Gedanken zu machen. Nur darüber, was nicht in der Einladung enthalten war. Sie hatte zweihundert Euro in der Tasche, das Ergebnis von drei Besuchen bei ihrer Mutter, die ihr Portemonnaie überall herumliegen ließ.

Das war einfach nicht gerecht: Doris konnte es sich locker leisten, ein Hotel dieser Preisklasse für drei Nächte und drei Personen zu buchen. Und sie, Anke, hatte Magenschmerzen bei dem Gedanken, dass vielleicht nicht jedes Essen und jedes Getränk im Preis inbegriffen sein würden. Wie sie dieses Rechnen und Sparen hasste.

Aber dafür verzweifelte sie wenigstens nicht an einem albernen Geburtstag.

Sie hatte den Eingang erreicht, holte tief Luft und trat mit hoch erhobenem Kopf an die Rezeption.

Jessica wandte sich ihr dienstbeflissen zu und lächelte sie an. Anke musterte ihr Gesicht, dann das Namensschild und wieder ihr Gesicht. ›Und dazu noch dieses Dauergrinsen‹, dachte sie, ›typisch für solche Hotels. Alles ist gekünstelt und übertrieben.‹

»Kerner.« Ankes Ton war etwas schroffer, als sie es gewollt hatte. »Anke Kerner. Für mich ist ein Zimmer bestellt.«

»Herzlich willkommen, Frau Kerner. Ich hoffe, Sie hatten eine gute Anreise?«

›Das willst du nicht wirklich wissen‹, dachte Anke, sagte aber: »Danke. Sind Frau Goldstein-Wagner und …«

»Die Damen sitzen im Bistro. Ihr Zimmer hat die Nummer 141 im ersten Stock. Der Fahrstuhl ist gleich hier vorn. Brauchen Sie Hilfe beim Gepäck?«

»Nein.« Anke nahm sofort ihren Koffer. Bevor sie Trinkgeld fürs Tragen geben würde, machte sie das lieber selbst. »Wo ist denn die Treppe?« Sie hasste Fahrstühle.

»Hier rechts. An der Bar vorbei.«

Die Treppe war mitten in der Lobby. Während Anke ihren Koffer angestrengt hochwuchtete und dabei so auftrat, dass die Blase möglichst wenig pochte, bildete sie sich ein, dass alle Gäste, die in der Lobby standen, sie anstarrten.

Ein paar Meter weiter im Bistro waren Doris und Katja mittlerweile beim zweiten Glas Sekt. Doris hatte versucht, Katja unauffällig zu mustern. Katja war immer noch gertenschlank und hatte kaum Falten. Vielleicht, wenn man ganz dicht an sie heranrückte, waren hier und da einige Minifalten um die Augen, aber die hatte Doris schon seit sie dreißig war.

»Meine Güte.« Katja legte beide Handflächen an die Wangen. »Ich glühe schon. Und das nach zwei Gläsern Sekt.«

»Ist dir warm?« Doris fühlte mit ihr, auch wenn sie im Moment nicht den Hauch einer Hitzewelle spürte. »Das kenne ich.«

»Nein.« Katja nahm die Hände vom Gesicht und griff nach einem Glas Wasser. »Mir geht nur der Sekt so in den Kopf. Ich bin überhaupt nicht mehr an Alkohol gewöhnt. Zu Hause trinke ich nichts. Und deswegen haut mich Sekt am Nachmittag um.«

Das war nun keines der Probleme, über die Doris reden wollte. Deshalb fragte sie nach einem Blick auf die Uhr: »Hat Anke dir denn gesagt, wann sie losfahren wollte?«

Katja zuckte nur mit den Achseln. »Ich habe ihr gesagt, dass wir uns um sechs in der Bar treffen. Spätestens dann wird sie da sein.«

»Ich habe sie lange nicht mehr gesehen. Seit dem Essen im letzten Jahr in Hamburg. Wir haben nur ein paarmal telefoniert. Aber meistens rufe ich sie an. Sie hat ja auch nicht viel Zeit. Ich weiß gar nicht, was sie als Verlagsleiterin eigentlich macht, aber es muss ziemlich stressig sein.«

Katja sah sie mit einer Mischung aus Verwunderung und Mitleid an. »Verlagsleiterin? Und das glaubst du?«

»Ja.« Jetzt war Doris verwundert. »Das hat sie doch bei dem Abitreffen erzählt. Dass sie den Verlag leitet. Also sie ist doch zumindest für einen großen Teil verantwortlich. Oder?«

»Sie ist Redakteurin im Sachbuch. Das heißt, sie lektoriert Sachbücher über Hamster und Welpenaufzucht.«

Ungläubig griff Doris zu ihrem Glas. »Echt? Aber sie hat was anderes erzählt. Du warst doch dabei. Du, das stimmt nicht. Sie ist im Verlag eine Art Chefin, sie lügt uns doch nicht an.«

Katja schenkte Wasser nach. »Was heißt lügen? Vielleicht will sie es selbst glauben. Aber eine Freundin von mir, Judith, ist die Pressefrau in dem Verlag. Ich habe sie mal nach Anke gefragt. Daraufhin hat sie mir erzählt, dass unsere Anke in der Sachbuchredaktion sitzt und diese Haustierreihe betreut. Von wegen Verlagsleitung. Sie macht Bücher über Goldhamster und Guppies.«

Doris war immer noch fassungslos. »Das glaube ich jetzt nicht. Verstehst du das? Hast du mal mit Anke darüber gesprochen?«

»Wozu? Wir telefonieren vielleicht zweimal im Jahr und sie ahnt nicht, dass ich mit Judith befreundet bin. Wer weiß, warum Anke sich besser machen muss, als sie ist, aber es wird einen Grund haben. Ich bin allerdings nicht sicher, ob ich den kennen möchte. Und dieses Wochenende müssen wir das auch nicht thematisieren. Ich hasse Probleme in Wellnesshotels.«

Sie lächelte so hinreißend, dass Doris sich damit zufriedengab.

»Von mir kommt nichts«, versicherte sie. »Ich habe noch nie von einer Judith gehört.«

»Von wem?« Katja guckte unschuldig und hob ihr Sektglas. »Auf die eigenen Wahrheiten.«

Sie prosteten sich zu, genau in dem Augenblick, in dem Anke das Bistro betrat.

Da saßen sie: die schöne Katja in Jeans und schwarzem T-Shirt, die Haare locker zum Zopf geflochten, und die blonde Doris, durchgestylt wie immer, mit perfekter Frisur und verbindlichem Lächeln. Anke kam sich sofort grau und klein vor.

Energisch schüttelte sie den Kopf und ging mit durchgestrecktem Rücken auf den Tisch zu.

»Haben wir nicht 18 Uhr gesagt?«

»Anke.« Doris war sofort aufgestanden und breitete die Arme aus. »Wie immer: Reinkommen und losblaffen.«

Anke umarmte sie trotzdem, roch ihr teures Parfüm und drehte sich zu Katja.

»Ich meine ja bloß. Severin, du hast 18 Uhr gesagt. Und jetzt komme ich als Letzte. War das Absicht? Damit ihr euch die besten Zimmer aussuchen könnt?«

»Na klar.« Katja war fast einen Kopf größer als Anke, was bei der Begrüßung komisch aussah. »Wer zu spät kommt, den bestraft das Leben. Doris ist doch immer zu früh da, und ich habe nicht gedacht, dass ich so gut durchkomme.

Aber du bist nicht zu spät, es ist zwanzig Minuten vor. Dafür bekommst du auch sofort einen Sekt.«

Sie hob einen Arm, um der Bedienung ein Zeichen zu geben.

Doris betrachtete die beiden und fragte sich, ob Anke schon beim letzten Treffen so graues Haar gehabt hatte. Sie sah älter aus, als sie tatsächlich war, gerade jetzt, im Vergleich zu Katja.

»Ist was?«

Anke setzte sich auf den Stuhl ihr gegenüber und blickte sie fragend an.

»Nein, nein. Ich freue mich, dass ihr da seid. Wie geht es dir? Du siehst gut aus.«

Man sollte für jede Lüge an diesem Wochenende fünf Euro in ein Sparschwein stecken, dachte Doris, davon könnten sie vermutlich am letzten Abend essen gehen. Sie konzentrierte sich wieder auf Anke, die sich in dem Bistro umsah und sagte: »Vornehm geht die Welt zugrunde, was? Das ist wirklich sehr schön hier.«

»Sag ich doch.« Doris wartete, bis die Bedienung das Sektglas vor Anke abgestellt hatte, dann hob sie ihres. »Wenn man schon fünfzig werden muss, dann kann man das auch schön hinter sich bringen. Zum Wohl, ich freue mich, dass ihr Zeit für mich habt.« Ihre Stimme klang rau. Himmel, sie wurde schon wieder sentimental.

»Hör doch mal auf mit diesem blöden Alter.« Katja sah sie strafend an. »Du steigerst dich da vielleicht rein, wir sind doch noch nicht scheintot. Ich weiß gar nicht, was du für ein Problem hast. Im Mittelalter sind die Menschen gerade mal dreißig geworden, wäre dir das lieber?«

»Natürlich nicht.« Doris' Glas war schon wieder leer.

»Na ja.« Anke warf einen kurzen Blick auf das leere Glas, sagte aber nur: »Damals sind die Frauen am Kindbettfieber gestorben und die Männer wurden vom Pferd geschossen. Doris ist ja weder das eine noch das andere Risiko eingegangen. Kaiserschnitte und Pferdehaarallergie, richtig?«

»Richtig.« Doris musste lachen. »Ihr habt ja recht. Wollen wir noch eine Runde bestellen?«

»Für mich nicht.« Katja griff zur Wasserflasche. »Ich kann sonst gleich ins Bett gehen. Und sonst? Was macht euer Liebesleben? Bei den letzten Treffen war Torsten ja immer dabei, da konnte man leider nicht so richtig locker reden.«

»Och.« Anke strich sich die Haare hinters Ohr. Die Ohrringe hatte sie schon in der Schule getragen, einfache goldene Perlen. »Ich habe keins. Ich hätte auch gar keine Zeit dafür. Wenn ich Feierabend habe, bin ich froh, dass niemand in meiner Wohnung hockt, um den ich mich auch noch kümmern müsste. Allein die Vorstellung … Nein, danke, ich bin mit dem Verlag liiert, das reicht.«

Doris und Katja wechselten einen Blick, dann fragte Katja: »Und du, Doris?«

»Ich?« Sie legte überrascht die Hand auf die Brust und sah die anderen verlegen an. »Ihr kennt doch Torsten. Ihr seid mit ihm zur Schule gegangen. Was soll ich denn da erzählen?«

»Habt ihr noch Sex?«

»Katja! Ähm, ja, sicher.«

Wieder fünf Euro und dazu noch Ankes komischer Gesichtsausdruck. Manchmal könnte sie Katja für ihre undiplomatische Art an die Wand knallen. Sie suchte eine elegante Überleitung, aber Anke war schneller.

»Wie auch immer, wir werden das Thema bestimmt noch vertiefen. Katja war ja noch nicht dran und da kommen doch sicher richtig abenteuerliche Geschichten. Jedenfalls muss ich vor dem Essen unbedingt noch mal unter die Dusche. Wann und wo treffen wir uns?«

»In einer Stunde. Im Hotelrestaurant. Ich mache mir vorher auch noch Stichworte, damit ich keinen Liebhaber vergesse.«

»Gib dir Mühe, bis gleich.«

Anke verschwand nach einem knappen Nicken, Doris und Katja sahen ihr hinterher. Als sie aus der Tür war, sagte Katja, immer noch lächelnd: »Giftziege.«

»Katja! Sie hat es doch nicht giftig gemeint.«

»Doch. Hat sie. Aber sie ist dabei nicht unwitzig. Und ich kenne sie zu lange. Lass mich mal diese Runde bezahlen. Ziehst du dich noch um?«

»Nein.« Doris sah an sich hinunter. »Ich habe doch innere Werte. Also, bis gleich.«

Anke ließ sich in ihrem Zimmer aufs Bett fallen und schleuderte die Schuhe von sich. Der klopfende Schmerz in ihrer Ferse wurde immer schlimmer. Das kommt davon, wenn man sich billige Schuhe kauft und die sofort ohne Strümpfe anzieht. Aber ihre bequemen Treter gingen einfach nicht mehr, zumindest nicht in diesem Hotel. Sie brauchte unbedingt ein Pflaster, sonst könnte sie die kommenden Tage barfuß herumlaufen.

Vorsichtig trat sie auf und humpelte zum Kleiderschrank, um in ihrer Reisetasche nach Pflastern zu suchen. Vergeblich. Sie musterte stattdessen ihre mitgebrachte Kleidung und fand alles blöd. Sie hatte eine helle Hose mit, zwei T-Shirts – es waren zumindest ihre besten –, einen Blazer und eine Strickjacke. Das war's. Und Doris und Katja waren schon vorhin besser angezogen, als Anke es jemals mit dieser Auswahl hinbekommen könnte. Am liebsten würde sie sofort wieder abreisen.

Sie hätte auf ihr Bauchgefühl hören und bei der Absage bleiben sollen. Stattdessen hatte sie sich von Katja überreden lassen.

»Anke, komm, Doris wünscht sich das. Sie will uns unbedingt einladen und was hast du gegen ein bezahltes Wochenende einzuwenden?«

»Aber wir feiern doch diesen Geburtstag sowieso. Was

soll denn überhaupt diese Geheimniskrämerei? Das ist doch kindisch.«

Katja lachte nur. »Torsten will eine Überraschungsparty, also alles geheim, und Doris hat keine Lust mit Familie reinzufeiern, also auch geheim, damit niemand weiß, wo sie ist. Und wir beide sind immer dabei, alles wunderbar. Der Rest ist mir völlig egal. Pack dein Badezeug und den Rest ein und sag zu.«

Ihr Badeanzug! Anke hatte ihn zwar eingepackt, aber keinen Gedanken daran verschwendet, dass dieses Teil ja schon uralt war. Er war mal rot gewesen, mittlerweile war er höchstens noch verwaschen pink, und es hätte nur noch gefehlt, dass die Frei- und Fahrtenschwimmabzeichen daraufgenäht waren. Anke beschloss, den Anzug zu verleugnen. Zum Frühschwimmen in Hamburg reichte er gerade noch, in diesem Hotel aber würde sie garantiert niemand darin sehen. Dann hatte sie eben ihr Badezeug vergessen, das konnte ja mal vorkommen.

Im Badezimmer durchsuchte sie ihre Kulturtasche auf der Jagd nach dem Pflaster. Das Einzige, was sie neben ihrem Waschzeug fand, waren Kopfschmerztabletten und Nasentropfen. Vor dem Badezimmerspiegel griff sie zu ihrer Bürste und flocht die grauen Haare schließlich zu einem Zopf. Dann wusch sie sich die Hände, musterte sich abschließend und ließ die Schultern sinken. Sie war eben nicht Katja Severin oder Doris Goldstein-Wagner, sie konnte nicht jeden Monat zum Friseur gehen, und sie benutzte nun mal keine Kosmetik außer Gesichtscreme und Wimperntusche. Sie war, wie sie war, und wenn es den beiden anderen nicht passte, hatten sie eben Pech gehabt. Jetzt würde sie jedenfalls in die Hotellobby gehen und gucken, ob man irgendwo in diesem vornehmen Haus eine ganz normale Packung Pflaster kaufen könnte.

Am Ende des Flurs war der gläserne Fahrstuhl, daneben der Eingang zum Treppenhaus. Noch bevor Anke ihn erreicht hatte, öffnete sich eine Zimmertür am Ende des Ganges. Eine Frau trat aus dem Zimmer, ließ die Tür hinter sich zufallen und ging ebenfalls auf den Fahrstuhl zu. Anke verzögerte ihre Schritte, kniff die Augen zusammen und blieb stehen. Die Frau sah aus wie jemand, den sie kannte. Oder vielmehr, gut gekannt hatte. Das konnte doch nicht wahr sein. Anke stand jetzt neben einer Glastür, die in ein Treppenhaus führte. Wieso hatte sie vorhin diese offene Treppe benutzt, wenn es doch eine andere gab? In diesem Moment drehte sich die Frau zur Seite. Anke sah ihr Profil und zuckte zusammen. Sie war es. Monika Bernd. Ohne zu überlegen, öffnete sie die Tür und floh auf die Treppe. Hinter ihr fiel die Tür ins Schloss. Anke lehnte sich gegen die Wand und atmete tief durch.

Sie waren Nachbarn gewesen, Monika und Peter, Anke und Kai. Manchmal hatten sie im Sommer zusammen im Hinterhof gegrillt. Anke mochte Monika nicht besonders. Sie war neugierig, indiskret und so furchtbar zufrieden mit ihrem kleinen Leben. Alles, was sie machte, war richtig. Anke ging diese Art auf die Nerven. Dafür mochte sie den Mann, Peter, der mit Kai regelmäßig Tennis spielte und mit Anke joggen ging. Ein netter Kerl, aber gestraft mit diesem Weib.

Seit sie nicht mehr dort wohnte, hatte sie mit Peter ein paarmal telefoniert. Monika hatte sie nie mehr gesehen. Und ausgerechnet heute und hier musste das passieren. Es war nicht zu glauben.

Anscheinend hatte Monika sie nicht gesehen, sonst wäre sie ihr doch sofort hinterhergeschossen. Anke zählte bis zehn, dann ging sie die Stufen nach unten. Als sie die Tür öffnen wollte, stellte sie fest, dass sich der Knauf nicht drehen ließ. Sie rüttelte an der Tür, zog, drehte und begriff endlich, dass man sie nicht von innen öffnen konnte. Irritiert ließ sie ihre Hand wieder sinken und sah sich im Treppenhaus um. Das war doch wohl ein Witz. Mit schnellen Schritten lief sie wieder nach oben. Dasselbe. Keine Tür ging auf. Sie fühlte einen kleinen Anflug von Panik, versuchte aber schnell, sich selbst zu beruhigen. Sie war in einem Sternehotel, es konnte nicht sein, dass sie in einem Treppenhaus verloren ginge. Mittlerweile war sie so oft hoch- und runtergelaufen, dass sie überhaupt nicht mehr wusste, in welchem Stockwerk sie sich befand. Aber eins war überall gleich: Die Glastüren ließen sich von innen nicht öffnen. Außerdem war der Boden staubig, Ankes schwarze Schuhe waren schon von einer hellgrauen Schicht überzogen, ihr war warm, sie hatte Durst und keine Ahnung, was sie hier tat. Wütend trat sie gegen die Tür, dann noch einmal, dann schlug sie mit der flachen Hand dagegen. Und erschrak, als plötzlich eine Zimmertür im Gang hinter dem Glas aufging. Ein Mann trat heraus und Anke stöhnte auf. Es war der arrogante Typ aus dem Zug, der sie erstaunt ansah. Mit wenigen Schritten kam er auf sie zu, öffnete ihr und sagte: »Bei der nächsten Tür, die Sie selbst nicht aufkriegen, geben Sie aber einen aus.«

Es war Anke egal, dass er sie für blöd hielt, sie wollte bloß raus aus diesem Treppenhaus. »Diese Scheißtüren gehen nicht auf. Da ist nur ein Knopf von innen, der sich nicht bewegen lässt, das ist doch wohl das Letzte.«

Der Mann hustete kurz, dann sagte er ruhig: »Das ist eine

Fluchttreppe, nur die Tür ganz nach draußen, also unten, lässt sich von innen öffnen. Was wollten Sie denn da?«

Er war attraktiv, groß, schlank, glatt rasiert, die dunklen Haare mit Grau durchzogen, und er sah gönnerhaft auf sie herab. Anke fühlte, dass sie rot wurde und strich schnell eine Strähne aus dem Gesicht. »Dann muss man das auch so kennzeichnen. Ich dachte, es wäre das normale Treppenhaus zur Rezeption. Na ja, schönen Tag noch.«

Sie rauschte mit zusammengepressten Lippen an ihm vorbei, sein Grinsen bemerkte sie noch. Eingebildeter Sack. Und viel zu gut aussehend.

Als sie endlich in der Hotellobby angekommen war, merkte sie, dass ihre Ferse kaum noch schmerzte.

Katja sprühte abschließend Parfüm über sich, griff nach ihrer Tasche und machte sich auf den Weg ins Restaurant. Als sie aus dem Fahrstuhl stieg, sah sie als Erstes Anke. Sie stand vor dem kleinen Laden neben der Rezeption und starrte ins Schaufenster. Anke hatte eine Körperspannung wie ein Wattebausch. Die Schultern hingen, die Hüften waren schief, das Kinn zeigte zur Brust. Umgezogen hatte sie sich auch nicht, dafür waren ihre Schuhe jetzt schmutzig. Katja trat neben sie, ohne dass Anke es merkte.

»Brust raus, Kinn hoch.«

»Katja!« Anke hatte vor lauter Schreck einen kleinen Satz gemacht. »Bist du verrückt? Wieso schleichst du dich so an?«

»Wir wollen doch essen.« Unbekümmert sah sie ins Schaufenster und musterte die ausgestellte Bademode, Tücher und T-Shirts. »Was guckst du dir an? Hast du zu wenig Klamotten eingepackt?«

›Die falschen‹, dachte Anke und antwortete: »Nein, ich brauche Pflaster. Oder hast du welche dabei?«

»Wofür?« Katja trat einen Schritt zurück, um Anke von oben bis unten zu betrachten. »Vorm Essen schon die ersten Verletzungen?«

»Quatsch.« Anke deutete auf ihre Schuhe und zuckte zusammen, als sie die Staubschicht sah. »Oh, ach nein. Dieses verdammte … ach egal.«

»Du könntest es mit Schuhcreme versuchen. Geht besser als Pflaster.« Katja grinste. »Oder?«

Anke funkelte sie wütend an. »Ich habe eine Blase an der Ferse. Und die Schuhe sind im Treppenhaus so schmutzig geworden. Ich war aus Versehen im falschen, aus dem man aber nicht mehr rauskommt. Es sei denn, irgendein arroganter Typ öffnet dir die Tür.«

»Du bist über die Fluchttreppe gekommen?« Katja warf den Kopf in den Nacken und lachte laut.

Anke griff nach ihrem Arm und zog sie zur Seite. »Brüll doch noch lauter. Das ist wirklich nicht komisch. Hast du eine Ahnung, wo ich hier Pflaster bekomme?«

Katja befreite sich aus ihrem Griff und wischte sich über die Augen. »Die Fluchttreppe. Ach, Anke. Ich habe Pflaster, sogar richtiges Blasenpflaster. Und Schuhcreme auch. Nun mach nicht so ein Gesicht. Es gibt wirklich Schlimmeres.«

»Du hast doch keine Ahnung. Ich bin wie ein Trottel durch dieses Treppenhaus geirrt, nur weil nirgendwo ein Schild war. Woher soll ich das denn wissen? Und dann steht dieser Mann vor mir und ich bin staubig und verschwitzt.«

Anke fragte sich selbst sofort, wieso sie das gesagt hatte. Katja blickte sie mit hochgezogenen Augenbrauen an. »Aha. Und? Was war das für ein Typ?«

»Vergiss es.« Mit einer unwirschen Handbewegung winkte Anke ab. »Komm, Doris sitzt bestimmt schon im Restaurant und wartet.«

Überraschenderweise war Doris noch nicht da. Katja fragte nach dem reservierten Tisch, der Kellner geleitete sie zu ihrem Platz im Wintergarten.

»Bestens«, sagte sie und setzte sich. »Der schönste Tisch im Lokal, da hat die Goldstein-Wagner ja eine Hand für.«

Anke saß schon und sah sich um. »Wenn man genug Trinkgeld gibt, kriegt man alles. Damit kennt Doris sich doch bestimmt aus.«

»Was hast du bloß immer mit Doris' Geld?« Katja blickte Anke kopfschüttelnd an. »Sie war auch früher schon großzügig, hast du das vergessen? Damals hast du nie solche Kommentare abgegeben. Was ist übrigens mit deiner Ferse? Brauchst du jetzt das Pflaster?«

»Nein, es geht, wenn ich sitze. Vielleicht später.« Anke nahm sich vor, zu entspannen. Auch wenn es ihr auf den Geist ging, dass Frauen wie Doris und Katja mit ihrem Geld so viel hinbekamen. Und sie selber ... Sie stoppte diesen Gedanken und entdeckte Doris am Eingang. »Da kommt sie schon. Wink mal.«

Katja hob tatsächlich den Arm und Doris steuerte lächelnd auf den Tisch zu.

»Das glaube ich jetzt nicht. Ich war doch immer die Erste und viel früher da als ihr. Aber ich habe einen Moment lang die Augen zugemacht und dann war es ...«

»Doris.« Katja unterbrach sie und deutete auf den Stuhl. »Es ist eine Minute nach. Bleib locker. Wir haben noch nicht einmal Getränke bestellt.«

Doris ließ sich erleichtert fallen, griff zur Speisekarte und fächelte sich damit Luft zu. »Ich bin so gerannt«, sagte sie entschuldigend, »und jetzt ist mir ziemlich warm. Was trinken wir denn? Erst mal einen Aperitif?«

Der Kellner stand sofort am Tisch. »Meine Damen? Was kann ich Ihnen denn bringen?«

»Ein großes Wasser.« Katja antwortete sofort. »Und einen Prosecco mit Holunderblüte. Doris? Anke?«

Doris bestellte das Gleiche, Anke wollte keinen Aperitif. »Das ist doch wohl ein Witz. Neun Euro für ein kleines Glas.« Sie hatte es zum Glück erst gesagt, als der Kellner außer Hörweite war.

»Anke, bitte.« Katja sah sie gequält an. »Du bist eine echte Spaßbremse.«

»Mädels!« Irritiert hatte Doris zwischen beiden hin- und hergeschaut. »Ich möchte keine schlechte Stimmung. Anke, komm, ich bestelle dir einen.«

»Nein, ich bekomme Sodbrennen von Prosecco. Aber gut, ich trinke gleich einen Rotwein.«

»Sodbrennen?« Doris verkniff sich ein Grinsen. »Das ist doch auch so eine Alterserscheinung, oder? Ich kann in der letzten Zeit überhaupt kein rohes Gemüse mehr vertragen.« Sie wischte sich mit beiden Zeigefingern über die Schläfen, dann mit einer Hand über die Stirn. »Meine Güte, ist das heiß hier. Habt ihr das noch gar nicht? Bei mir wird es immer schlimmer. Ich finde Altwerden grausam.«

Die Getränke kamen. Doris hörte auf zu reden und fächelte sich stattdessen wieder Luft zu, bis Katja ihr die Karte aus der Hand nahm.

»Wisst ihr schon, was ihr essen wollt?« Sie vertiefte sich in die Seiten.

Nachdem sie das Essen bestellt hatten, griff Doris zu ihrer Serviette und fächelte weiter. »Wo waren wir stehen geblieben?« Sie sah Katja und Anke fragend an. Anke überlegte kurz, dann antwortete sie: »Bei Sodbrennen?«

»Nein.« Doris ließ die Serviette sinken. »Beim Altwerden. Und beim Schwitzen. Wie ist es denn bei euch.«

»Oh, bitte.« Übertrieben theatralisch ließ Katja sich nach vorn sinken. »Das ist jetzt nicht dein Ernst, Doris, dass wir drei hier ein Wochenende verbringen und übers Altwerden reden? Das kannst du nicht wirklich wollen. Wir wollen es uns schön machen und wir sind noch nicht alt, Herrgott! Du redest da von einem Problem, obwohl es überhaupt noch keines gibt. Ich kriege übrigens Sodbrennen von Paprika, und zwar schon seit ungefähr zwanzig Jahren. Und ihr glaubt es nicht, ich kann damit leben.«

Anke legte kurz ihre Hand auf Katjas und antwortete süffisant: »So kennen wir dich, Katja Severin, du hast immer schon jedes Problem weggetanzt. Und …«

»Es hat auch nicht geschadet«, unterbrach Katja sie. »Ich beschäftige mich dann mit Dingen, wenn sie akut werden oder mich wirklich stören. Aber nicht vorher. Man kann sich alle möglichen Sachen einbilden, man kann sie aber auch ignorieren.«

»Ich kann doch nicht ignorieren, dass ich dauernd diese blöden Hitzewellen kriege. Es ist furchtbar.«

»Bei Hitze ist dir wenigstens nicht kalt.« Katja sprach diesen Satz wie einen Trinkspruch und hob auch entsprechend ihr Glas. »Und wenn es dich stört, dann nimm Hormone.«

Doris sah sie mit großen Augen an. »Machst du das? Aber es gibt doch so viele Untersuchungen darüber und ich …«

»Also eins weiß ich genau.« Katja schwenkte ihr Glas in

Richtung Doris. »Wenn ich nur einmal ohne Grund Schweißperlen bei mir auf der Oberlippe feststelle, sitze ich eine halbe Stunde später bei meiner Frauenärztin und lasse mich beraten. Aber ich werde nicht herumjammern. Und schon gar nicht schwitzen. Nebenwirkungen hat dieser Prosecco übrigens auch. Trotzdem, ihr beiden, Prost!«

Anke drehte sich nach dem Kellner um, in der Hoffnung, dass er ihren Rotwein endlich bringen würde, und als sie ihren Blick durch den Raum wandern ließ, entdeckte sie plötzlich den Mann von vorhin. Er hatte sie ebenfalls gesehen, lächelte und hob die Hand. Anke blickte sofort wieder nach vorn.

»Wer ist das denn?« Katja hob ihren Hintern vom Stuhl, um besser sehen zu können. Ihr entging wirklich nichts. »Ist das der Typ aus dem Treppenhaus? Sieht ja gut aus.«

»Setz dich wieder hin.« Anke funkelte Katja an, die sich sofort wieder setzte, was aber eher mit dem ankommenden Kellner zu tun hatte.

»Ein Merlot, sehr zum Wohl.«

»Danke.« Doris versuchte, an Katja und dem Kellner vorbeizusehen. »Was ist denn da? Welcher Typ aus dem Treppenhaus? Habe ich was verpasst?«

»Anke hat schon in der ersten halben Stunde jemanden aufgerissen.«

»Du redest wirklich noch denselben Blödsinn wie vor dreißig Jahren. Hör nicht hin, Doris. Man darf Severin nach wie vor nichts erzählen, sie macht aus allen Krümeln eine Geschichte.«

»Okay. Anke bekam eine Tür im Treppenhaus nicht auf und ein Gast hat sie gerettet.«

»Gerettet!« Anke schnaubte. »Er hat diese Scheißtür von außen geöffnet. Das war alles.«

»Das verstehe ich nicht.« Doris sah von einer zur anderen. »Und wen hast du jetzt aufgerissen?«

»Die Tür.« Katja lachte. »Doris, vergiss es. Ich erkläre dir das ein anderes Mal. Anke, jetzt guck nicht so motzig. Ich glaube, du brauchst wirklich mal was fürs Herz. Und vielleicht auch ein bisschen Sex?«

»Katja.« Doris schnappte nach Luft. »Du gehst zu weit.«

»Ach, sei doch nicht so spießig. Wir kennen uns seit Teeniezeiten, wir haben uns doch alles erzählt. Also, Anke, wann hattest du das letzte Mal einen Mann in deinem Bett?«

»Vor drei Jahren, Kai. Zwei Tage später habe ich ihn rausgeschmissen. Punkt.«

»Und was ist mit dir, Katja? Du hast noch gar nichts erzählt.« Doris hatte ihr Glas ausgetrunken und wurde jetzt mutiger. »Wann hattest du denn zuletzt Sex?«

»Heute Morgen.« Katja griff zu ihrem Glas. »Vorm Aufstehen. Und, falls ihr es wissen wollt, sehr guten.«

»Du bist wieder liiert?« Doris gab dem Kellner ein Zeichen, Nachschub zu bringen. »Seit wann denn? Wie ist er denn? Was macht er so?«

Anke betrachtete Doris amüsiert und sagte dann ihren Ton imitierend: »Kann er dich ernähren? Ist er gepflegt?«

Doris wischte ihren Einwurf weg. »Ach, komm, du willst es doch auch wissen. Ich habe gedacht, Katja wäre seit Jahren Single mit wechselnden Liebhabern. Und jetzt …«

»Hör mal, sie hat mit keiner Silbe gesagt, dass es jetzt anders ist. Und, Katja, ist er was fürs Leben oder auch wieder nur eine Eintags- oder Dreitagsfliege?«

Zufrieden lehnte Katja sich zurück. »Weder noch. Er ist schon seit fünf Monaten da, aber fürs Leben? So weit denke ich nie. In diesem Fall noch weniger.«

»Er ist verheiratet?« Doris wirkte tatsächlich entrüstet, was Anke mit gequältem Stöhnen kommentierte.

»Nein.« Katja genoss sichtlich die Pause vor der Antwort. »Er ist schön, klug, sexy, himmelt mich an und ist knappe dreißig.«

»Wow.« Anke war immer die Schnellste von ihnen gewesen. »Dann alles Gute. Ist seine Mutter jünger als du?«

»Du bist wirklich eine Giftspritze.« Katja stützte ihr Kinn auf die Faust und lächelte. »Aber ich sehe darüber hinweg. Zyniker sind in Wirklichkeit die größten Romantiker. Also schließe ich, dass du in Wirklichkeit ganz gerührt und neidisch bist, nicht wahr, Süße?«

Doris wartete Ankes Antwort gar nicht erst ab. »Aber fühlst du dich daneben nicht wahnsinnig alt? Also, ich meine nur, in unserem Alter ist doch die Haut nicht mehr so ganz glatt und überall sind Dellen und Röllchen. Ich würde immer darauf achten, wie ich sitze oder liege.«

Katja runzelte die Stirn. »Ich weiß ja nicht, wo du überall Dellen und Rollen hast, aber bei mir ist noch fast alles in Form. Du musst was dafür tun, das ist klar, aber wenn du dich gehen lässt, bist du mit dreißig schon schlaff. Eins jedenfalls ist klar: Ein junger Liebhaber hält dich jung. Du solltest dringend darüber nachdenken.«

»Ich?« Doris verschluckte sich fast. »Dafür habe ich keine Nerven. Um Himmels willen, schon die Vorstellung … Das geht doch nicht.« Sie führte ihren Gedanken nicht weiter aus, schüttelte nur den Kopf.

Anke konnte es noch nie leiden, wenn Doris moralisch wurde. »Jetzt tu doch nicht so. Das ist inzwischen gar nicht mehr so selten, dass Frauen jüngere Partner haben. Andersherum würdest du dich doch auch nicht aufregen. Wie viele alte Säcke heiraten in zweiter Ehe Frauen, die ihre Töchter sein könnten? Und wenn du dich mal trauen würdest, hättest du auch keine Zeit mehr, dir dauernd Gedanken über dein Alter zu machen.«

»Ich will aber kein zweites Mal heiraten.« Doris hatte schon das nächste Glas geleert und mittlerweile eine sehr rosige Gesichtsfarbe. »Themenwechsel. Was ist jetzt mit dem Mann aus dem Treppenhaus? Ich habe das vorhin nicht richtig mitgekriegt.«

Anke betrachtete sie und dachte, dass Doris den Prosecco in derselben Geschwindigkeit in sich hineinschüttete, wie sie selbst Mineralwasser. Anscheinend trank sie nicht nur bei besonderen Gelegenheiten. »Da gab es auch nichts zum Mitkriegen. Na, endlich, da kommt das Essen.«

Kurze Zeit später legte Katja ihr Besteck bereits zusammen. Anke hob den Kopf. »Bist du schon fertig?«

»Ja.« Katja schob den Teller zurück. »Ich hatte nicht besonders viel Hunger.«

»Isst du dein Fleisch auch nicht mehr?«

»Nein.«

»Kann ich das haben?« Anke hielt ihr den Teller entgegen und ließ sich das halbe Filetsteak auflegen. »Danke.« Mit einem Blick auf Doris, die irritiert zusah, fügte sie hinzu: »Ist doch schade drum.«

Sie aß mit ganzer Konzentration, ohne sich darum zu kümmern, was um sie herum geschah. Erst als der Teller leer war, sah sie hoch.

»Ist was?«

»Dein Treppenhausflirt steht am Tresen, sieht dauernd zu uns her und freut sich über deinen guten Appetit.« Katja deutete hinter sich. »Der sieht richtig gut aus, Kerner. Wenn du nicht so viel essen würdest, hättest du noch mehr Schlag bei ihm. Und du hättest auch schon lange Kontakt aufnehmen können.«

Mit der Serviette tupfte Anke ihren Mund ab und hielt dabei dem Blick von Katja stand. »Ich hatte Hunger. Und ich will keinen Kontakt. Kann ich bitte noch ein Glas Rotwein haben? Und Doris, kannst du Severin mal bitten, einfach eine halbe Stunde lang nicht über mein Liebesleben nachzudenken?«

Doris verrenkte sich fast den Hals, um einen freien Blick zum Tresen zu bekommen. »Der Mann mit dem grauen Pulli? Und der Jeans? Nicht schlecht. Aber der ist mit einer Frau hier.«

»Ich sehe keine.« Jetzt starrte auch Katja in die Richtung. »Welche denn?«

Anke wurde zunehmend nervöser. »Bitte. Katja und Doris, benehmt euch doch noch auffälliger. Der muss denken, wir reden über ihn.«

»Tun wir doch auch.« Jetzt nickte Katja ihm sogar schon zu, bevor sie Doris ansah. »Er steht aber allein da. Wo hast du denn eine Frau gesehen?«

»Vorhin. Sie kamen mir entgegen, als ich runterging. Unser Alter. Sympathisch. Schade, jetzt geht er.« Doris setzte sich wieder gerade hin. »Anke, guck nicht so genervt. Lass mal locker. Wo ist denn jetzt der Kellner? Du wolltest doch auch noch etwas trinken, oder?«

»Ja.« Anke sah die beiden an. »Und ich würde jetzt gern das Thema wechseln. Ich habe vorhin gesehen, dass es morgen früh einen Yogakurs am Strand gibt. Hat eine von euch Lust mitzukommen?«

Sehr viel später steuerten sie die Bar an. Anke hatte natürlich wieder protestiert. Sie wolle morgen früh zum Yoga, es sei schon spät und genug getrunken habe sie auch. Katja nickte verständnisvoll und schob sie weiter.

»Einen Absacker, dann gehen wir alle ins Bett«, sagte sie. »Und morgen kannst du Yoga machen, bis du fliegst.«

Gleich am Eingang war ein freier Tisch, an den sie sich setzten. Der Kellner brachte geröstete Nüsse und wartete auf ihre Bestellung.

»Ich nehme Weißwein.« Doris zog die Schale zu sich. »Wie viele Kalorien hat so eine Handvoll eigentlich?«

»Genug.« Anke überflog die Karte und bestellte eine Cola. »Du kommst anschließend ohne Hunger durch die Nacht.«

Katja entschied sich für Wasser, dann ließ sie ihren Blick durch die Bar wandern. »Schade, Anke, dein Retter ist wohl schon schlafen gegangen.«

»Jetzt hör auf damit. Ich …«

»Anke! Das gibt es doch nicht«, hörte sie neben sich und die Stimme ging ihr direkt in den Magen. Monika. In voller Größe. Laut wie früher. »Dass ich dich hier treffe. Ausgerechnet. Wie geht es dir denn? Magst du überhaupt darüber reden? Machst du hier Urlaub? Wie lange bleibst du noch? Wann bist du denn angekommen?«

Anke fasste es nicht. Warum ausgerechnet hier und jetzt?

Sie sah erst Katja an, die Monika interessiert musterte, dann Doris, die sich die zweite Handvoll Nüsse aus der Schale fischte. Letzteres wirkte regelrecht beruhigend. Langsam wandte sie sich an ihre ehemalige Nachbarin.

»Hallo, Monika. Das ist ja ein Zufall.«

»Ja, echt. Nach all der Zeit.« Monika ließ sich auf die Armlehne von Ankes Sessel sinken und nickte den beiden anderen nur kurz zu. »Wohnst du noch in Hamburg? Hast du denn wieder jemanden? Oder bist du noch nicht darüber hinweg? Also ich könnte das ja verstehen, das ist ja wirklich so grauenvoll. Also, ich …«

»Monika.« Anke musste das unbedingt stoppen. »Das sind meine ältesten Freundinnen, Katja und Doris. Wir sind eigentlich hier, um …«

»Aber ihr wart nicht auf Kais Beerdigung, oder?« Monika hatte jetzt etwas Anklagendes in der Stimme. »Sonst hätten wir uns ja schon mal gesehen.«

»Wie? Kais Beerdigung?« Doris wurde plötzlich von einem Schluckauf überfallen und sah Anke mit aufgerissenen Augen an. »Dein Kai?«

»Wessen denn sonst?« Monika warf nur einen kurzen Blick auf Doris und wandte sich zurück zu Anke. »Also, wenn du mal reden willst, dann ruf mich doch an. Jederzeit. Ich habe nie verstanden, warum du so abgetaucht bist. Hörst du? Jederzeit! Meine Nummer hast du ja noch. Das ist jetzt blöd, aber ich muss zu meinen Kollegen zurück, wir haben hier ein Seminar. Leider reisen wir morgen früh schon ab. Aber du rufst mich an, ja? Also, bis bald, Anke. Schönen Abend noch.«

Sie lächelte kurz und verschwand in Richtung einer lauten Gruppe, die am anderen Ende der Bar saß. Doris klappte den

Mund zu und starrte Anke an. Nach einer Sekunde fragte sie entsetzt: »Kai ist tot?«

»Ja.« Anke vermied den Blickkontakt und zog die Nüsse zu sich. »Wir müssen aber jetzt nicht darüber reden. Ist lange her.«

»Was? Wieso hast du mir das nicht gesagt? Warum hast du dir nicht helfen lassen? Wieso hast du mich nicht angerufen? Warum …«

»Doris.« Katja stoppte sie, indem sie ihr die Hand auf den Arm legte. »Bleib ruhig. Du kriegst gerade Flecken am Hals.«

»Mir ist auch warm.« Doris schüttelte Katjas Hand ab und beugte sich zu Anke. »Sag doch mal, was ist denn passiert?«

»Autounfall.« Anke zwang sich zu einem unbekümmerten Ton. »Wir waren da schon getrennt. Es ist gut, Doris, du musst mich nicht retten oder auffangen. Alles gut. Wo bleibt denn der Kellner?«

Es blieb bei diesem einen Absacker. Monikas Auftritt hatte die gute Stimmung des Abends zerstört. Selbst Katjas Witze halfen nicht mehr: »Was macht man denn hier für Seminare? Schwitzen in der Gruppe unter Berücksichtigung der Krisenbewältigung?«

Ohne auf den lahmen Versuch einzugehen, antwortete Anke knapp, dass ihre ehemalige Nachbarin Verkaufsleiterin bei einer Sportartikelfirma sei. »Die bezirzen hier wahrscheinlich ihren Außendienst, damit der ordentlich Hanteln und Turnschuhe verkauft.«

Danach trank sie ihre Cola aus und verkündete, dass sie jetzt ins Bett gehe, um morgen früh fit für die Yogastunde zu sein. Doris hoffte, dass Katja noch bleiben würde, damit sie über das eben Gehörte reden könnten, aber die wollte auch ins Bett. Also verließen sie gemeinsam die Bar.

Ein paar Minuten später saß Doris auf dem Bettrand in ihrem Zimmer und konnte niemanden mehr fragen, was mit Ankes ehemaligem Lebensgefährten passiert war und wie die damit umging. Sie stand auf, öffnete die Minibar, besah sich die Auswahl, griff zu einer Wasserflasche und warf die Tür wieder zu. Im Vergleich zu Anke und Katja hatte sie fast das Doppelte getrunken. Es war ihr selbst aufgefallen, wobei es ja wirklich ihre Sache war. Aber irgendwie war es ihr auch unangenehm. Sie konnte ja nichts dafür, dass die beiden anderen so langsam tranken. Und sie waren schließlich nicht hierhergekommen, um bei Apfelschorle und Cola über vergangene Zeiten zu reden. Das war alles nicht wichtig. Was aber wichtig war: Doris hatte dieses Gefühl von früher wiedergefunden. Es war fast so wie damals bei Ela in der Pommesbude. Dieses Gemisch aus Albernheiten und ernsten Themen, diese Gespräche, die sie sonst mit niemandem führen konnte. Nur mit Anke und Katja. Und dann musste diese Monika kommen und eine Bombe platzen lassen.

Doris versuchte sich daran zu erinnern, was sie noch über Kai wusste. Anke war vier Jahre mit ihm zusammen gewesen, hatte aber nur wenig über ihn geredet. Na ja, sie hatte ohnehin nur wenig mit Doris geredet. Sie telefonierten damals vielleicht drei- oder viermal im Jahr miteinander und sahen sich so gut wie nie. Und das, obwohl Lüneburg wirklich nicht weit von Hamburg entfernt liegt. Aber Anke hatte ja nie Zeit. Doris hatte Kai also kaum gekannt.

Ein einziges Mal hatten sie sich zufällig getroffen, an einem Samstag in der Hamburger Innenstadt. Doris und

Torsten waren zu einem Einkaufsbummel in die Stadt gefahren und standen plötzlich und unvermittelt vor Anke und ihrem Begleiter. Doris hatte die beiden spontan zu einem Mittagessen überredet. Es war eine blöde Idee gewesen, die Männer hatten sich überhaupt nichts zu sagen und Anke war verschlossen geblieben wie eine Miesmuschel. Doris hatte sich wirklich Mühe gegeben, inklusive einer Essenseinladung zu ihnen nach Hause. Aber weder Anke noch der genauso schweigsame Kai hatten sich zu der Einladung auch nur geäußert.

Anschließend hatte Doris frustriert am Tisch gesessen und Torstens Versuche, sie aufzuheitern, scheiterten schon im Ansatz. Sie hatte es Anke schlicht übel genommen, dass die sich so viel weniger über das Treffen gefreut hatte als sie selbst.

»Anke ist eben nicht so sentimental wie du«, hatte Torsten gesagt. »Für sie sind die alten Zeiten vorbei und dieser Kai wirkt, mit Verlaub, wie ein arrogantes Arschloch.«

Doris hatte ihm insgeheim zugestimmt, die alte Freundin aber trotzdem verteidigt. Das alles war mindestens schon wieder fünf oder sechs Jahre her.

Jetzt war dieser Kai also tot. Vielleicht war das die Erklärung für Ankes Zynismus und ihre bittere Laune. Hatte jene Monika nicht gesagt, dass es damals grauenhaft gewesen sei? Das alles konnte doch noch gar nicht so lange her sein. Wie war das vorhin gewesen? Auf die Frage, wann Anke das letzte Mal Sex gehabt hatte?

»Vor drei Jahren. Mit Kai. Und anschließend habe ich ihn rausgeschmissen.«

Das hatte Anke wortwörtlich gesagt.

Dabei war der Abend vorher so schön gewesen. Sie hatte gar nicht geahnt, wie sehr ihr Ankes Ton, Katjas direkte Art und beider Witz gefehlt hatten. Zeitweise hatte sie sich wie in den alten Zeiten gefühlt, diesen Zeiten, in denen das Leben noch so endlos lang und bunt erschienen war. Und sie das Wort Hitzewelle nur von ihrer Großmutter kannte.

Sie knöpfte ihre Bluse auf und blies sich eine Haarsträhne aus der Stirn. Es war schon wieder so heiß. Vielleicht sollte sie doch mal über Hormone nachdenken. Oder sich wenigstens darüber freuen, dass sie nur noch selten fror. Bei Katja klang alles immer so einfach. Die sah aber auch unfassbar gut aus. Anscheinend hatte sie die perfekten Gene.

Doris gab ein Vermögen für Augencremes und Kaviarmasken aus und hatte trotzdem auf jedem Foto so viele Krähenfüße, dass sie erschrak. Das Leben war ungerecht. Wobei Anke auch nicht mehr so glatt und jugendlich wirkte. Und dann noch diese grauen Haare. Katja war die Einzige, die nicht »Hier« geschrien hatte, als der liebe Gott ihre Gesichter dem Alter angepasst hatte.

Was war das bloß für ein blöder Satz? Doris schüttelte über sich selbst den Kopf, bevor sie mit einem letzten Schluck das Wasser austrank. Sie würde jetzt ins Bad gehen: Zähneputzen, Abschminken und dann für geschätzte dreißig Euro Creme auf ihrem Gesicht verteilen. Und morgen würde sie Katja fragen, was sie eigentlich alles gegen das Alter unternähme.

Ein Zimmer weiter trat Katja auf den Balkon und beugte sich über die Brüstung. Der dunkle Himmel war sternenklar, die Luft roch nach Salz und Algen, ein paar Lichter in der Ferne signalisierten, dass auch um diese Zeit noch Fähren und Fischer unterwegs waren. Katja streckte sich und sah dabei, dass links von ihr das Licht ausging. Sie musste lächeln, als ihr einfiel, wie hektisch Doris versucht hatte, ihre Hitzewallungen mit der Speisekarte zu vertreiben. Eigentlich hatte sie sich kaum verändert. Sobald ihre Fassade aus glücklicher Ehefrau und Mutter fiel, war sie noch dieselbe wie früher. Immer auf dem Sprung, sich um andere zu kümmern, immer auf der Suche nach Gründen, warum wer was gemacht hat und wie man ihm jetzt helfen könnte. Und immer noch von erstaunlicher Naivität und besessen davon, alles richtig zu machen. Sie müsste einfach mal begreifen, dass das Leben gar nicht so anstrengend ist.

Katja gähnte und wollte gerade zurück in ihr Zimmer gehen, als sie die rote Zigarettenglut auf dem Nachbarbalkon auf der anderen Seite bemerkte. Das war doch Ankes Zimmer. Seit wann rauchte die denn? Oder hatte sie innerhalb der letzten halben Stunde den Treppenhausmann auf ihren Balkon gelockt?

Sie lehnte sich ein wenig vor. »Anke? Bist du das?«

Gedämpft kam prompt die Antwort. »Ja. Mach nicht so einen Lärm.«

»Rauchst du?«

»Ja. Wenn du den Cognac aus deiner Minibar mitbringst, kannst du rüberkommen. Ich lasse dich auch mal ziehen.«

»Bin unterwegs.«

Als Katja mit der kleinen Flasche in der Hand auf Socken über den Hotelflur huschte, kam sie sich vor wie damals auf der Klassenfahrt nach Braunschweig, als sie heimlich in einem Zimmer Bier getrunken hatten. Ankes Tür war nur angelehnt, sie hatte schon die Zahnputzbecher mit auf den Balkon genommen und sah ihr im Dunkeln entgegen.

»Kannst du auch nicht schlafen?«

»Och.« Katja setzte sich auf den zweiten Stuhl und drehte den Schraubverschluss auf. »Ich habe es noch gar nicht probiert. Aber bei Doris ist das Licht schon aus.«

»Die hatte ja auch genügend Promille.« Anke hielt ihr den Zahnputzbecher hin. »Aber das hilft ja vielleicht.«

Katja verkniff sich einen Kommentar und verteilte den Cognac auf die beiden Becher. »Worauf wollen wir trinken?« Sie schwenkte das Glas. »Auf die alten Zeiten? Oder auf Dinge, über die niemand spricht?«

Anke starrte weiter aufs Meer, hob nicht einmal den Kopf. Stattdessen probierte sie einen Schluck und schüttelte sich. »Ich weiß wirklich nicht, was an Cognac so toll ist.«

»Er löst die Zunge.« Katja schlug die langen Beine übereinander und wippte mit dem Fuß. »Willst du über Kai reden?«

»Wozu?« Anke nahm den nächsten Schluck. »Ich halte nichts von dem Unsinn, dass Reden hilft. Dann bekommt der ganze Mist nur noch mehr Bedeutung.«

»Dann lass es.« Katja kippte den Inhalt ihres Bechers über den Balkon. »Der ist ja widerlich, typisch Minibar. Ich habe noch eine Flasche Rotwein im Koffer. Soll ich sie holen?«

Vorsichtig sah Anke über die Balkonbrüstung. »Ich hoffe, dass da niemand unten saß. Rotwein wäre nicht schlecht.«

Katja stand schon. »Ich hole den Wein und versuche, richtige Gläser zu finden, das wär doch besser.«

Katja brachte das Weinglas aus ihrem Zimmer mit und fand in Ankes Minibar ein weiteres. Sie saßen ein paar Minuten schweigend nebeneinander, blickten in die Dunkelheit und in den Sternenhimmel, bis Anke sich eine Zigarette anzündete, einen Zug nahm und sie an Katja weiterreichte.

»Ich dachte, du rauchst nicht mehr.« Katja zog, blies den Rauch aus und gab sie Anke zurück.

»Nur noch in besonderen Situationen.« Anke versuchte, Katjas Gesicht in der Dunkelheit zu erkennen. Vergeblich. Sie sah nur die klaren Konturen. »Was machst du eigentlich alles, um so jung auszusehen? Ist das alles echt?«

»Nein.« Katja streckte die Hand nach der Zigarette aus. »Alle zwei Monate eine kleine Spritze, und wenn das nicht mehr hilft, wird mit Skalpell gestrafft. Mein Vater hat eine Schönheitsklinik in Hamburg, schon vergessen?«

Die Zigarette wanderte wieder zurück. Katja wartete einen kleinen Moment, dann fragte sie: »Wie war das mit Kai? Jetzt, wo wir mal offen reden.«

»Moment mal!«, sagte Anke fassungslos. »Du lässt dich operieren? Das ist doch nicht dein Ernst. Was kostet das denn?«

Katja lachte leise. »Mein Vater hat meine Mutter verlassen, als ich drei war. Zeit seines Lebens hatte er ein schlechtes Gewissen, das nutze ich jetzt mal aus. Und er ist beruhigt, weil er mit meinem Gesicht mehr anfangen kann als mit mir als Tochter. Wir haben beide was davon. Und ich habe Chefarztbehandlung. Was war mit Kai?«

»Er hat sich umgebracht.« Ankes Stimme klang unbewegt. »Er ist mit seinem Porsche ungebremst an einen Brückenpfeiler gerast. Das war seine Art, mit seinem verpfuschten Leben umzugehen. Ansonsten hätte er eine Woche später wegen Betrugs vor Gericht gestanden. Er wäre vermutlich verurteilt worden.«

»Warum?«

»Er hatte sich selbstständig gemacht und sich dann auf dubiose Geschäfte eingelassen. Das war noch in der Zeit unserer Beziehung. Ich habe damals sogar für einen Kredit eine Bürgschaft übernommen. Ich war so dämlich.«

»Und dann?«

Anke ließ den Wein in ihrem Glas kreisen. »Irgendwann habe ich so ein komisches Gefühl gehabt. Ich habe ihn gefragt, wie es in der Firma läuft. Er hat gelogen, es gab Streit, den gab es eigentlich dauernd, und schließlich habe ich ihn rausgeschmissen. Ein halbes Jahr später war der Unfall. Und jetzt sitze ich auf den Schulden. Zum Glück geht es nur um den einen Kredit, ich bin wenigstens nicht für den Betrug haftbar zu machen. Es reicht aber auch so schon.«

»Wie ist es dir denn nach dem Unfall gegangen?« Katjas Stimme war weich. Anke musste sich beherrschen, um nicht zu zittern. Plötzlich sah sie sich wieder an ihrer Haustür stehen, hörte die Stimme der Polizistin in der Gegensprechanlage, die sie bat, die Tür zu öffnen, fühlte wieder, wie mit jedem weiteren Schritt im Treppenhaus etwas Schreckliches auf sie zukam, etwas, das sie nicht würde fassen können. Damals war sie einfach in ein Loch gefallen, noch bevor alles andere herausgekommen war.

»Einfach schlecht.« Anke räusperte sich zweimal, bevor ihre Stimme stabil wurde. »Ich habe mir die Schuld gegeben. Es gab keine Bremsspuren, es war auf gerader Strecke, das Wetter war gut, sie redeten zwar noch von einem Unfall, ich aber hatte da schon meine Zweifel. Später kam dann alles raus. Seine Familie hat mir vorgeworfen, er wäre nach der Trennung so verzweifelt gewesen, und ich habe das sogar kurze Zeit geglaubt. Aber dann flogen die Betrügereien auf, es ging um Unterschlagungen, Steuerbetrug, Anlagebetrug, die ganze Palette. Ich war wirklich sein kleinstes Problem. Wobei wir auch nie eine richtig gute Beziehung hatten.«

Sie biss sich auf die Lippen.

Katja schenkte Wein nach. »Wie hoch sind deine Schulden?«

»Ursprünglich 50 000 Euro, plus Zinsen natürlich. Das kann ich nie im Leben von meinem Gehalt abstottern. Auch wenn ich mir alle Mühe gebe.«

Katja enthielt sich eines Kommentars, jede tröstende Antwort wäre nur albern gewesen. Stattdessen sagte sie: »Konnte deine Familie dir nicht helfen? Zumindest finanziell? Deine Mutter hat doch so viel Geld.«

Während ihrer Schulzeit waren die Einladungen bei Kerners immer beeindruckend gewesen. Ankes Mutter besaß eine weiße Villa in Blankenese, sie war die Erbin einer großen Hamburger Druckerei, hatte einen wesentlich älteren Mann geheiratet, der aber gestorben war, als ihre Töchter erst zwei und vier waren. Anschließend hatte sie Karriere in der elterlichen Firma gemacht, ihre Töchter von Tagesmüttern und Au-pair-Mädchen großziehen lassen und sich ein schönes Leben gegönnt.

Anke stieß ein freudloses Lachen aus. »Meine Mutter redet mit mir seit dreißig Jahren nur noch das Nötigste. Wusstest du das nicht? Sie interessiert das alles nicht.«

»Nein.« Katja war überrascht. Ankes achtzehnten Geburtstag hatten sie damals in Blankenese gefeiert, ihre Mutter war zwar egozentrisch, aber dafür großzügig. »Sie war ja nie richtig mütterlich, aber doch eigentlich ganz nett.«

»Nett.« Anke schüttelte den Kopf. »Nett war sie nie. Wir mussten funktionieren und ihre Erwartungen erfüllen. Ich sollte Betriebswirtschaft studieren und in die Firma einsteigen, aber dann lief ich ja leider aus dem Ruder.«

»Nur weil du nicht BWL studieren wolltest?«

»Nein.« Anke stellte ihr Glas hart auf den Tisch. »Weil ich nach dem Abi schwanger wurde und meine Mutter ganz schnell einen Abbruch organisieren musste, weil ihre Tochter ja zu blöd dazu war. Es ging alles ganz schnell, eine Praxis in Flensburg, der Arzt war ein Gspusi meiner Mutter. Anschließend war ich ein halbes Jahr krank, aber wenigstens nicht mehr schwanger. Nur der Studienplatz war weg. Und ich wollte das alles nicht mehr. Das war's. Seitdem bin ich das schwarze Schaf. Aber sie hat ja noch meine Schwester, die macht alles wieder gut.«

Katja war einen Moment lang sprachlos. Dann sagte sie: »Wieso haben wir deine Schwangerschaft nicht mitbekommen? Und wer war der Vater?«

Anke streckte ihre Beine langsam aus. »Es war kurz nach dem Abitur. Ich habe es erst drei Monate später kapiert. Da wart ihr alle schon auf der Uni und wir hatten in der Zeit ja kaum Kontakt.«

»Kurz nach dem Abi? Aber du hattest doch gar keinen Freund? Wer ...«

Ankes Stimme klang müde. »Das ist doch egal. Es war eine Strandparty und wir waren alle ziemlich betrunken. Na ja, da ist es eben passiert.«

»Du hattest einen One-Night-Stand?« Katja klang fassungslos. »Im Ernst?«

»Ja, ich war tatsächlich so dämlich. Ich habe nie mit jemandem darüber gesprochen, weder wo, wann noch wer. Das ist das Einzige, worüber ich froh bin.«

»Und wie hat der Typ reagiert? Oder hast du ihm auch nichts erzählt?«

Anke schüttelte den Kopf und griff wieder zu ihrem Glas.

»Weil es vorbei war, bevor es angefangen hatte. Er war betrunken, ich auch, der Abbruch wurde sofort organisiert, was hätte ich erzählen sollen? Es war besser so. Und jetzt lass uns das Thema beenden. Bitte.«

Katja musterte Ankes Gesicht in der Dunkelheit. Was für ein Chaos, was für Qualen. Und diese Zynikerin, diese Giftspritze, diese kluge Frau war so tapfer. Eine Welle von Sympathie überrollte Katja, sie beugte sich vor und küsste Anke auf die Wange. Überrascht hob die den Kopf.

»Was ist jetzt …?«

Unvermittelt griff Katja nach ihrer Schulter. »Guck schnell, da oben.«

Genau über ihnen fiel eine Sternschnuppe, dann eine zweite, eine dritte, dann ein ganzer Regen. Sie starrten beide wie gebannt auf dieses Schauspiel.

»Wow.« Katja war begeistert. »So viele habe ich noch nie gesehen. Kerner, das ist ein Zeichen.«

Anke blieb unbeeindruckt. »Das passiert oft am Meer.«

»Sei nicht immer so blöde.« Katja schlug sie sanft auf die Schulter. »Lass mal was zu. Das war magisch. Und ich gehe jetzt ins Bett und freue mich auf morgen. Also, schlaf gut, mach dir keine Gedanken, das Leben ist schön und der Rest wird es auch noch. Gute Nacht, bis gleich.«

Nachdem Katja weg war, blieb Anke noch einen Moment sitzen und sah in den Himmel.

Am nächsten Morgen öffnete Doris vorsichtig die Glastür, die sich gleich am Eingang des Wellnessbereiches befand. Wenn sie den Hotelplan richtig im Kopf hätte, müsste hier der Fitnessraum sein. Bereits gestern, nach dem ersten Blick auf Katjas flachen Bauch und ihre schlanken Oberschenkel, hatte sie sich vorgenommen, sofort wieder mit einem Training zu beginnen. Das hatte sie in den letzten Jahren schon oft beschlossen, bezahlte sogar seit einigen Monaten einen völlig überteuerten Mitgliedsbeitrag in einem sehr edlen Fitnessclub, aber bislang war sie zu nicht mehr als zur ersten Probestunde gegangen. Und hatte deshalb auch nicht ein Gramm Fett verloren, geschweige denn Muskeln dazubekommen. Sie war einfach genauso schlaff und schlapp wie immer. Nur ihr schlechtes Gewissen wurde größer. Und ihre Unzufriedenheit. Aber jetzt hatte Katja die letzte Hemmschwelle weggeschossen. Und hier gab es einen Fitnessraum, in dem sie hoffentlich um 7 Uhr morgens noch niemanden treffen würde.

Doris schloss leise die Tür hinter sich und sah sich tief einatmend um. Die verschiedenen Geräte standen auf dem glänzenden Holzboden vor der großen Fensterfront. Ihre Oberschenkel taten ihr bereits bei diesem Anblick weh, aber sie würde einen schönen Ausblick auf die Ostsee haben. Sie stellte sich auf eine Maschine, die sie aus ihrer Probestunde wiedererkannte. Dieser Stepper formte angeblich Hintern und Beine. Doris suchte nach dem Knopf, sofort fingen die Scheiben unter ihren Füssen an sich zu bewegen und zwangen sie zu einem leichten Trab. Im letzten Moment hatte sie die Handgriffe erwischt, sonst wäre sie vermutlich wie ein Mehlsack heruntergekippt. Gut, dass niemand hier war, man würde sie sofort als absolute Dilettantin erkennen.

Die erste Atemnot kam nach vier Minuten. Doris zwang sich, es zu ignorieren.

›Los jetzt‹, feuerte sie sich im Stillen an, ›Schluss mit dem welken Fleisch, denk an Katjas Beine!‹

Seit wann verglich sie sich eigentlich ständig mit anderen? Früher hatte sie das nie getan, da war es ihr völlig egal gewesen, ob eine Frau dünner, dicker, schöner, besser angezogen, älter oder jünger war als sie. Aber in der letzten Zeit passierte es immer häufiger. Bei jedem Besuch in Torstens Büro musterte sie die Mitarbeiterinnen, von denen sie viele gar nicht mehr als Kolleginnen kannte. Sie hatte vor zehn Jahren aufgehört, in der Firma mitzuarbeiten, damals waren sie von Hamburg nach Lüneburg gezogen. Doris hatte ihre ganze Zeit und ihren ganzen Ehrgeiz in die Einrichtung des Hauses gesteckt, und als endlich alles vollbracht war, hatte sie keine Lust mehr gehabt, jeden Tag nach Hamburg ins Büro zu fahren. Aus drei halbherzigen Tagen waren dann zwei Vormittage geworden, schließlich fuhr sie nur noch freitags hin, inzwischen ließ sie auch das. Nötig war es sowieso nicht, mittlerweile hatte Torsten vier sehr charmante junge Frauen, die zusammen eine Wohnung nach der anderen verkauften, und das natürlich schneller und vehementer als Doris früher allein. Wenn sie heute mal zu einem Verkaufsgespräch dazukam, wurde sie vermutlich insgeheim belächelt. Dabei wusste sie genau, dass sie es immer noch könnte. Aber niemand fragte sie. Stattdessen saßen da makellose Frauen um die dreißig, mit glatter Haut, schmalen Hosenanzügen und dem Selbstvertrauen der Jugend, die sich Notizen ins iPhone schrieben und mit in Trendfarbe lackierten Fingernägeln ungeduldig auf den Tisch trommelten, wenn die Gattin des Chefs zu lange blieb.

›Ihr werdet auch alt‹, dachte Doris wütend und trat kräftiger. ›Seid sicher.‹

Kurz bevor sie von ihrem inneren Schweinehund vom Gerät geschubst wurde, ging die Tür hinter ihr auf und ein Hotelgast betrat den Raum. Wenn Doris sich umdrehen würde, wäre ihre Körperbeherrschung vorbei, also trat sie verbissen weiter, immer im Takt dieser Höllenmaschine, den starren Blick auf die Ostsee gerichtet.

»Morgen. Sehr diszipliniert.«

Katja stand schon neben ihr, warf ihr Handtuch über den danebenstehenden Stepper und stellte sich darauf. »Wie lange trittst du schon?«

»Gefühlte fünf Stunden.« Doris musste sich anstrengen, um mit normaler Stimme antworten zu können. »Ich habe keine Kondition mehr. Machst du das öfter?«

Scheinbar mühelos hatte Katja ihren Rhythmus gefunden und lief mit gleichmäßigen Bewegungen los. »Ich laufe jeden Tag. Entweder draußen oder so. Ich hatte nur keine Lust, auf der Promenade am Wasser zu joggen. Ich muss mir erst mal eine Strecke suchen. Und du?«

»Nie.« Doris stellte das Gerät aus und ließ sich schwer ausatmend auf dem Boden in die Hocke sinken. »Ich bin fertig. Das ist nicht meine Art von Sport.«

Katja trat leichtfüßig weiter und sah sie belustigt an. »Gehörst du zur Yoga- und Pilates-Front? Wie Anke? Das wäre mir zu langweilig. Ich mache das ab und zu gegen meine Rückenschmerzen, aber eigentlich ist es öde.«

»Ist es auch.« Doris zog ihre Beine an. »Ist Anke zum Yoga an den Strand gegangen? Vielleicht hätte ich doch mitgehen sollen, dann wäre ich nicht an dieser Maschine gescheitert. Das ist so frustrierend.«

»Warum machst du es dann?«

Doris streckte ihre Beine von sich und griff mit den Händen in das Fleisch ihrer Oberschenkel. »Weil alles wabbelig wird und aus der Form läuft. Ich hasse es.«

»Ach, Doris.« Katja stellte eine Stufe schneller. »Du machst dir aber auch dein Leben schwer. Nimm dir doch einen Personal-Trainer. Die sind meistens ganz süß, meine Freundin Elena hat mit ihrem acht Kilo abgenommen und auch gleich eine flotte Affäre mit ihm angefangen. Und so teuer ist das auch nicht.«

»Ich will keine Affäre.«

»Dann nimmst du eben nur acht Kilo ab. Wobei du das nicht brauchst. Aber das glaubst du mir vermutlich sowieso nicht.«

»Ich will nur fit werden. Und wieder in Größe 38 passen.« Plötzlich fiel Doris der gestrige Abend wieder ein. »Was hältst du denn von Ankes Geschichte? Das war doch furchtbar. Wir müssen noch mal mit ihr darüber reden. Vielleicht braucht sie Hilfe.«

Katja lief immer schneller, ihrer Atmung merkte man nichts an. Sie hatte noch nicht einmal ein gerötetes Gesicht. In genau diesem Moment fühlte Doris eine Hitzewelle anrollen. Der Schweißfilm, den Katja eigentlich haben müsste, legte sich über ihren Nacken und verteilte sich von da aus über den gesamten Oberkörper.

»Schwitzt du nach?« Katja hatte die Lage mit einem kurzen Blick erfasst. »Oder ist das Hormonterror?«

»Letzteres.« Mit dem Handtuch wischte sich Doris über Gesicht und Hals und wich Katjas Blick aus. »Ich geh mal duschen. Wir sehen uns gleich beim Frühstück.«

»Jetzt werd doch nicht albern.« Katja schaltete das Gerät aus und hielt Doris am Arm fest. »Das muss dir doch nicht peinlich sein. Weißt du noch, als ich meine Tage in der Schule bekam und eine weiße Jeans anhatte? Ich bin fast gestorben und du hast deine Strickjacke um meine Hüfte geknotet und gesagt, dass ich mich nicht so anstellen solle. Niemand hätte das mitbekommen. Da warst du noch lässig. Das gehört doch alles dazu.«

»Es ist was anderes. Jeder merkt, dass wir alt werden. Wechseljahre. Wie sich das schon anhört. Ich hasse es. Ich will das alles nicht, das Schwitzen, die Gelenke, die wehtun, die Falten, die grauen Haare, die Stimmungen, keiner sieht mich mehr richtig an, ich werde einfach unsichtbar.«

Katja verschränkte ihre Arme vor der Brust und sah Doris spöttisch an. »Ja, meine Liebe, das sind natürlich echte, existenzielle Probleme. Dagegen ist Anke mit ihrem Kinderkram natürlich nichts.«

Die Welle, die jetzt in Doris aufstieg, hatte nichts mit Hormonen zu tun. Sie schluckte die Scham herunter, ehe sie sagte: »Du hast recht. Ich weiß auch nicht, was mit mir los ist. Ich kann mich selbst nicht leiden. Also, was machen wir mit Anke?«

Katja stieg wieder auf das Gerät, drückte auf den Knopf und lief los. »Gar nichts. Wir machen ihr einfach ein schönes Wochenende. Vielleicht redet sie mit uns, vielleicht auch nicht. Aber wir sprechen nicht mehr über Probleme, sondern feiern deinen Geburtstag und die alten Zeiten. Jetzt geh duschen und komm gut gelaunt zum Frühstück. Und wenn das mit deinen blöden Hormonen nicht aufhört, gehen wir beide nächste Woche zu meiner Frauenärztin. Bis gleich.«

Mit schmerzenden Oberschenkeln und schlechtem Gewissen ging Doris zur Tür. Ab jetzt würde sie sich zusammenreißen. Und mit Hilfe der beiden anderen ihrem Leben eine neue Richtung vorschlagen.

Unterdessen lag Anke auf einer Yogamatte im Pavillon am Strand und versuchte, sich zu entspannen. Aber statt der ersehnten Bilder von kühlen Seen oder Strandlandschaften sah sie nur Gesichter: Kai, Torsten, ihre Mutter, Doris und Torsten, Monika und Peter, die Polizistin im Treppenhaus, die Beerdigung. Sie kniff die Augen noch fester zusammen und unterdrückte ein Stöhnen. Manchmal hatte sie gedacht, all diese Erinnerungen schon hinter sich gelassen zu haben, aber jetzt prasselten sie alle zusammen auf sie ein. Und das nur, weil diese blöde Monika ein Seminar für Turnschuhverkäufer machen musste. Das war ungerecht. Warum ließ man sie nicht einfach ein paar schöne Tage in einem tollen Hotel verbringen, das sie sich in absehbarer Zeit nicht würde leisten können? Was konnte sie dafür, dass sie nie richtig Glück im Leben gehabt hatte? Dass sie immer zur falschen Zeit am falschen Ort gewesen war? Selbstmitleid stieg in ihr auf. Sie zwinkerte eine Träne weg.

Eine böse Stimme flüsterte ihr zu, dass sie freiwillig an diese falschen Orte gegangen war. Wie war das denn auf der Abifahrt gewesen? Hatte sie sich nicht insgeheim gefreut, dass Doris nicht mitfahren konnte nach Amrum? Weil sie selbst in Wirklichkeit schon in Torsten verliebt gewesen war? Und hatte sie auf der Strandparty nicht alles darangesetzt, die ganze Zeit neben Torsten zu bleiben? Sie hatte zufrieden zugeschaut, wie er und alle anderen immer mehr Wein getrunken hatten, sie selbst hatte nur noch Wasser im Glas gehabt. Immer näher war sie an ihn herangerückt, die Berührungen hatten anfangs zufällig gewirkt, dann war sie immer mutiger geworden. Torsten hatte es sich gefallen lassen, vielleicht hatte er es aber auch gar nicht mehr richtig gemerkt. Trotzdem hätte er auch Nein sagen können, das hatte er aber nicht gemacht. Eine böse Stimme erinnerte sie daran, dass Torsten einfach neben ihr im Sand eingeschlafen war, weinselig, beseelt von der Stimmung und dem Sommer. Die anderen waren nach und nach in die Jugendherberge zurückgegangen. Anke war geblieben, hatte gesagt, dass sie sich um Torsten kümmern würde, und das auch getan. Vermutlich hatte er, schläfrig und betrunken, wie er war, gar nicht gemerkt, mit wem er im Sand schlief. Trotzdem hatte Anke es genossen. Auch, als er danach »Doris, ich will nach Hause« seufzte und weiterschlief.

In den Wochen danach hatte sie tausendmal darüber nachgedacht, ihn anzurufen, hatte sich aber nie getraut. Als sie sich zwei Monate später zufällig trafen, wurde ihr endgültig klar, dass er keine Ahnung hatte, was in dieser Nacht am Strand passiert war. Und sie war zu stolz, um es ihm zu sagen. Vier Wochen später wusste sie, dass sie schwanger war.

Und dann hatte ihre Mutter bestimmt, was getan werden musste. Anke war wie in Trance, sie befolgte alle Anordnungen. Nach ihren Gefühlen und nach dem Vater des Kindes wurde nie gefragt. Seitdem hasste sie ihre Mutter.

Mit einem Gongschlag beendete die Yogalehrerin die Meditation. Langsam öffnete Anke die Augen und sah sich um. Die anderen vier Teilnehmer des morgendlichen Kurses streckten sich. Sie stand so schnell auf, dass ihre sitzende Nachbarin sie irritiert ansah. Anke lächelte.

»Hunger«, erklärte sie flüsternd. »Ich habe nach dem Yoga immer fürchterlichen Hunger.«

Sie hatte den Pavillon schon verlassen, bevor die anderen sich erhoben.

Doris cremte sich vor dem Spiegel die Beine ein und hatte das Gefühl, alles wäre schon viel fester. Zufrieden spannte sie den Oberschenkel an und beschloss, ab sofort neben ihrer Rückenschule auch in ihr Fitnesscenter zu gehen. Wenn Katja die Energie aufbrachte, sollte sie das wohl auch schaffen. Und den Kostümrock könnte sie noch eine Zeit lang aufheben, vielleicht würde er doch wieder passen.

In Unterwäsche durchquerte sie ihr Zimmer, nahm die Jeans und einen leichten Pullover aus dem Schrank und zog sich an. Nach dem Frühstück würden sie sich in die weißen Hotelbademäntel hüllen und den Rest des Tages in der Therme verbringen. Nur noch Sauna, leichte Gespräche, Pediküre, Peeling. Während sie sich die Haare bürstete und sie locker zusammenband, überlegte sie sich, wie und wann sie noch mal mit Anke sprechen sollte. Sie wollte sie nicht mit Erinnerungen quälen, auf der anderen Seite wusste sie, dass sie selbst ohne Hilfe eine solche Situation keinesfalls überstehen würde. Allein der Gedanke, dass Torsten etwas zustoßen könnte, nahm ihr die Luft. Vielleicht gab es ja doch irgendetwas, was sie für Anke tun könnte. Auch wenn die Ereignisse schon eine ganze Zeit zurücklagen.

Doris suchte in ihrer Handtasche nach einem Lippenstift, ihre Finger ertasteten das ausgestellte Handy. Vielleicht sollte sie das Gerät kurz anstellen, um zu sehen, ob ihr Anrufe entgangen waren. Dass Torsten versucht hatte, sie zu erreichen, glaubte sie eigentlich nicht, sie hatte den Zettel hinterlassen und meistens akzeptierte er, worum sie ihn bat. Er war immer noch gelassen und vertraute ihr.

Nur ein paar Sekunden nachdem sie ihre PIN eingegeben hatte, meldete ihre Mailbox elf Anrufe in Abwesenheit. »Empfangen gestern, 20.32: ›Ja, Doris, ich bin's. Ich habe deinen Zettel gerade gefunden und bin doch ziemlich überrascht. Ruf bitte mal an.‹«

»Empfangen gestern, 21.15: Es wurde keine Nachricht hinterlassen.«

Das war die Nummer von Margret Goldstein. Doris' Mutter hatte viermal nacheinander angerufen, ohne etwas auf die Mailbox zu sprechen. Beim fünften Mal hatte sie die Geduld verloren.

»Doris? Herrgott, wieso gehst du nicht an dein Handy?«

»Empfangen gestern, 22.13: ›Doris! Hier ist deine Mutter. Es ist wichtig!‹«

»Empfangen gestern, 22.52: ›Ich fasse es nicht.‹«

»Empfangen gestern, 23.15: ›Sag mal, wo steckst du denn? Torsten geht auch nicht ans Telefon. Wir könnten hier tot im Flur liegen und ihr lest es dann in der Zeitung. Das ist doch nicht wahr!‹«

»Empfangen heute, 7.05: ›Immer noch aus. Werner, was macht man denn da?‹«

»Empfangen heute, 7.30: ›So, wenn du nicht innerhalb der nächsten Stunde anrufst, alarmiere ich die Polizei und schick sie zu euch nach Hause. Torsten ist auch nicht zu erreichen.‹«

Mit einem Blick auf die Uhr stellte Doris fest, dass sie noch eine halbe Stunde Zeit hatte, bevor die Polizeieskorte sich auf den Weg nach Lüneburg machen würde. Torsten müsste jetzt im Auto sitzen. Sie drückte die Kurzwahltaste für seine Handynummer. Nach nur einem Freizeichen meldete er sich: »Sag mal, wo steckst du?«

Doris bekam sofort ein schlechtes Gewissen, als sie hörte, wie seine Stimme klang. »Guten Morgen. Ist etwas passiert?«

»Ich habe mir Sorgen gemacht. Du legst einfach einen Zettel hin, und ich habe keine Ahnung, wo du bist und mit wem und wann du wiederkommst. Das ist doch keine Art.«

Doris atmete tief durch und zwang sich, ruhig zu bleiben. »Ich habe dir geschrieben, dass ich Sonntagmittag wieder zu Hause bin. Spätestens Sonntagabend. Ich bin in einem schönen Hotel, gehe gleich in die Sauna und zur Kosmetik und gewöhne mich langsam an den Gedanken, fünfzig zu werden. Das ist alles. Meine Mutter hat versucht, uns zu erreichen. Weißt du, was da los ist?«

»Margret hat ungefähr zwanzigmal hier angerufen. Zum Glück sieht man ja die Telefonnummer, ich bin nicht mehr drangegangen. Ich nehme an, sie wollte wissen, wo du bist, aber da hätte ich ihr sowieso nicht helfen können. Geht es dir denn gut?«

Doris wusste selbst nicht genau, warum sie ihm nicht sagte, dass sie mit Katja und Anke hier war. Aber irgendetwas hielt sie davon ab. Es war ihr Geburtstag. Sie allein entschied, wie sie damit umgehen wollte.

»Ja. Es geht mir gut.« Sie hörte in sich hinein, es stimmte tatsächlich. »Wir sehen uns morgen. Also, bis dann.«

»Doris?«

»Ja?«

»Wirklich keine Feier?«

»Auf keinen Fall. Vielleicht später, im Sommer oder so. Aber nicht jetzt. Also, mach es gut. Tschüss.«

Sie drückte auf die rote Taste, behielt das Telefon in der Hand und stellte sich damit ans Fenster. Vor ihr lag die Ostsee, das Wasser glitzerte, am Horizont war eine Fähre zu sehen, die Wellen schlugen sanft an die Promenade. Der Anblick des endlosen Wassers stimmte Doris ruhig und leicht. In dieser Stimmung würde sie doch wohl mit ihrer Mutter fertig werden.

»Goldstein.«

»Hallo, hier ist Doris.«

»Ich weiß. Das sehe ich schließlich an der Nummer.«

Doris starrte aufs Meer. Es ging ihr gut. Besser als in all den letzten Wochen. Es war nur ein Telefonat.

»Du hast versucht, mich zu erreichen. Was wolltest du denn?«

Margret schnappte hörbar nach Luft. »Wo bist du? Seit gestern Abend wähle ich mir die Finger wund. Aber niemand ist zu erreichen. Uns könnte etwas passiert sein. Werner und ich sind ja nicht mehr die Jüngsten. Und du ...«

»Man tippt sich heute die Finger wund«, unterbrach Doris die sich ankündigende Tirade. »Kein Mensch wählt mehr. Ist euch denn was passiert?«

»Wenn wir uns noch länger gesorgt hätten ... Aber das interessiert dich ja nicht. Ich wollte wissen, was du morgen anziehst. Ist das eher leger oder elegant? Torsten sagt ja nichts. Soll Werner einen Anzug anziehen oder reicht Jackett? Ich hasse es, wenn man falsch gekleidet ist. Ich habe mir einen neuen Hosenanzug gekauft, der ist sehr edel. Den ziehe ich aber nicht an, wenn wir in irgendein rustikales

Lokal fahren. Dann kann der danach sofort in die Reinigung. Also, was ziehst du an?«

Doris verstand kein Wort, bekam aber ein mulmiges Gefühl. »Was ich anziehe? Wozu? Was ist denn morgen?«

»Doris, bitte.« Margret atmete theatralisch aus. »Dein Geburtstag. Wir haben die Einladung von Torsten bekommen, du hast ja immer so getan, als würde nichts stattfinden, es ist nur gut, dass dein Mann sich durchgesetzt hat. Auch wenn er so tut, als wäre es eine Überraschungsparty für dich, aber ich habe mir schon gedacht, dass er das natürlich nicht allein organisiert, das können Männer doch gar nicht. Also hättest du uns auch Bescheid sagen können, es sei denn, du wolltest deine Mutter nicht dabeihaben. Stimmt das?«

Doris versuchte zu begreifen, was sie gerade gehört hatte. Das konnte doch nicht wahr sein. Sie hatte ausdrücklich darum gebeten, nicht zu feiern, und Torsten war es egal. Überraschungsparty, du lieber Gott. Warum war es eigentlich so unwichtig, was sie selbst wollte?

»Doris? Bist du noch dran? Kannst du mir vielleicht mal antworten?«

»Nein, Mama.«

Doris drehte sich entschlossen um. »Ich habe keine Ahnung, was du anziehen sollst. Ich höre diesen Schwachsinn mit der Überraschungsparty nämlich gerade zum ersten Mal. Ich will nicht feiern, ihr könnt das ja von mir aus tun, aber ohne mich. Ich habe überhaupt keine Lust auf eine Familienfeier mit gemischtem Braten und Nachtisch, egal wo. Aber ihr braucht mich doch auch nicht dabei. Du hast dann freie Fahrt und kannst der ganzen Familie sagen, wo's lang geht. Viel Spaß dabei und grüß alle von mir. Falls sich jemand an mich erinnert, ich bin die, die nicht feiern wollte.«

»Du wirst wirklich immer komischer. Und es ist keine Familienfeier, Torsten hat auch irgendwelche Freundinnen von dir eingeladen, von früher. Die haben auch schon zugesagt, auch die eine, die ich nie mochte, diese Kerner, die war immer so schnippisch. Ach, und die Kathrin oder Katja, du weißt doch, die vom Fernsehen, die kommt auch. Und ich hoffe, dass auch Sascha da ist. Jetzt muss es doch mal gut sein mit diesem Streit. Der Junge wird ja wohl auftauchen, wenn seine Mutter fünfzig wird. Das ist doch ein Grund, diesen Familienzwist zu begraben. Ich hoffe, dass Torsten dafür gesorgt hat. Das wird eine große Feier. Ich rufe ihn in der Firma an, du bist mir auch keine Hilfe. Bis morgen.«

Doris ließ das Telefon langsam sinken, schluckte und biss sich auf die Lippen, um die Tränen zurückzudrängen. Dann holte sie plötzlich mit aller Kraft aus und feuerte das Handy an die Wand. Unbewegt sah sie, wie es in seine Einzelteile zerbröselte. Der Abend gestern war so schön gewesen! Aber wahrscheinlich hatte sie sich doch wieder etwas vorgemacht. Kein Mensch nahm sie ernst. Und nun war ihr Handy auch noch kaputt. Ab jetzt war sie nicht mal mehr erreichbar.

Ein Klopfen an der Tür ließ sie zusammenfahren. Dann hörte sie Ankes Stimme: »Doris? Bist du fertig? Wir wollen frühstücken.«

Mit wenigen Schritten war sie an der Tür und riss sie auf. Anke fiel ihr fast entgegen. »Du bist ja … Oh. Ist was passiert?«

»Findet ihr das komisch?« Doris' Stimme klang gepresst. »Habt ihr Spaß mit Torsten gehabt, als ihr dieses blöde Überraschungsfest organisiert habt? Wie oft habt ihr denn schon telefoniert?«

Anke wurde blass. »Wie? Spaß mit Torsten? Was meinst du denn?«

Doris drehte sich auf dem Absatz um und ging zurück ins Zimmer. Mit einem Ruck riss sie die Tasche aus dem Schrank und warf sie aufs Bett.

»Das ist so hinterhältig von euch. Ich komme mir vor wie eine Idiotin.«

Wütend begann sie, einzelne Kleidungsstücke in die Tasche zu stopfen. Tränen liefen ihr übers Gesicht. Anke stand immer noch stumm an der Tür.

»Ich habe mich auf euch gefreut. Ich fand den Abend gestern besonders schön, und dann bekomme ich zufällig mit, dass alles nur Theater ist. Dann kann ich ja auch wieder fahren. Ich will dieses Fest nicht, diese scheiß fünfzig, ich ...« Mit einem T-Shirt in der Hand ließ sie sich aufs Bett sinken und fing an, laut zu weinen.

Plötzlich tauchte Katja hinter Anke auf. Mit einem kurzen Blick erfasste sie die Situation, schob Anke ins Zimmer und schloss die Tür hinter sich.

»Ich habe ja keine Ahnung, was hier los ist«, sagte sie, nahm die Tasche vom Bett und setzte sich neben Doris. »Aber können wir das bitte mitteleuropäisch klären und nicht so laut schreien, dass gleich der ganze Flur mitreden kann?«

Doris war es egal, wer sie hören könnte. Sie schrie einfach weiter. »Ich habe es satt, dass alle immer zu wissen meinen, was richtig ist für mich. Und jetzt auch noch ihr.«

Erschrocken sah Katja sie an. »Ich schiebe das mal auf deine Hormone, Goldstein, sonst müsste ich dich jetzt für geisteskrank halten. Kannst du uns bitte mal erklären, was genau dein Problem ist?«

»Diese blöde Feier.« Mühsam versuchte Doris, durch ihre verstopfte Nase Luft zu bekommen. »Es zählt überhaupt nicht, was ich will. Ich habe eine ganz klare Ansage gemacht, aber Torsten organisiert trotzdem etwas. Und ihr macht auch noch dabei mit. Ohne es mir zu sagen.«

»Meine Güte.« Mit ausgebreiteten Armen ließ Katja sich rücklings aufs Bett fallen und sandte einen verzweifelten Blick Richtung Decke. »Du machst so einen Aufstand wegen einer kleinen Geburtstagsfeier? Das ist doch nicht dein Ernst. Die Einladung ist schon vor Wochen gekommen, lange vor unserer Verabredung. Ich verstehe nicht, warum du das so hoch hängst und was daran so schlimm ist. Torsten hat es doch nur nett gemeint.«

»Nett«, schnaubte Doris. »Sehr nett, ja. Ich will das aber nicht. Das habe ich hundertmal gesagt. Ich muss immer nur funktionieren, niemanden interessiert, wie es mir wirklich geht. Ich habe ein Problem mit diesem Geburtstag, ist das denn so schwer zu verstehen?«

»Jetzt mach mal halblang.« Anke wurde langsam sauer. »Dann gehst du eben nicht hin. Du benimmst dich wie ein schwer pubertierendes Kind. Katja hat recht, wenn das die Auswirkungen von Hormonmangel sind, dann würde ich mir an deiner Stelle intravenös welche spritzen. Himmel, wir sind extra angereist, und du machst jetzt so ein Theater. Um dich dreht sich doch nicht die Welt. Merkst du eigentlich, was für einen Unsinn du manchmal redest?«

Ihre Stimme war immer lauter geworden, was die Wirkung ihrer Worte noch verstärkte. Anke Kerner war noch nie laut geworden, Wut machte sie leise und eiskalt. Sie hasste Szenen. Und nun brüllte sie Doris an. Die hockte immer noch mit eingezogenem Kopf auf dem Bett und fummelte an ihrem

T-Shirt herum. »Ich …«, begann sie leise, wusste aber nicht weiter. Für eine Minute herrschte Schweigen.

Bis sich Katja schwungvoll wieder aufsetzte, ihren Blick zwischen Doris und Anke hin- und herwandern ließ und schließlich anfing zu lachen.

»Ihr müsstet euch mal sehen«, sagte sie. »Goldstein sitzt verrotzt und elend auf dem Bett und Kerner sieht aus, als würde sie gleich Amok laufen. Und das wegen so eines Schwachsinns. Mädels, es gibt zwei Möglichkeiten. Entweder wir packen sofort unsere Klamotten und reisen ab, dann kannst du Geburtstag feiern oder auch nicht, aber wir sind weg. Oder du gehst jetzt kalt duschen, schüttelst dich, wirst wieder normal und machst dir in den nächsten Tagen Gedanken darüber, was bei dir eigentlich schiefläuft. Dann können wir auch darüber reden. Also, was ist? Anke?«

»Ich habe Hunger. Und keine Lust auf so ein Theater.«

»Doris?« Katjas Stimme war sehr ruhig.

»Tut mir leid.« Sie atmete tief durch und setzte sich gerade hin. »Ich … ich möchte nicht, dass ihr abreist.«

»Okay.« Katja stand auf und ging zur Tür. »Dann restaurier dein Gesicht. In fünfzehn Minuten sind wir unten beim Frühstück. Komm, Kerner. Entspann dich.«

Katja und Anke saßen bereits im Frühstücksraum an einem Tisch am Fenster. Als Doris auf die beiden zuging, wandte sich Katja um und sagte lächelnd: »Guck mal, Doris Goldstein hat einen ganz elastischen Gang. Das kommt vom knackigen Hintern, den man auf diesem Stepper bekommt.«

»Doris Goldstein-Wagner, so viel Zeit muss sein«, schob Anke nach. »Jetzt mach hin, ich komme um vor Hunger, wir haben extra auf dich gewartet, bevor wir das Büffet abräumen.« Sie stand auf und ging sofort los, während Doris ihre Handtasche über die Stuhllehne hängte und sich setzte. Katja musterte sie mit schief gelegtem Kopf. »Geht es wieder?«

»Ja. Anke ist noch sauer, oder?« Doris folgte Anke mit den Blicken durch den Frühstücksraum. Sie lief langsam am Büffet entlang und betrachtete jeden Teller. Katja hob die Schultern. »Kerner hat Hunger. Nach dem Essen hat sie sich bestimmt wieder beruhigt. Aber du hast auch wirklich ein bisschen viel Drama veranstaltet.«

Doris strich sich eine Haarsträhne aus dem Gesicht. »Ich habe mich so wahnsinnig geärgert. Weil ich überhaupt nichts geahnt habe. Mir geht es im Moment … ach, ich kann mich selbst manchmal nicht leiden.«

»Hast du denn heute Morgen mit Torsten gesprochen? Oder woher weißt du das mit dem Fest?«

»Ich habe mit meiner Mutter telefoniert. Das regt mich sowieso jedes Mal auf.«

Katja lachte. »Das kenne ich. Wobei meine Mutter mittlerweile in Spanien lebt, zusammen mit ihrem zweiten Mann. Und Harald will nicht, dass meine Mutter regelmäßig mit ihrer Tochter telefoniert. Da bin ich ihm fast dankbar. Ansonsten ist er ein Idiot. Aber er hat meine anstrengende Mutter wenigstens im Griff.«

Anke kam mit einem beladenen Teller zurück. »Was ist mit deiner Mutter?«

Sie setzte sich und schüttelte die Serviette glatt. »Drei Sorten Rührei. Herrlich. Ich fang schon mal an, während du über deine Mutter sprichst.«

»Ich will gar nicht über sie sprechen. Doris hat mit ihrer Mutter telefoniert und sich geärgert. Deshalb kamen wir drauf. Ich geh mir mal was holen. Wenn die Bedienung kommt, bestellt mir einen Kaffee.«

Sie verschwand und Doris blieb mit Anke allein, die langsam eine Scheibe Schwarzbrot mit Butter bestrich und erst dann kurz hochsah. »Von mir aus ist es wieder okay. Willst du noch etwas dazu sagen? Oder über deine Mutter reden?«

Doris lächelte zaghaft. »Danke. Ich stand so neben mir. Und dann noch Margret. Sie wird immer schlimmer. Dabei sollte man froh sein, dass man sie noch hat. Steht zumindest in allen Frauenzeitschriften.«

Anke lachte bitter und griff nach dem Salzstreuer. »Ich fange lieber gar nicht erst an, darüber nachzudenken. Sonst habe ich sofort schlechte Laune. Anderes Thema: Ich war beim Yoga am Strand. Sonnengruß mit Ostseeblick, das hat was. Komm doch morgen früh mit, das ist nicht so mörderisch wie diese Fitnessgeräte.«

»Mir ist Yoga zu langweilig.«

»Du solltest es mal probieren. Gibt innere Harmonie.«

Anke kaute und musterte sie. »Doris, du bist erwachsen, lass dir doch nicht von solchen Stimmungen den Tag versauen. Wir gehen gleich in die Sauna und schwitzen die schlechten Gedanken aus.«

Katja kam zusammen mit der Bedienung, sie gaben ihre Getränkewünsche auf, und während Katja sich mit einem übersichtlichen Obstteller wieder setzte, erhob sich Anke, um den zweiten Gang zu holen.

»Willst du nichts essen, Doris?«, fragte Katja.

Doris' Antwort wurde von einem scheppernden Lärm übertönt. Sie drehten sich sofort in die Richtung, aus der der Krach gekommen war, und sahen Anke, die sich mit zwei großen silbernen Deckeln abmühte, die auf dem Boden lagen.

»Kerner hat das Büffet abgeräumt«, sagte Katja und hob die Augenbrauen. »Aber der Retter naht. Was wolltest du sagen, Doris?«

»Nichts.« Stattdessen beobachtete sie Anke, die sich mit fast feindseliger Körperhaltung von einem Gast helfen ließ.

»Das ist doch wieder der Mann aus dem Treppenhaus.« Katja beugte sich vor. »Klar ist der das. Aber guck dir mal Anke an. Die sieht aus, als wollte sie ihn töten. Ich werde gleich mal mit ihr reden. So geht das ja nicht. Das ist doch ein guter Typ.«

»Aber er ist nicht allein hier.« Doris zeigte auf einen Tisch, an dem eine Frau mit dem Rücken zu ihnen saß. »Habe ich doch schon gesagt.«

»Schade.« Katja drehte sich zu der zurückkehrenden Anke um. »Sag mal, was machst du denn da für Randale? Der ganze Saal ist im Schock.«

Anke stellte mit hochrotem Kopf einen gefüllten Teller

an ihren Platz. »Diese blöden Deckel sind so heiß. Ich habe mich verbrannt und ihn fallen lassen. Dann flogen gleich beide runter. Kann ja mal passieren. Ist das alles, was du isst?«

Katja ignorierte die Frage. »Das war doch dein Treppenhausritter, oder? 120 Zimmer hat dieses Hotel und rein zufällig ist der Typ dauernd in deiner Nähe. Lustig, oder nicht?«

»Severin, geh mir nicht auf die Nerven. Hol dir noch ein Apfelsinchen, das waren erst dreißig Kalorien auf deinem Teller, zehn darfst du noch.«

Anke zog ihren Stuhl näher an den Tisch und fing an, die kleinen Bratwürstchen zu zerteilen. »Und lass mich einfach in Ruhe essen. Doris, willst du was abhaben oder holst du dir selber was?«

Leicht angewidert betrachtete Doris die Mischung aus Spiegeleiern, Tomaten und Bratwurst. Sie schüttelte den Kopf. »Danke, ich gehe selbst. Dass du morgens schon so ein Zeug essen kannst.«

»Super.« Anke schob sich eine Gabel in den Mund und kaute. »Kuchen gibt es übrigens auch. Esse ich danach.«

Auf dem Weg zum Büffet beschloss Doris, diesen Tag zu einem guten zu erklären. Wäre Katja vorhin nicht so souverän gewesen, säße sie jetzt im Zug nach Hause, zerstritten mit Anke und kreuzunglücklich, weil sie dieses Wochenende versaut hätte. Aber jetzt würde alles gut und über das blöde Fest könnte sie sich später Gedanken machen.

Nach dem Frühstück gingen sie in ihre Zimmer, um die Jeans und Pullis gegen weiße Bademäntel zu tauschen, die dafür vorgesehenen Saunataschen mit Büchern, Cremes und anderen Dingen zu füllen und sich in Flipflops auf den Weg in den Spa-Bereich zu machen.

Anke kam zuerst an. Es roch nach Zitrone, Eukalyptus und anderen Pflegedüften. Sie setzte sich in einen bequemen Sessel, der vor der Rezeption stand, griff wahllos zu einer der Hochglanzillustrierten, die auf dem Tisch lagen, und fing an zu blättern. Seite um Seite magere, durchgestylte und lasziv blickende, schöne Frauen, die für Mode, Schmuck, Kosmetik, Autos und Reisen warben, lauter Dinge, um die Anke sich nie viel Gedanken gemacht hatte. Früher war das wohl eine der Reaktionen darauf gewesen, dass ihre Mutter und Schwester jeden Trend mitmachen mussten, egal wie furchtbar die Mode und das gerade angesagte Make-up an ihnen aussahen. Anke hatte ihre Schwester sogar einmal mit dem Ausspruch auf die Palme gebracht, sie habe doch nur Medizin studiert, weil ihr weiße Kittel so gut stehen. Inzwischen arbeitete Martina tatsächlich nur noch zwei halbe Tage als Augenärztin in der Praxis, mehr konnte sie mit ihrem privaten Terminkalender nicht schaffen.

Anke entwickelte eine Gleichgültigkeit gegenüber ihrem Äußeren, die ihre Mutter wahnsinnig machen konnte. Ihre Tochter genoss es und hatte mittlerweile einige Kleidungsstücke, die sie nur noch trug, wenn sie die seltenen Besuche bei ihrer Mutter absolvierte. Am meisten regte die sich über einen grünen Strickmantel auf, der vorne länger war als hinten und mit seinen Ziehfäden und verfilzten Stellen aussah wie eine Pferdedecke. Anke trug ihn bis zum Sommer, nur um ihre Mutter zu ärgern.

Wie alt diese Models im Durchschnitt wohl sein mochten? Anke schätzte sie auf fünfzehn bis Mitte zwanzig. Alle könnten ihre Töchter sein. Sie machte sich selten Gedanken über ihr Alter, vielleicht hatte Doris das jetzt ausgelöst, aber sie fragte sich gerade ernsthaft, seit wann sie nicht mehr zur Zielgruppe für diese Zeitschriften gehörte. Von der Mode abgesehen, die Anke durchgehend schrecklich fand, sagten ihr auch die Musiktipps nichts, genauso wenig wie die angepriesenen Bücher, in denen es um Liebeschaos, Shoppingtouren mit Freundinnen oder die Rache von verlassenen Frauen ging, die plötzlich schön, dünn und erfolgreich wurden. Die neuesten Must-Haves in der Kosmetik machten sie ratlos: Angeblich käme keine Frau ohne den neuen Trendnagellack Nummer 505 eines hippen Herstellers aus. Aber wer um alles in der Welt lackierte sich die Fußnägel denn grau?

Anke schüttelte den Kopf und blätterte bis zum Ende. Nicht einmal die Rezepte interessierten sie, was kein Wunder war, sie gehörten zu einer neuen amerikanischen Glücksdiät, bei der man nicht nur glücklich, sondern auch dünn werden sollte. Was bei vielen ja miteinander zusammenhing. Bei Anke weniger, sie wurde als Kind schon in eine Kurklinik geschickt, weil sie als zu dünn galt. Das war bis heute so geblieben, sie fuhr nur nicht mehr zur Kur.

Als Doris durch die Glastür trat, warf Anke die Zeitschrift zurück auf den Tisch.

»Ist Katja noch nicht da?« Doris ließ sich auf den anderen Sessel fallen und schlug ihre nackten Beine übereinander. Ihre Fußnägel waren knallrot lackiert, ihre Beine leicht gebräunt.

Anke wickelte den Bademantel enger um sich und betrachtete ihre Füße, deren Nägeln jegliche Farbe fehlte.

»Nein. Ich weiß auch nicht, was sie noch macht.«

Doris sah sich um. »Wir können uns ja schon mal die

Handtücher holen«, sagte sie, »die bekommen wir an der Rezeption und auch unseren Terminplan für die Anwendungen. Ich habe einfach mal für uns Massagen und Gesichtsbehandlungen gebucht, ist das okay?«

Anke durchzuckte wieder der Gedanke an die Kosten. Sie hatte Katja von ihrem Problem erzählt, die könnte ihr zur Not etwas Geld leihen.

»Natürlich. Schön. Danke fürs Buchen.«

Mit diskretem Klingelton meldete sich das Telefon an der Rezeption. Die Empfangsdame nahm ab, legte nach wenigen Sätzen auf und kam zu ihnen.

»Entschuldigen Sie, sind Sie Frau Goldstein-Wagner und Frau Kerner?«

Doris nickte. »Ja. Wir wollen uns gerade unsere Termine holen.«

Auch diese Frau trug ein Namensschild am Revers: »Svenja«. Sie lächelte kurz und erklärte: »Die liegen auch schon bereit. Ich soll Ihnen aber ausrichten, dass Frau Severin noch eine Viertelstunde braucht. Sie muss beruflich noch etwas erledigen. Sie könnten aber schon in die Therme gehen. Oder möchten Sie vielleicht hier noch einen Tee trinken?«

Doris und Anke sahen sich kurz an, Anke nickte. »Ich würde gern einen Tee trinken. Die Viertelstunde können wir auch noch warten.«

Während Svenja abzog, um den Tee zu holen, wippte Doris mit einem Fuß.

»Unsere Karrieremaus. Weißt du noch, wie sie damals beim Essen alle halbe Stunde angerufen wurde? Weil sie zwischen Suppe und Scholle drei Sendungen organisieren musste?«

Anke grinste. »Irgendwann hat dieser vornehme Oberkellner gesagt, dass er das Handy beim nächsten Klingeln in die Elbe schmeißen würde. Das war doch nicht normal. Aber da war Katja auch noch in Hamburg und jeden Abend auf Sendung. Zwei oder drei Monate später ging sie dann ja nach Kiel ins Regionalbüro und es wurde viel ruhiger um sie.«

Doris betrachtete nachdenklich ihre Füße und spreizte die Zehen. »Ich habe sie damals so beneidet«, sagte sie leise.

Anke war überrascht. »Weil ihr dämlicher Handyton das ganze Restaurant genervt hat? Oder weil Gott und die Welt sie jeden Abend im Wohnzimmer hatten? Ich finde diese Vorstellung grauenhaft. Jeder kennt dich und quatscht dich an.«

»Ich meine nicht die Prominenz. Aber sie hatte dauernd etwas zu tun oder musste irgendwohin. Immer Termine, immer interessante Leute. In Katjas Leben passiert wenigstens was. In deinem ja auch. Nur ich sitze in diesem großen Haus in Lüneburg und warte auf Wunder.«

Svenja kam mit dem Tee, Anke bedankte sich, Doris wartete schweigend ab, bis sie wieder allein waren. Dann redete sie weiter: »Ich habe doch überhaupt nichts mehr zu tun. Ich führe ein ödes, kleines, provinzielles, deutsches Hausfrauenleben. Neben euch komme ich mir immer klein vor.«

Sie griff zu ihrer Teetasse und lächelte Anke schief an. »Tut mir leid, ich wollte nicht herumjammern. Aber manchmal kommt mir alles so sinnlos vor. Und außerdem wird mir gerade wieder so heiß.«

Anke starrte sie ungläubig an. Doris Goldstein-Wagner kam sich klein vor? Die Doris, die immer perfekt aussieht, die sich überall zurechtfindet, die nie aus der Ruhe zu bringen ist, die so souverän wirkt, dass Anke sich neben ihr immer klein fühlte. Das war doch ein Witz. Anke überlegte kurz, ob sie mal erzählen sollte, was in ihrem Leben in den letzten

Jahren alles passiert war und wie entsetzlich langweilig ihr Redaktionsalltag aussah. Diese Frau hier hatte doch keine Ahnung.

Doris fächelte sich mit den Revers ihres Bademantels Luft zu. Ihr Gesicht glänzte.

Anke zögerte einen Moment, dann sagte sie: »Du, manche Dinge sehen nur von außen gut aus. Also, mein Job zum Beispiel, besteht …«

»Ihr habt auf mich gewartet.« Mit Schwung hatte Katja die Glastür aufgerissen und stand plötzlich vor ihnen. »Das ist ja sehr reizend. Ich musste nur ganz schnell den Arbeitsplan für die nächste Woche klären, meine schneckengleiche Assistentin hat die E-Mail zerschossen. Gehen wir nun endlich in die Sauna? Doris, was ist? Du schwitzt ja schon.«

»Katja Severin«, Doris hob gespielt verzweifelt die Arme, »wie kann eine so schöne Person nur ein so böses Schandmaul haben?«

»Och, das geht.« Katja nickte freundlich. Ankes Blick wanderte von Katjas Kopf zu ihren Füßen. Selbst die Flipflops waren schöner als ihre, und dieser Nagellack. Sie beugte sich ein Stück runter und sagte: »Schräge Farbe, dieses Grau.«

»Schlamm«, korrigierte Katja. »Ganz hip.«

Anke nickte. »Chanel. 505.«

Die beiden starrten sie verblüfft an. »Und das von Anke«, sagte Doris. »Geht doch.«

Svenja hatte bereits Bögen vorbereitet, auf denen die Anwendungen für alle drei mit Terminen aufgelistet waren. Anke runzelte die Stirn, als sie ihren Plan las.

»Papaya-Peeling? Sanfte Hände und Füße? Anti-Aging-Effekt? Ist das dein Ernst?«

Doris blickte ihr über die Schulter und verglich Ankes Zeiten mit Katjas und ihren eigenen. »Das passt alles. Wir haben heute jede zwei Anwendungen, morgen noch eine und meistens ist das parallel. Guck nicht so faltig, Anke, das sind alles schöne Dinge. Man muss uns doch ansehen, dass wir hier waren. Ich sage dir: Wir sind morgen zehn Jahre jünger und wahnsinnig entspannt. Außerdem habe ich das alles schon bezahlt und einem geschenkten Gaul guckt man nicht … du weißt schon.« Sie wandte sich zur Rezeption. »Entschuldigen Sie, können wir unsere Handtücher haben?«

Svenja legte weiße Saunatücher auf einen Tisch und wünschte viel Spaß.

Doris klemmte sich ihren Stapel unter den Arm und ging schnurstracks auf die Tür zu, die zum Spa führte. Sie drehte sich nach Katja und Anke um und sah, dass die immer noch an der Rezeption standen. »Ist noch was?«

Mit einem kurzen Blick auf Anke sagte Katja: »Die Gesichtsbehandlung ist ja erst morgen Mittag. Hast du schon überlegt, was du danach machst?«

Doris schüttelte den Kopf. »Ich weiß es nicht. Ich ärgere mich immer noch über Torsten und meine Mutter.« Sie merkte, dass sie schon wieder dabei war, sich aufzuregen, deshalb sagte sie nur: »Wir können ja noch mal darüber nachdenken. Aber ich werde auf keinen Fall die Termine hier absagen, damit wir früh abfahren können. Ich habe mich auf das Wochenende gefreut und will das jetzt nicht verkürzen.«

»Gut.« Katja hielt ihrem Blick ungerührt stand. »Du hast ja recht. Was soll das mit der Hetze?«

»Ja, aber …« Anke tauschte einen kurzen Blick mit Katja und sah dann Doris an. »Am fünfzigsten Geburtstag eine

Anti-Aging-Behandlung? Ist das nicht zu viel Klischee? Oder meinst du, das bringt erst jetzt was?«

Doris war froh, dass weder Katja noch Anke das leidige Thema wieder aufgriffen und lachte. »Ich bin mir sogar sicher, dass es was bringt. Und jetzt will ich in die Sauna. Eine Stunde haben wir noch Zeit bis zum Papaya-Peeling.«

Im Spa gab es neben dem großen Innen- und Außenpool, sechs Saunen, zwei Ruheräume und ein kleines Bistro. Von da aus gelangte man auch in die Flure, die zu den Behandlungsräumen führten.

Doris lief schweigend hinter Katja und Anke her, die sich erst einen Überblick verschaffen wollten. Nachdem Katja sich an der letzten Saunatür die Nase platt gedrückt hatte, sagte sie: »So. Die Achtzig-Grad-Sauna finde ich für den Anfang am besten. Oder? Was sagt ihr?«

»Meinetwegen.« Anke sah sich ratlos um. »Ich verstehe die Unterschiede überhaupt nicht. Muss man alle sechs ausprobieren?«

»Das kannst du ja versuchen.« Katja war an der Tür der Sauna stehen geblieben und zog ihren Bademantel aus. »Wenn du plötzlich aussiehst wie eine Mumie gebe ich dir was zu trinken.«

Sie stand nackt vor ihnen, griff nach ihrem Saunatuch und legte die Hand auf den Türgriff. »Und?« Sie hatte tatsächlich ein Tattoo auf der Schulter, eine kleine, zartrote Rose.

Doris zog sich ebenfalls aus. Sollten die beiden doch ihren Hüftspeck und ihre Dellen sehen. Sie wickelte das Saunatuch trotzdem schnell um die Brust und zog den Bauch ein.

Die Sauna war leer. Katja legte sich auf die oberste Bank, Doris und Anke setzten sich auf die darunter. Nach einem

Moment stand Doris wieder auf, drehte die Sanduhr um und nahm wieder ihren Platz ein. Katja legte einen Arm über die Augen. »Diese Unruhe. Was ist denn los?«

»Ich muss doch wissen, wann ich gar bin.«

»Eine gute Hausfrau hat das im Gefühl. Du Kontrollfreak.«

»Wieso gehst du nicht einfach raus, wenn du genug geschwitzt hast?« Anke strich sich die Haare aus der Stirn. »Ich lass mir doch nicht von einer blöden Sanduhr vorschreiben, wann ich kalt duschen muss.«

»Dann bleib doch länger. Du musst ja nicht mit mir raus.«

»Keine neuen Diskussionen bitte.« Katja gähnte laut. »Ich kann mich sonst nicht entspannen und ich darf daran erinnern, dass wir den Streit des Tages bereits hinter uns haben. Ihr braucht also gar nicht anzufangen, euch anzuzicken.«

Das Öffnen der Saunatür verhinderte eine Antwort. Eine Frau Anfang sechzig mit modisch geschnittenen, halblangen, grauen Haaren kam herein. Ihr folgte ein etwa gleich alter, groß gewachsener Mann, der sich vorsichtig bewegte.

›Saunagänger ohne Brille‹, dachte Anke und überlegte, warum Männer eigentlich kein schwaches Bindegewebe haben. Das war doch ungerecht. Plötzlich bekam Katja einen Hustenanfall und riss Anke aus ihren Überlegungen. Sie drehte sich um. Katja saß jetzt aufrecht da und sah so entsetzt aus, dass Anke sich wunderte.

»Doris?« Die Frau stand noch an der Tür. »Das gibt es ja gar nicht. Was machst du denn hier?«

Doris hatte gedankenverloren auf den Boden gestarrt, jetzt hob sie überrascht den Kopf. »Angelika. Das ist ja ein Zufall.«

Angelika setzte sich sofort neben sie, während ihr Begleiter unsicher stehen blieb. Anke sah zu Katja – ein Tier auf dem Sprung – und es war klar, dass dieses Paar irgendetwas mit ihrer Panik zu tun hatte.

Der Mann legte umständlich sein Handtuch auf die Bank und ließ sich darauf nieder. Angelika nahm kaum Notiz von ihrer Umwelt, sie war ganz auf Doris konzentriert. »Na, macht ihr euch ein schönes Wochenende? Ich habe Torsten gar nicht gesehen, wo steckt er denn? Wir haben ja lange nichts von euch gehört, ich weiß gar nicht, warum. Aber wir sind im Moment auch so im Getriebe, da bleibt kaum noch Zeit, sich um andere Dinge zu kümmern. Und? Was gibt es Neues bei euch?«

Katja schwang ihre Beine von der Bank und traf Ankes Rücken. Ohne ein Wort der Entschuldigung stieg sie die Bänke hinunter und verließ die Sauna. Die Tür knallte hinter ihr ins Schloss.

Doris sah ihr verblüfft nach, dann wandte sie sich zu Anke. »Was ist denn jetzt los?«

»Keine Ahnung. Vielleicht ist ihr schwindelig geworden. Ich geh mal hinterher.«

Mit einem Blick auf Doris stand Anke langsam auf und tappte zur Tür. Als sie schon die Hand auf dem Griff hatte, hörte sie diese Angelika noch sagen: »Sind das Bekannte von dir? Macht ihr hier ein Damenprogramm?«

Anke stieß die Tür auf, ohne darauf zu achten, ob jemand davor stand.

»Aua.« Der Treppenhausmann machte einen Satz zurück und hielt sich die Hand vor die Stirn. »Können Sie nicht … Ach, Sie schon wieder. Was hab ich eigentlich getan, dass Sie mich so hassen?«

Angestrengt hielt Anke ihr Saunatuch vor der Brust zusammen. »Sie müssen sich ja nicht so an die Saunatür heranschleichen. Lassen Sie mich mal durch?«

Er grinste sie an. »Entschuldigung angenommen. So langsam sollten Sie mich wirklich mal zu einem Bier einladen. Sind Ihre Augen eigentlich auch so grün, wenn Sie mal nicht sauer sind?«

Überrascht schnappte Anke nach Luft. »Das ist ja wohl die dämlichste Anmache, die ich seit zwanzig Jahren gehört habe. Sagen Sie es Ihrer Frau oder soll ich das tun?«

»Meiner was?«

Anke ignorierte seine Frage und machte sich wütend auf die Suche nach Katja. Warum waren solche Männer entweder verheiratet oder Vollidioten? Wobei dieses Prachtexemplar wohl beide Kategorien erfüllte.

Weder in den Ruheräumen noch im Bistro gab es eine Spur von Katja. Anke hatte in jede Sauna gesehen, die Toiletten und Waschräume inspiziert, langsam begann sie, sich Sorgen zu machen. Auf dem Gang zur Rezeption kam ihr Svenja entgegen, die einen Korb mit Handtüchern schleppte, den sie jetzt sinken ließ.

»Brauchen Sie etwas?«

»Nein, nein. Ich suche nur Frau Severin.«

Svenja hob den Korb wieder höher. »Sie sitzt draußen, rechts vom Pool, in einem der Strandkörbe.«

Mit dem Kinn deutete sie in die Richtung, Anke nickte dankend und ging schnell zur Tür.

Katja lag, in eine Wolldecke gewickelt, mit hochgezogenen Beinen im hintersten Strandkorb und starrte auf die Ostsee.

Als Anke vor ihr stehen blieb, hob sie den Kopf. »Ist die Uhr schon durchgelaufen?«

Anke schob Katjas Beine ein Stück zur Seite und quetschte sich neben sie. »Was war los?«

Katja starrte weiter aufs Meer. Sie war blass und sah überhaupt nicht mehr so aus wie die schöne, selbstsichere, immer schlagfertige Katja Severin.

Anke erinnerte sich plötzlich an eine Szene aus ihrer Schulzeit. Es war an einem »Tag der offenen Tür«, alle Schüler mussten in den Wochen vorher basteln, malen, handarbeiten, Musikstücke einüben, all die Dinge, die Kinder machen, um bei ihren Eltern Eindruck zu schinden. Da waren sie wohl in der 8. oder 9. Klasse gewesen. Alle Eltern waren da und hatten die zum Teil furchtbaren Arbeiten ihrer Kinder bestaunt und lauthals darüber geredet. Fast alle Eltern, Katjas fehlten. Sie hatten sich vorher gestritten und der berühmte Schönheitschirurg Professor Dr. Severin wollte nicht kommen, wenn die Gefahr bestünde, seiner Exgattin über den Weg zu laufen. Sie kam aus demselben Grund nicht. Also sah sich niemand Katjas Collagen an oder las ihre neueste Kurzgeschichte. Da hatte sie für einen Moment diesen Gesichtsausdruck gehabt. Enttäuscht, verletzt, verloren. Und sehr traurig.

Anke legte die Hand auf Katjas Knie. »Severin: Sprich mit mir.«

Katja lehnte ihren Kopf an die Rücklehne und schloss kurz die Augen. Dann sagte sie: »Hermann Wolter.«

»Sagt mir nichts.«

»Der Mann, der gerade in die Sauna gekommen ist.«

»Mit Angelika?«

»Das ist seine Frau.«

Anke atmete tief aus. »Könnte ich das in ganzen Sätzen bekommen?«

»Er war mein Chef.« Katja sagte das in einem Ton, als wäre dieser Mann verantwortlich für vier Völkermorde. Anke schwieg und wartete.

»Wir hatten eine Affäre. Fünf Jahre lang. Mit allen Höhen und Tiefen, die man sich nur vorstellen kann. Zum Schluss war es ein Albtraum.«

Anke hatte ihn nicht so genau angesehen, die Frau war ihr präsenter. Wobei sich ihr Mann besser gehalten hatte. »Der ist aber um einiges älter als du, oder? Hat er dich eben denn nicht erkannt?«

Katja zuckte mit den Achseln. »Fünfzehn Jahre älter. Und er hat sieben Dioptrien. Ohne Brille ist der blind.«

»Und seine Frau?«

Katja lachte bitter. »Die kennt mich natürlich nicht. Ich war immer ein Geheimnis. Als ich zum Schluss nicht mehr konnte, habe ich ihm angedroht, unser Verhältnis öffentlich zu machen. Da bekam er kalte Füße, schließlich ist er nicht irgendein Kabelträger, sondern der Chef. Sitzt in allen Gremien, ist im Lions Club und in der richtigen Partei. Du, da kann man doch nicht einfach nach fünfunddreißig Jahren Ehe das Nest verlassen. Dann mögen einen vielleicht nicht mehr alle Leute. Also bleibt man bei Mutti in der Villa an der Elbe.«

Anke betrachtete sie nachdenklich. Sie hatte sich Katja Severin nie mit Liebeskummer vorstellen können. Die brach doch immer nur Herzen. Dass Katja wegen dieses älteren Mannes panisch eine Sauna verließ, verstand Anke überhaupt nicht.

»Aber die Geschichte ist doch vorbei«, sagte sie vorsichtig.

»Und du hast schon wieder einen neuen Mann. Der auch noch jung und sexy ist. Wo ist denn jetzt das Problem?«

Katja schwieg.

»Du musst auch nicht darüber reden«, sagte Anke leise. »Es ist ja deine Privatsache.«

»Es ist leider nicht privat geblieben.« Katjas Stimme klang rau. »Als Hermann nach den Familienweihnachten bei mir vor der Tür stand, völlig unbekümmert mit einem schweineteuren Armreif in der Hand und so, als wäre alles toll, da wollte ich das plötzlich alles nicht mehr. Ich weiß nicht, wie sich bei dir als erwachsener Singlefrau das Weihnachtsfest gestaltet, aber bei mir war es der Albtraum. Ich war mit meinem Vater und seiner Frau essen, sehr teuer und natürlich edel, wir hatten uns überhaupt nichts zu sagen. Anschließend gab es in ihrem Haus tatsächlich einen albernen Weihnachtsbaum, klassische Musik aus der teuren Anlage, schweren Rotwein und eine blöde Bescherung. Ich bekam einen silbernen Schlüsselanhänger. Grauenhaft. Am nächsten Tag hatte ich Migräne, am zweiten Weihnachtsfeiertag habe ich gearbeitet, am Tag danach kam Hermann, weil ja wieder Alltag war. Das war zu viel. Und es war ja nicht das erste Mal.«

»Und dann hast du den Armreif genommen und ihn rausgeschmissen?«

Anke verdrängte den Gedanken an ihre letzten Weihnachtsfeiertage. Dagegen war Katjas Erinnerung die reinste Party.

»Nein. Wir haben sogar noch Champagner getrunken und miteinander geschlafen. Eigentlich wollten wir im Januar zusammen zum Skilaufen fahren. Und dann teilte er mir mit, dass daraus nichts werde, er habe das Gefühl, dass seine Frau etwas ahne, und keine Lust, sich diesem Stress auszusetzen. Nach fünf Jahren! Da ist mir dann endgültig der Kragen geplatzt. Ich habe ihm ganz ruhig ein Ultimatum gestellt: Entweder er trennt sich von seiner Frau oder ich mich von meiner Diskretion.«

»Und dann?« Anke fragte nur aus Höflichkeit. Es war ja immer dasselbe: Ehemann sucht sich Geliebte zur Entspannung, Ehefrau sitzt am längeren Hebel, Geliebte will geheiratet werden, Ehefrau will sich nicht scheiden lassen, Geliebte sucht sich Neuen, Ehepaar feiert Hochzeitstag auf einer Kreuzfahrt. Alles Klischees, Anke war nur enttäuscht, dass Katja bei diesen Spielchen mitgemacht hatte.

»Erst nahm er mich nicht ernst, dann warf er mir Unverständnis vor, dann kamen Liebesbeteuerungen und dann habe ich ihn samt Armreif rausgeschmissen. In den Wochen danach habe ich weder auf seine Anrufe noch auf irgendwelche SMS reagiert, und dann kam von der Produktionsleitung ein Brief, in dem mir mitgeteilt wurde, dass ich nicht mehr zum Moderationsstab gehöre, dass man mir aber, als langjähriger Mitarbeiterin, einen Job im Regionalbüro in Kiel anbiete. Natürlich mit geringeren Bezügen.«

Entsetzt sah Anke sie an. »Und das hast du mit dir machen lassen? Bist du verrückt? Ich dachte immer, das wäre deine Entscheidung gewesen.«

»Nein.« Katja verschränkte ihre Hände hinter dem Nacken. »Es war natürlich eine Degradierung. Und ich finde die Arbeit im Regionalsender zum Brechen langweilig. Und das wusste Hermann. Er war sich wohl sicher, dass ich das Angebot ablehne und einfach von der Bildfläche verschwinde. Aber da hatte er sich geschnitten. Ich entscheide selbst, wann ich gehe.«

»Aber du hast es doch nicht entschieden. Du bist doch nach Kiel gegangen worden.«

»Schon.« Jetzt lächelte Katja. »Aber ich bin immer noch beim Sender, ich tauche immer noch auf den Personallisten auf, ich werde immer noch zu Weihnachtsfeiern eingeladen und die Kollegen fragen sich immer noch, warum ich nicht mehr moderiere. Und Hermann schwitzt. Ich kann das alles aushalten. Und langsam gewöhne ich mich an das Regionalzeug, man arbeitet sich da wenigstens nicht tot.«

Anke musste diese Geschichte erst einmal verdauen. »Und ich hab dir geglaubt, als du erzählt hast, dass du einfach keine Lust mehr hattest, überall erkannt zu werden, und dich deshalb in die Redaktion zurückgezogen hast. Und wie ist es jetzt? Bist du nur sauer auf ihn oder trauerst du der Sache noch nach?«

»Ach, Kerner.« Katja streckte ihre Arme nach oben. »Ich bin nicht gut im Analysieren, das weißt du doch. Ich tanze lieber alles weg. Aber als ich ihn vorhin gesehen habe, war das einfach ein Scheißgefühl. Anke, ich will das nicht. Ich möchte nicht alt und sentimental werden, ich möchte eine schöne Zeit mit euch und nicht an Dinge denken, die nicht mehr zu ändern sind. Mach was. Du hattest doch früher immer so gute Ideen. In was für ein Hotel sind wir da geraten? Gestern diese Monika, heute Hermann, ist das die späte Rache für unsere schlechten Gedanken oder was ist hier los?«

Anke strich Katja eine Haarsträhne hinters Ohr und betrachtete sie nachdenklich. Katja Severin und Doris Goldstein-Wagner, vor zehn Stunden hatte sie noch Angst gehabt, das Wochenende neben diesen perfekten Frauen zu überstehen. Und je länger sie zusammen waren, desto mehr bröckelten die Fassaden. Wenn die ganze Tünche erst einmal weg wäre, dann würden sie wieder so sein wie vor dreißig Jahren.

Genauso echt. Und genauso ängstlich. Aber vielleicht auch genauso wild entschlossen, es mit dem Leben aufzunehmen. Und jetzt würden sie nicht mehr dieselben Fehler machen wie damals. Oder vielleicht doch? Es war egal. Irgendetwas gab Anke plötzlich eine unglaubliche Zuversicht. Es waren so viele Sternschnuppen gewesen, seit langer Zeit fühlte es sich wieder richtig an.

»Steh auf.« Ankes Stimme war fester, als sie vermutet hatte. »Wir gehen jetzt zum Papaya-Peeling. Zu dritt. Und den Rest tanzen wir weg.«

Doris hatte inzwischen die empfohlenen fünfzehn Minuten geschwitzt, danach kalt geduscht und saß jetzt, in ihren Bademantel gehüllt, auf einer beheizten Steinbank. Sie hatte das ganze Spa nach Anke und Katja abgesucht, langsam wurde sie sauer. In einer halben Stunde würde man sie zur Anwendung abholen, wenn die beiden bis dahin nicht aufgetaucht wären, würde sie allein gehen. Was war das denn eigentlich für eine Nummer gewesen? Nach drei Minuten die Sauna wie angestochen zu verlassen. Und nicht zu sagen, was los ist. Doris fasste es nicht. Zumal Katja und Anke sie mit diesen unmöglichen Leuten sitzen gelassen hatten.

Doris hatte die Wolters vor fast zehn Jahren kennengelernt, als sie Hermann eine Wohnung für seine Tochter verkaufte. Nach dem Notartermin luden die stolzen Eltern Torsten und sie zum Essen ein. Schon damals fand Doris Angelika dümmlich und Hermann arrogant, aber Torsten wollte so gern wieder Tennis spielen und Hermann holte ihn in seinen Verein. Daraus hatten sich gemeinsame Feiern und Treffen ergeben. Doris tat ihre Pflicht, war freundlich und zugewandt und machte gute Miene zu Spielen, die sie in Wirklichkeit nicht leiden konnte. In den letzten Jahren war der Kontakt zum Glück eingeschlafen, und dass die beiden jetzt hier auftauchten, betrachtete Doris nur als Ärgernis. Angelika hatte etwas furchtbar Selbstgefälliges, sie kannte sich mit allem aus, konnte alles erklären und war einfach fehlerlos. Doris bekam Pickel auf der Haut, wenn sie ihr länger zuhörte.

Vorhin hatte sie auf das »Ruhe bitte«-Schild in der Sauna aufmerksam gemacht. Angelika hatte genickt und geflüstert, dass man sich ja später auf einen Kaffee treffen könne. Zum Glück war kurz darauf die Sanduhr durchgelaufen und Doris konnte die Sauna verlassen.

»Da ist sie.« Das war Ankes Stimme. »Wir haben dich schon gesucht.«

Doris wartete, bis die beiden sich rechts und links von ihr niedergelassen hatten. »Wo wart ihr denn? Geht's euch gut?«

»Aber sicher.« Katja bemühte sich um ein Lächeln, während Anke sie mit gerunzelter Stirn ansah. »Alles gut.«

»Ja?« Doris' Laune wurde noch schlechter. »Und weil es euch so gut geht, verlasst ihr nach drei Minuten und ohne ein Wort die Sauna? Und findet das in Ordnung? Toll!«

Abrupt stand sie auf und wandte sich ab.

Anke ergriff ihren Arm. »Warte doch mal. Was ist denn jetzt wieder los?«

Frostig blickte Doris auf die beiden hinunter. »Ich ärgere mich. Erst dieser Streit heute Morgen, weil hinter meinem Rücken und gegen meinen Willen ein blödes Überraschungsfest organisiert wird. Und weil ihr das wisst und nichts sagt.

Und ich mich deswegen wie eine Idiotin fühle. Und dann lasst ihr mich ohne eine Erklärung einfach in der Sauna sitzen, mit Leuten, die ich nicht leiden kann, mit denen ich mich aber unterhalten muss, obwohl ich mir Sorgen um Katja mache, die ja auch mal was sagen könnte. Und ich dachte, dass wir uns mögen, nicht nur wegen der alten Zeiten, und dass ich mit euch über das, was mich im Moment alles so umtreibt, reden kann. Aber das geht ja anscheinend gar nicht. Es ist einfach ein richtig blöder Tag.«

Katjas Augen waren bei diesem Ausbruch immer größer geworden. Und als Doris stumm und mit zusammengepressten Lippen vor ihnen stehen blieb, erhob sie sich.

»Setz dich wieder hin«, sagte sie entschlossen und drückte Doris auf die Bank zurück. »Ich erzähl dir jetzt, woher ich Hermann Wolter kenne. Und anschließend sprechen wir über dieses blöde Überraschungsfest, und wenn wir damit durch sind, dann wird hier mal Tacheles geredet. Und zwischendurch schmiert uns noch irgendjemand mit Papaya-Peeling ein. Damit wir bei allen dunklen Seiten wenigstens schöne Haut haben.«

Doris kniff die Augen zusammen, als ein heißer Wassertropfen von der Decke fiel. Das Dampfbad hatte einen Sternenhimmel, der in regelmäßigen Abständen seine Farbe wechselte. Die hellblauen Sterne wurden gerade rot, als dieser Tropfen fiel.

Sie saßen zu viert auf den umlaufenden Steinbänken, Doris, Katja, Anke und eine junge Frau, die sich auch zum Peeling angemeldet hatte. Eine Viertelstunde wurde die Haut aufgeweicht, bevor geschultes Personal die Damen mit einer Papayapampe, der Meersalz beigemischt war, einrieb. Der Körper sollte so von Verhornungen und abgestorbenen Hautschuppen befreit werden. Das versprach zumindest der Prospekt. Doris schüttelte sich innerlich. Verhornungen, was für ein Wort? Das mit der abgestorbenen Haut war vorstellbarer.

Anke hatte ihren Kopf an die warme Wand gelegt und sah in den inzwischen gelben Sternenhimmel, Katja hielt ihre Augen geschlossen. Die fremde Frau strich sich verträumt über die Schienbeine.

Doris wandte den Blick wieder nach oben. Der Farbwechsel wirkte beruhigend, ebenso das leise Zischen, wenn Wasserdampf aus den Öffnungen quoll, und das Geräusch der Tropfen, die vom Himmel fielen. Die Welt war draußen und weit weg. Nicht einmal aus der Therme war ein Geräusch zu hören. Als wären sie die einzigen Gäste in diesem Spa.

Und das, obwohl da draußen Angelika und Hermann Wolter in der Sauna hockten. Doris warf einen kurzen Blick zu Katja, die ihre Haltung nicht verändert hatte. Jetzt wurden die Sterne grün. Hermann und Katja. Doris hatte es nicht glauben wollen. Zumal diese Affäre in der Zeit begonnen hatte, in der sich die Ehepaare Wolter und Wagner regelmäßig sahen. Wolters wohnten in einer Villa an der Elbe, dorthin hatte Angelika auch ständig eingeladen. Was nutzten schließlich die teure Ausstattung und die ständigen Neuanschaffungen, wenn man niemanden damit beeindrucken konnte?

An Doris war das alles abgeprallt. Sie war nie neidisch gewesen, es war ihr schlichtweg egal, von welchem Fabrikanten der grüne Ledersessel stammte oder welchen Designerpreis der bunte Kronleuchter bekommen hatte. Sie ging Torsten zuliebe mit. Er spielte eben gern mit Hermann Tennis und bekam durch ihn Kontakte, die ihm in seiner Firma nützten. Und wenn sie so einen Abend überstanden hatten, saßen sie anschließend in der Küche, tranken ein Glas Rotwein und lästerten über Angelikas Angeberei und ihren schlechten Geschmack. Über Hermann hatten sie nie geredet.

Eigentlich mochte Doris ihn. Er sprach relativ wenig, konnte aber sehr charmant und durchaus witzig sein. Meistens allerdings dominierte Angelika die Abende. Sie gehörte zu den Frauen, die gerne laut lustige Geschichten über ihre Männer erzählen, Peinlichkeiten, die ihnen passiert, Verwechslungen, die ihnen unterlaufen waren, Dinge, die sie vergessen hatten, lauter Beweise, dass sie ohne ihre Frauen sofort und ohne Umwege in ihre Höhle zurückkehren könnten. Allein waren sie im Leben hoffnungslos überfordert. Aber Angelika kümmerte sich ja um Hermann. Dafür musste er ihr auch dankbar sein.

Und dann hatte er sich in Katja verliebt. Nicht, dass Doris sich darüber wunderte, vor einer Stunde hatte sie die beiden Frauen ja zusammen in der Sauna gesehen. Aber was hatte Katja an Hermann Wolter gefunden? Er war erfolgreich, das war keine Frage, er gehörte zu den Alphatieren beim Fernsehen. Und natürlich macht Erfolg sexy. Gegen ihn hatte Torsten immer unglaublich jugendlich gewirkt. Hermann war so gesetzt, starr, ihm fehlten die Neugier und jeder Hauch von Leidenschaft. Das fand zumindest Doris. Aber vielleicht war er auch ohne seine Frau neben sich ganz anders. Doris hatte ihn nie allein erlebt, sie hatte die beiden immer als symbiotisch empfunden. Wobei Hermann auch manchmal den Eindruck gemacht hatte, dass er lieber ganz woanders wäre.

Die Tür öffnete sich, und Svenja steckte ihren Kopf herein. »So, meine Damen, die Viertelstunde ist um, und Ihre Haut ist schön weich. Jetzt machen wir das Peeling.«

Sie verteilte kleine Schälchen, in denen eine gelbgrüne cremige Masse war. »Das ist Papaya mit Meersalz. Sie massieren diese Paste jetzt auf dem Körper ein, das Gesicht bitte aussparen. Bei Rücken und Schultern kann ich Ihnen helfen, wenn Sie sich nicht gegenseitig einreiben wollen.«

Die junge Frau nahm die Schale, sah die anderen unsicher an und fragte: »Soll ich bei jemandem …?«

»Gern.« Katja stellte sich zu ihr, während sich Doris Anke zuwandte.

»Dreh dich um. Ich fange hinten an.« Mit gleichmäßigen Bewegungen verteilte Doris die Paste auf Ankes Rücken. Anke war immer noch so dünn wie früher, ihre Rippen waren deutlich zu spüren. ›Beneidenswert‹, dachte sie und sagte: »Du bist aber auch dünn. Wie machst du das eigentlich?«

»Keine Ahnung«, antwortete Anke und drehte sich zu ihr um. »Guter Stoffwechsel, ich war doch immer schon so. Bist du fertig? Dann lass mich mal.«

Doris entspannte sich unter Ankes Handbewegungen und versuchte, die Gedanken wegzuschieben. Es war völlig egal, ob man ihre Rippen fühlen konnte oder nicht. Niemand hatte sie je als dünn bezeichnet. Und heute könnte man sich auf »weiblich« einigen.

»Ist ein bisschen speckig, oder?«, versuchte sie einen Witz. Anke massierte weiter. Nach einer kurzen Pause antwortete sie: »Sehr schöne Haut. Und du spinnst.«

Zufrieden schloss Doris die Augen.

In der anderen Ecke fragte sich Katja, ob sie selbst mit Ende zwanzig schon Urlaub in einem Wellnesshotel gemacht hätte. Vermutlich nicht, sie wäre vor Langeweile gestorben. Damals fuhr sie Mountainbike auf Korsika, segelte in Südschweden und ging im Winter Skilaufen am Arlberg. Mehr als eine halbe Stunde herumzusitzen hätte sie verrückt gemacht. Andere Zeiten. Die junge Frau, auf deren Rücken sie gerade die Paste verrieb, stand geduldig und sehr gerade vor ihr. Als Katja fertig war, reichte sie ihr die Schale zurück. »So, bitte. Machen Sie hier eigentlich richtig Entspannungsurlaub?«

»Nein.« Die Frau lachte auf. »Nur einen Tag. Länger hätte ich auch keine Lust. Einen Tag lang Sauna und so ein bisschen Abhängen finde ich ganz schön, aber das reicht auch. Mein Vater ist fünfundsechzig geworden und feiert das heute Abend hier. Also musste ich sowieso kommen, da kann man die Sauna ja mitnehmen. Und Sie?«

Vorsichtig setzte Katja sich zurück auf die Bank und fing an, ihre Beine mit dem Peeling zu bearbeiten. »Wir machen hier ein Mädelswochenende. Meine Freundin Doris wird morgen fünfzig.«

»Mädels?« Sie lachte. »Sagt man das mit fünfzig noch?«

Irritiert hob Doris den Kopf und sah zu ihnen hin. Katja erwiderte ihren Blick mit hochgezogenen Augenbrauen. »Klar. Ich schon.«

Überrascht beugte sich die junge Frau zu ihr. »Sie sind fünfzig? Das hätte ich aber nie gedacht.«

Katja lächelte und fragte sich im selben Moment, ab welchem Alter man sich freute, wenn man jünger geschätzt wurde. In ganz jungen Jahren war man darüber ärgerlich, danach korrigierte man nur sanft die Schätzzahl, und plötzlich empfindet man die falsche Einordnung als Kompliment.

Die Frau trat noch einen Schritt näher. »Ich kenne Sie doch. Sind Sie nicht Katja Severin? Aus dem ›Tagesmagazin‹? In der Sauna sehen alle Leute ganz anders aus.«

»Ungeschminkt auch«, antwortete Katja und begann, das andere Bein zu bearbeiten. »In Ihrem Alter habe ich um diese Tageszeit nie Fernsehen geguckt.«

»Ich schon.« Die junge Frau lachte wieder. »Ich bin mit einem ständig laufenden Fernseher aufgewachsen, daran habe ich mich gewöhnt. Mein Vater arbeitet bei dem Verein. Sie müssen ihn ja kennen, Hermann Wolter. Mein Name ist übrigens Nele Wolter.«

Die schmierige Schüssel rutschte Katja aus der Hand. Doris und Anke verharrten in ihren Bewegungen. Nur Nele Wolter plapperte weiter.

»Das ist ja witzig. So klein ist die Welt. So, ich glaube, ich verzichte auf die restliche Pampe, mir ist zu warm und meine Haut ist völlig okay. Ich gehe duschen. Also, vielleicht sehen wir uns noch, ansonsten viel Spaß. Danke fürs Einschmieren.«

Sie verließ die Dampfsauna, die Tür klappte zu und kurz darauf hörte man die Dusche aus dem Nebenraum.

»Das glaube ich jetzt nicht.« Doris starrte noch immer auf die Tür. »Wie findet ihr denn das?«

Katja angelte nach der Papaya-Schale. »Vielleicht ist hier diese ›Versteckte Kamera‹. Ich habe Hermann seit über einem Jahr nicht gesehen, seine Tochter noch nie und jetzt bekomme ich heute die volle Breitseite. Am liebsten würde ich abreisen.«

»Vergiss es.« Anke warf ihr einen drohenden Blick zu. »Ich verstehe dich auch nicht. Wenn du früher schon die Orte gemieden hättest, an denen du Ex-Lovers treffen könntest, wärst du nach der 11. Klasse von der Schule gegangen und hättest die Stadt verlassen. Das ist doch nicht der erste Typ, mit dem du mal was hattest.«

»Anke, bitte.« Doris guckte missbilligend. »Das hier ist doch was ganz anderes. Ich muss jetzt aber raus, mir wird ganz komisch.«

»Das sind aber nicht die Hormone.« Anke stand auf und verrieb den Rest der Pampe auf ihrem flachen Bauch. »Und im Übrigen fühlt sich Liebeskummer mit fünfzehn genauso an wie mit fünfzig. Es gibt da keinen Unterschied, Doris, auch wenn du weder damals noch heute so was hattest.«

»Du hast doch keine Ahnung.«

»Mädels, bitte kein Gift.« Katja stellte die leere Schale auf die Bank neben der Tür. »Ich gehe duschen. Kommt ihr mit?«

Der Ruheraum hatte eine Fensterfront mit Blick aufs Meer. Die Liegen standen im Halbkreis davor, bunte Wolldecken und viele Kissen waren darauf verteilt. Teelichter in Gläsern flackerten auf den Fensterbänken, dazwischen trieben auf flachen Schalen irgendwelche Blüten. Kein Mensch war in dem Raum.

Doris setzte sich auf eine Liege, zog dicke Socken an und faltete eine Wolldecke auseinander. »Herrlich«, seufzte sie, legte sich hin und wickelte sich ein. »Wir sollten alle Probleme dieser Welt ignorieren und nur noch auf die Ostsee starren.«

»Von mir aus.« Anke klappte ihre Decke mit Schwung um die Füße. »Obwohl das doch eigentlich Severins Arbeitsweise ist.«

»Eben.« Katja lag schon mit geschlossenen Augen da. »Dann starrt doch und schweigt. Wenigstens eine halbe Stunde. Danke.«

Sie hörte Ankes gleichmäßige Atemzüge neben sich, spürte die weiche Decke an den nackten Beinen, roch den Duft von Papaya und Duftkerzen und sah Nele Wolter in Gedanken vor sich. Nele. Hermanns Augenstern und immer wieder einer der Gründe für ihn, seine Familie nicht verlassen zu können. Die Begegnung mit ihr hatte sie bis ins Mark getroffen. Und das hatte nichts mit Liebeskummer oder Sentimentalitäten oder Ähnlichem zu tun. Den Schock hatte die Erkenntnis ausgelöst, dass Nele, die sie all die Jahre immer nur als »das Kind« im Kopf gehabt hatte, ungefähr so alt war wie Alex. Alex, der ihr das Gefühl gab, immer noch jung, sexy und begehrenswert zu sein. Die gleichaltrige Nele machte ihr bewusst, wie alt sie war.

»Sag mal, Katja?« Doris konnte keine halbe Stunde warten. »Geht es dir wirklich gut mit deinem Neuen? Mit Axel?«

»Alex«, korrigierte Katja. »Ja, es geht mir gut mit ihm. Warum?«

»Weil ich irgendwie nicht verstehe, warum du so heftig auf Hermann reagiert hast. Du verlierst doch nie die Fassung, und dann triffst du einen Mann wieder, mit dem du nur eine Affäre hattest, und rennst wie angestochen weg. Dabei hast du schon längst eine neue Beziehung und bist doch mit den alten Geschichten fertig.«

»Doris.« Anke legte die Betonung auf das o. »Du bist manchmal noch genauso naiv wie früher. Was heißt denn ›nur eine Affäre‹?«

Nach einem kurzen Moment antwortete Doris. »Ich meinte das nicht abwertend.«

»Es ist doch so, dass auch alte Geschichten noch schmerzen und ...« Anke brach den Satz ab und sah Katja an. Dann fragte sie mit ruhigerer Stimme: »Was machst du denn, wenn du ihn hier noch mal triffst? Das wird sich ja nicht verhindern lassen. Seine Tochter wird ihm bestimmt erzählen, dass sie dich getroffen hat.«

Katja stellte sich sein Gesicht vor, wenn er auf sie zuliefe. Vermutlich würde er aussehen wie ein in die Enge getriebener Hase. Oder sein berühmtes Pokerface aufsetzen. Beide Vorstellungen gefielen ihr nicht. »Was ich machen werde? Keine Ahnung. Ihm sagen, dass er ein Arschloch ist?«

»Wenn er das wäre, hättest du nichts mit ihm angefangen.« Doris hatte sich aufgesetzt. »Du hast dich ja mal in ihn verliebt. Und Hermann ist kein Arschloch. Ein bisschen kenne ich ihn ja auch.«

»Ach ja?« Nachdenklich wickelte Katja eine Haarsträhne

um ihren Finger. »Verliebt? Das weiß ich gar nicht. Er hat mich einfach sehr beeindruckt. Er ist ein echtes Alphatier, sehr klug, sehr mächtig, sehr distanziert. Und er hat angefangen, mit mir zu flirten. Zuerst wollte ich nur sehen, wie weit er geht. Er ging weit.«

»Also hast du angefangen? Obwohl du wusstest, dass er verheiratet ist?«

»Ach, Doris, bitte. Jetzt mach nicht so eine Moralnummer daraus. Ich habe damals nicht darüber nachgedacht. Diese jahrelange Affäre hat sich so ergeben. Und ich habe schließlich gedacht, dass er sich trennen würde. Das hat er sogar mal gesagt.«

»Das sagen sie alle.«

Anke schob sich ein Kissen unter den Kopf und sah Doris belustigt an. »Kennst du dich da aus? Erzählst du deinen Liebhabern immer, dass du dich trennst?«

»Ich habe keine Liebhaber. Aber ich habe solche Geschichten bei zwei Freundinnen von mir mitbekommen. Es war genau dasselbe. Angeblich wollte der Typ sich trennen, und dann bekam die Ehefrau noch ein Kind oder es wurde ein Haus gebaut. Aber die meisten Frauen sind so blöd und glauben diesen vagen Versprechungen. Hermann würde sich nie trennen, dazu ist er viel zu sehr darauf bedacht, dass die Welt ihn toll findet. Und er ist wahnsinnig spießig und konservativ, bei aller Angeberei seiner Frau. Das ging sogar mir manchmal auf den Geist, und ich bin ja nun wirklich keine Revolutionärin.« Doris musste über ihren letzten Satz selbst lächeln.

Katjas Blick blieb ernst. »So weit kann es mit seiner Spießigkeit aber nicht her sein. Seine erste Ehefrau hat er nämlich verlassen.«

»Was?« Vor Überraschung fiel Doris fast von der Liege. »Woher weißt du das denn?«

»Na, rate mal.« Anke sandte einen gespielt verzweifelten Blick an die Decke. »Katja, sag's schon. Doris kriegt sonst wieder einen Schweißausbruch.«

»Von Hermann natürlich. Er hat das erste Mal mit fünfundzwanzig geheiratet. Seine Jugendliebe. Und zehn Jahre später bekam er eine neue Sekretärin, Angelika. Und die wurde nach einjähriger Affäre schwanger. Mit Nele, dem Augenstern. Deswegen also hat er seine erste Frau verlassen. Und später Angelika geheiratet.«

Doris fächelte sich tatsächlich schon wieder Luft zu. »Das gibt's ja gar nicht. Angelika hat sich mal wahnsinnig darüber aufgeregt, dass ein Tenniskollege von Torsten und Hermann sich wegen einer anderen Frau getrennt hat. Sie regte sich furchtbar über Ehebrecherinnen und Männer auf, die Familien verlassen, damit sie ihr Ego streicheln. Und dabei hat sie sich ihren Mann selbst so gegriffen. Kann man hier ein Fenster öffnen? Ich komme gerade um.«

Anke schwang ihre Beine auf den Boden und stand auf. »Ich laufe gern für dich, Frau Goldstein.« Sie schob die Glastür auf, sofort hörte man das Meeresrauschen.

Auf dem Weg zurück zu ihrer Liege fragte sie Katja: »Kann es sein, dass dein Problem darin besteht, dass er für diese Angelika seine erste Frau verlassen hat und dass er das für dich nicht machen wollte?«

Sie legte sich wieder hin und stopfte die Decke um ihren Körper. »Sag die Wahrheit.«

Katja richtete sich auf. »Damals nicht. Aber heute, als ich diese Angelika das erste Mal gesehen habe, da habe ich die Wut bekommen. Ich habe sie mir immer Wunder wie toll vorgestellt. Und dann entpuppt sich meine Erzfeindin als ältliche Hausfrau. Und das Kind ist so alt wie mein Liebhaber. Das ist doch nicht zu glauben.«

»Severin, du bist eine echte Egozentrikerin.« Anke sah Katja lange an. »Hätte es dich weniger aufgeregt, wenn die Gattin aussehen würde wie Sharon Stone? Und die Tochter ein kleines, dickes Gör wäre?«

»Ehrlich gesagt: Ja.« Katja setzte sich in den Schneidersitz. »Dann hätte ich das wenigstens verstanden. Aber so ...«

»Du spinnst.« Doris hatte die Decke von der Liege gefegt und ihren Bademantelgürtel gelockert. »So etwas ist doch kein Wettkampf. Warum wolltest du denn eigentlich, dass Hermann sich trennt? Damit er mit dir zusammenlebt oder damit ihn Angelika nicht behält?«

»Wird das hier eine Therapiestunde, oder was? Ich weiß es nicht. Ich wollte nie heiraten, aber ich hatte auch keine Lust, die zweite Geige zu spielen.«

Mit gequältem Lächeln sah Katja die beiden anderen an. »Wahrscheinlich fand ich meine Rolle in dem ganzen Spiel blöd, ich habe nur nicht gewusst, wie ich sie ändern könnte. Tja, und dann zerplatzt das Feindbild auch noch. Doris, ich sehe dir an, dass du noch etwas fragen willst. Erstick nicht daran.«

»Was würdest du tun, wenn er sich jetzt noch trennt? Würdest du mit ihm leben wollen?«

»Nein.« Die Antwort kam wie aus der Pistole geschossen. »Überleg doch mal, er geht nächstes Jahr in Rente. Ich würde mich sofort auch alt fühlen. Das geht nicht. Schon gar nicht nach Alex. Um Himmels willen.«

»Dann haben wir das ja geklärt.« Anke stand auf und begann, ihre Decke zusammenzufalten. »Einem möglichen

Zusammentreffen haben wir das Grauen genommen. Jetzt sind wir also entspannt und ich habe einen mörderischen Durst. Was ist mit euch?«

»Ich auch.« Doris warf einen Blick auf die Uhr, die über der Tür hing. »Katja hat gleich ihren Termin. Schöne Füße, schöne Hände. Danach bin ich dran. Und dann du. Aber wir können vorher ins Sauna-Bistro gehen.«

»Ich bleibe gleich hier.« Katja legte sich wieder hin. »Der Behandlungsraum ist doch nur um die Ecke. Ich komme danach ins Bistro. Bis gleich.«

»Ja, bis gleich«, antwortete Doris und ihr fiel auf, dass sie die ganze Zeit nicht an ihren Geburtstag gedacht hatte. Und auch noch immer nicht wusste, ob sie zu Torstens Überraschungsparty gehen würde oder nicht. Für den Moment hatte sie ihren Ärger vergessen.

Das Bistro lag zwischen den Saunen und dem Außenpool. Doris und Anke setzten sich an einen der Tische, die schon draußen standen und von dem aus sie über den Pool auf die angrenzende Ostsee sehen konnten. Sie bestellten bei einer der jungen Bedienungen Apfelsaftschorlen und hielten ihre Gesichter in die Frühlingssonne.

Als die Getränke kamen, zeichnete Doris die Rechnung sofort ab. Anke überlegte, ob Katja ihr erzählt hatte, dass sie pleite war. Wie sie Doris kannte, würde die dann bald einen Rettungsversuch starten. Anke wusste nicht, ob sie das wirklich wollte.

»Guck mal.« Doris holte Anke aus ihren Gedanken. »An dem Tisch am Eingang sitzt dein Treppenhausretter. Und er ist wirklich in Begleitung. Schade.«

»Dann hat euer Gerede vielleicht jetzt mal ein Ende.«

Anke zwang sich, keinen Blick in die Richtung zu werfen, in die Doris immer noch blickte. »Das Thema zwei Frauen und ein Mann hatten wir doch gerade zur Genüge. Auf die Nummer habe ich wirklich überhaupt keine Lust.«

»Das glaube ich.« Doris wandte sich ihr wieder zu. »Sag mal ...« Sie verharrte im Satz und griff zögernd zu ihrem Glas.

»Ja?«

»Vielleicht bin ich auch zu indiskret, ich weiß nicht, aber ...«

»Doris. Du warst immer indiskret, wenn du dir über irgendetwas Sorgen gemacht hast. Also?«

»Ich habe das gestern nicht so ganz verstanden. Hattest du dich vor dem Unfall nicht schon von Kai getrennt oder wart ihr da noch zusammen?«

»Ich hatte mich ein halbes Jahr vorher von ihm getrennt.«

»Ging es da auch um eine andere Frau? Oder Mann?«

»Nein.« Anke ließ die Eiswürfel in ihrem Glas kreisen. »Keine andere Frau, kein anderer Mann. Aber ansonsten hat er keinen Betrug ausgelassen. Ich habe seitdem einen Haufen Schulden und keine große Lust, mich mit irgendwelchen Typen einzulassen. Weißt du, ich rede einfach nicht gern darüber. Das geht nicht gegen dich, Katja habe ich auch nicht viel mehr erzählt.«

»Kann ich dir ...«

»Nein, Doris. Ich brauche keine Hilfe, ich schaffe das alles schon. Mir geht es gut. Ich muss nur eben mal aufs Klo.«

Sie stand schon und drehte sich nach einem Hinweisschild um. Sie fand es und sah den Pfeil, der nach links zeigte. Natürlich musste sie an dem Tisch mit dem Treppenhaustypen vorbei. Seine Begleiterin saß mit dem Rücken zu ihr,

Anke wollte den Blick auf ihn vermeiden, es ging aber nicht. Als hätte er ihre Gedanken gespürt, hob er in dem Moment den Kopf, als sie den Tisch erreichte.

»Schon wieder«, sagte er lächelnd, woraufhin sich die Frau sofort zu ihr umdrehte. Obwohl Anke ihn ignorieren wollte, erhaschte sie einen kurzen Blick auf seine Begleitung. Dunkelhaarig, sympathisch, etwa in ihrem Alter und mit Neugier im Blick. Anke sah stur auf die vor ihr liegende Tür und beschleunigte ihre Schritte. Was für ein seltsamer Mann. Anke musste sich eingestehen, dass er sie verunsicherte. Sie wusste nur nicht, warum.

Viel länger konnte sie wohl nicht mehr in diesem »Ladies Room« bleiben. Sonst würde Doris gleich anrücken, vermutlich mit einem Sanitäter im Schlepptau. Also fuhr sie sich noch einmal mit den Fingern durch die Haare, was überhaupt kein Ergebnis brachte – Sauna, kalte Duschen und Papaya-Peeling waren Gift für ansonsten glatt geföhnte Naturwellen. Anke musterte sich resigniert im Spiegel. Ich sehe aus wie ein alter, grauer Staubwedel. Mit Locken. Wütend stieß sie sich vom Waschbecken ab und ging zurück zu Doris. So blöde Gedanken wegen eines Typen, der liiert und auch noch arrogant war. Wie doof bin ich eigentlich?

»Wo bleibst du denn?« Doris blickte ihr aufgeregt entgegen. »Ich dachte schon, ich müsste dir hinterhergehen.«

Auf dem Weg zurück hatte Anke den leeren Tisch registriert. Das Paar war vermutlich in die Sauna gegangen. Und das war gut so.

Sie setzte sich wieder an den Tisch und griff zu ihrem Glas. »Vor mir war besetzt. Ich musste warten.«

Aus einem der Strandkörbe, die am Beckenrand standen, kam plötzlich lautes Gelächter. Zwei junge Frauen saßen nebeneinander unter einer Wolldecke und amüsierten sich ungehemmt, bis die Tränen liefen. Abwechselnd versuchten sie, etwas zu sagen, jeder Satzanfang aber brach im kollektiven Lachkrampf ab. Selbst der Strandkorb bebte.

Doris warf einen Blick auf die beiden und sagte kopfschüttelnd: »Guck dir diese Hühner an. Die werden gleich ohnmächtig.«

»Sag das nicht so herablassend.« Anke musste sich das Lachen verkneifen, dieser alberne Strandkorb hatte etwas Ansteckendes. »Wir waren auch mal so.«

»Das ist aber lange her. Und wir waren keine Hühner. Da kannst du sagen, was du willst.«

»Nein. Wir waren immer schon schwer intellektuell, haben uns für Politik, Gesellschaft, Literatur und klassische Musik interessiert. Wir haben doch nie gelacht.« Anke beobachtete die beiden noch einen Moment, bis sie sich wieder beruhigt hatten. Dann fuhr sie fort: »Du hast in meinem Zimmer bäuchlings auf dem Fußboden gelegen und dich fast übergeben, so einen Lachkrampf hast du bekommen, als ich dir das Kleid gezeigt habe, das ich zum Abiball anziehen sollte.«

»Das Marineteil?« Die Erinnerung war sofort wieder da, Doris grinste. »Du sahst aus wie ein Leichtmatrose mit Hochsteckfrisur. Das war aber auch zum Brüllen. Du hast doch dann ein anderes Kleid bekommen, oder? Ein schwarzes mit dünnen Trägern.«

»Es war dunkelblau. Und hatte Puffärmel. Auch schrecklich. Aber ich hatte keine Lust, noch länger mit meiner Mutter zu diskutieren.«

Doris starrte blicklos auf die Wasserfläche des Pools. »Mütter«, sagte sie leise und so, als wäre ihr etwas eingefallen. »Ich habe übrigens heute Morgen mit meiner telefoniert. Das Gespräch dauerte zehn Minuten, die schlechte Laune bleibt für den ganzen Tag.«

Überrascht sah Anke sie an. »Hast du immer noch schlechte Laune?«

»Ich …«, fing Doris an und brach sofort wieder ab, als sie Angelika auf sich zukommen sah. »Oh, nein, das muss doch jetzt nicht sein.«

Sie sagte es leise genug, damit Angelika, die sich ohne Umschweife auf den freien Stuhl setzte, es nicht hörte. »Ihr macht es euch hübsch? Hallo, Bedienung, ich hätte gern eine … was trinkt ihr da, Apfelschorle? Ach, nein, ich nehme einen grünen Tee, den Teebeutel bitte nicht ins Wasser geben, das mache ich lieber selbst, danke.«

Sie wartete nicht ab, bis das junge Mädchen außer Hörweite war. »Die lassen den immer zu lange ziehen, das kriegen sie einfach nicht hin. Ist das nicht ein herrlicher Tag? Heute ist ja Hermanns Geburtstag und jetzt können wir wenigstens den Sektempfang am Abend auf der Terrasse machen, das hat doch Stil. Ach, Doris, das wollte ich dir vorhin schon in der Sauna sagen: Nicht, dass du sauer bist, weil wir euch nicht eingeladen haben, aber Hermann wollte diesen Geburtstag nur im ganz kleinen Kreis feiern. Ich hätte das ganz anders gemacht, aber er war nicht zu überzeugen. Er hat einfach zu viel Stress im Sender, schon seit Monaten ist er nicht mehr der alte. Nur noch schlechte Laune, dauernd müde, zu nichts hat er Lust. Also, wenn ich nicht wenigstens ab und zu ein kleines Essen oder Reisen organisieren würde, dann hingen wir nur noch zu Hause rum. Man muss ihn wirklich zu allem zwingen. Aber wem erzähle ich das? Torsten ist bestimmt nicht anders.«

»Doch.« Doris nutzte die kleine Pause, um Angelikas Redefluss zu stoppen. »Er ist noch der alte. Und selten müde.«

»Wart mal ab.« Angelika hob bedeutsam die Augenbrauen. »Das kommt bei ihm auch noch. Und ihr habt hier ein schönes Frauenwochenende? Das hätte ich auch mal machen sollen. Meine Tochter zwitschert durch die Gegend und mein Mann hat sich noch mal aufs Ohr gelegt. Und ich kann sehen, wo ich bleibe.«

Sie wandte sich an Anke. »Ich habe Ihren Namen gar nicht verstanden. Sind Sie eine neue Freundin von Doris? Wir haben uns noch nie gesehen.«

Anke blieb ganz entspannt. »Ich habe meinen Namen auch noch gar nicht gesagt. Anke Kerner. Und Doris und ich kennen uns schon seit über dreißig Jahren. Wir haben mal eine Schülerzeitung gemacht, zusammen mit der dritten Freundin, die gerade schöne Füße bekommt. Katja Severin.«

Neugierig wartete Doris auf eine Reaktion von Angelika. Sie hätte doch etwas ahnen müssen. Aber Angelika überlegte nur kurz und antwortete: »Ach, die Severin. Unsere Tochter Nele hat vorhin erzählt, dass sie sich beim Peeling getroffen haben. Sie hatte früher ja großen Erfolg als Moderatorin, aber damit kann nun mal nicht jeder umgehen. Trotzdem schade, aber ich sag immer: Hochmut kommt eben vor dem Fall.«

Doris schnappte kurz nach Luft und sagte scharf: »Sie ist nicht ...«

Plötzlich kippte Ankes Glas um und die klebrige Apfelsaftschorle ergoss sich über Angelikas Bademantel. Mit einem

Aufschrei rutschte sie ein Stück zur Seite, Anke beugte sich vor und wischte ihr mit einer Serviette auf dem Bein herum. »Oh, Entschuldigung, ich bin manchmal so ungeschickt. Gibt ja keine Rotweinflecken. Soll ich Ihnen einen nassen Lappen holen?«

Abwehrend hob Angelika die Hände. »Nein, danke, lassen Sie ruhig. Der Bademantel gehört dem Hotel. Aber meine Hände kleben, ich muss sie schnell waschen. Bin gleich zurück.«

Die Bedienung kam und wischte mit einem feuchten Tuch den Tisch und Angelikas Stuhl ab. Als sie weg war, sagte Doris: »Kerner, das macht man nicht.«

»Was denn?« Unschuldig blickte Anke hoch und tupfte mit der Serviette ein paar restliche Tropfen vom Tisch.

»Das war doch Absicht.«

»Hat aber geklappt. Du hättest dich sonst verplappert, ich habe es dir angesehen. Ich glaube nicht, dass Katja Interesse daran hat, die Geschichte jetzt noch auffliegen zu lassen. Und wenn, dann ist es ihre Sache, nicht unsere. Egal, was diese Angelika hier für dummes Zeug erzählt, du musst jetzt nicht Katjas Rächerin geben. Und wenn du dich nicht beherrschen kannst, kippe ich ihr auch noch den Tee in den Schoß. Und jetzt guck anders, sie kommt zurück.«

Angelika hatte versucht, die Apfelsaftschorle auszuwaschen, das Ergebnis waren großflächige hellgelbe Flächen auf dem weißen Frottee.

»Ich habe die Frau an der Rezeption gebeten, mir einen neuen Bademantel zu besorgen. Sie holt ihn gerade. Also, wo sind wir stehen geblieben?«

»Dass Doris und ich uns schon so lange kennen«, sagte

Anke schnell, bevor Angelika wieder auf das Thema Katja zurückkommen konnte. »Seit der Schulzeit.«

»Das ist ja ein paar Jahrzehnte her.« Angelika rührte Süßstoff in den Tee. »Daran merkt man immer, wie alt man schon ist. Und natürlich an den Kindern, nicht wahr, Doris? Haben Sie auch Kinder?«

»Nein.« Anke lächelte sie mühsam an. »Übrigens auch keinen Mann, falls das Ihre nächste Frage ist. Nur meinen Beruf.«

»Das ist doch in Ordnung.«

Bildete Doris sich das ein oder klang Angelikas Stimme gönnerhaft?

»Manchmal beneide ich die erfolgreichen Singlefrauen. Sie können machen, was Sie wollen, während Doris und ich dauernd Rücksichten nehmen müssen. Es gibt wirklich Zeiten, in denen ich sofort mit Ihnen tauschen würde. Du doch auch, Doris. Oder?«

»Eigentlich nicht.« Doris wurde dieses Gespräch langsam peinlich. Sie sah auf die Uhr und stellte erleichtert fest, dass sie gleich zur Anwendung musste. Angelika ignorierte ihre Antwort einfach und fragte weiter: »Was machen Sie denn beruflich?«

»Ich arbeite in einem Verlag.« Anke antwortete sofort, und ihrer Miene konnte man nicht ansehen, was sie gerade dachte. Pokerface.

Doris dachte sehnsüchtig an die Ruhe, in der gleich ihre Behandlung stattfinden würde.

»Im Verlag? Das ist ja interessant. Ich komme ja gar nicht zum Lesen, ich habe einfach immer zu viel um die Ohren. Aber Doris liest doch auch so viel. Hast du nicht sogar in Lüneburg diesen Literaturkreis?«

»Ja.«

Angelika merkte anscheinend nicht einmal, dass Doris immer einsilbiger wurde.

»Als Kind habe ich auch gern gelesen. Aber in den letzten Jahren nicht mehr. So, ich muss jetzt mal aufstehen, ich habe gleich einen Termin bei diesem tollen Friseur im Spa. In unserem Alter muss man was tun, graue Haare kriegen wir später.«

Anke spürte den erschrockenen Blick auf ihre Frisur, bevor sie ihn sah. Doch Angelika versuchte noch, die Kurve zu kriegen. »Wobei Ihnen dieses Grau steht, wirklich, es ist ja so ein gleichmäßiger Ton. Also, ich wünsche noch viel Spaß, wir sehen uns bestimmt noch.«

Sie sahen ihr nach, wie sie in ihrem fleckigen Bademantel mit schnellen Schritten dem Eingang zustrebte.

»Unmöglich«, sagte Doris. »Hör bloß nicht auf diesen Schwachsinn mit der Haarfarbe. Ich weiß gar nicht, was ihr einfällt, zumal sie sowieso älter ist als wir und auch so wirkt.«

»Doris, du brauchst mich nicht zu beschützen, es gibt wirklich keinen Grund. Ich nehme Frauen wie die sowieso nicht ernst.«

»Was meinst du mit ›Frauen wie die‹?«

»Na ja.« Anke bemühte sich, ihre Stimme nicht bitter klingen zu lassen. »Diese selbstzufriedenen Frauen, die irgendwann mal einen Mann geheiratet haben, der inzwischen zu ihrem Besitz geworden ist. Die sich keine Gedanken mehr über ihr Leben machen, keine finanziellen Probleme haben und schöne Urlaube organisieren, damit das Familienleben nach außen funktioniert. Und dabei so tun, als wäre das die allein selig machende Art zu leben für eine Frau.«

Doris war blass geworden. Sie schluckte, strich sich eine

Haarsträhne hinters Ohr und sah Anke lange an. »Ich bin doch auch so«, sagte sie leise. »Und ich hasse es. Vieles war gar nicht so geplant, es hat sich einfach so ergeben. Ich beneide dich und Katja um eure Jobs, um eure Selbstbestimmung. Ich bin doch nur noch die Frau von Torsten und die Mutter meiner Söhne. Glaub mir, Anke, ich wollte damals viel mehr. Ich wollte Doris Goldstein sein, Grafikerin oder Illustratorin. Stattdessen bin ich Frau Wagner, dieser Doppelname ist doch Quatsch, in Lüneburg oder in der Firma heiße ich doch nur so wie mein Mann. Ich habe inzwischen das Gefühl, mir nur die Zeit zu vertreiben und darauf zu warten, dass irgendetwas passiert.« Sie zwinkerte die aufsteigenden Tränen weg.

Anke beugte sich vor. »Hey, ich meinte nicht dich. Manchmal geht mein Lebensfrust mit mir durch. Ich glaube, mir fehlen auch schon die Hormone, ich werde sehr schnell so wütend. Tut mir leid.«

Doris versuchte ein Lächeln und wischte sich mit dem Bademantelärmel über die Augen. »Schon gut. Du hast ja …«

»Was ist denn mit euch los?« Katjas tiefe Stimme zerschnitt die bleierne Stimmung. »Ich war doch gar nicht so lange weg. Kerner? Goldstein? Über was, zur Hölle, redet ihr hier? Ihr habt für schwere Themen gar keine Zeit, Doris kriegt jetzt Pediküre und neuen Nagellack. Die Dame heißt Cindy und wartet auf dich.«

Zehn Minuten später saß Doris mit geschlossenen Augen auf einem bequemen Sessel und ließ ihre Füße in einem Sprudelbad aufweichen. Das leise Blubbern, das gedämmte Licht, die beruhigende Hintergrundmusik und die Wärme unter der Decke machten sie schläfrig und ihre Atemzüge wurden langsamer. Was war das nur für ein Gespräch gewesen? Anke hatte doch gar nichts Schlimmes gesagt und sie überhaupt nicht gemeint, sie hatte lediglich über Angelika gesprochen. Aber Doris war in dem Moment klar geworden, warum sie diese Angelika immer unsympathisch gefunden hatte: Die war genau so, wie sie, Doris, nie hatte werden wollen. Und trotzdem sah sie sich auf dem Weg dorthin.

Seit Sascha und Moritz ausgezogen waren, bestanden ihre Aufgaben aus Friseurbesuchen, Einkaufen, Telefonaten, Essenseinladungen und Warten auf Torstens Rückkehr aus der Firma.

Kein Mensch brauchte Doris Goldstein-Wagner wirklich. Und ihr Gehirn dümpelte nur noch vor sich hin. Es wurde ja auch nicht gebraucht.

Cindy, die Kosmetikerin, störte sie in ihren Gedanken.

»So, Frau Goldstein-Wagner, dann wollen wir mal.« Sie breitete ein Handtuch aus und hob Doris' Füße aus dem Sprudelbad.

Während Cindy erst frottierte und sich danach das Pediküre-Besteck zurechtlegte, fragte sie: »Sie waren doch schon öfter hier, oder? Ihr Gesicht kommt mir so bekannt vor. Ich finde es ja immer schön, wenn Stammgäste kommen.«

»Ja, ja. Aber, entschuldigen Sie bitte, ich habe im Moment überhaupt keine Lust, mich zu unterhalten.«

Entspannt schloss sie die Augen. Cindys leicht beleidigte Miene bekam sie schon nicht mehr mit.

Eines der guten Dinge beim Älterwerden ist zweifelsohne die Tatsache, dass man nicht mehr von jedem gemocht werden muss. Natürlich war es auch in den vergangenen Jahrzehnten egal gewesen, ob man das Herz einer Kosmetikerin eroberte oder nicht, aber Doris hatte es zumindest immer versucht. Wenn sie schon nichts richtig auf die Reihe brachte, sollte man wenigstens über sie sagen, dass sie eine ungemein nette Person sei, immer freundlich, immer höflich, immer zuvorkommend.

Im Geist hörte sie Ankes Stimme: »Goldstein, ich bitte dich. Es gibt ja wohl Wichtigeres im Leben, als zur Kundin des Monats gekürt zu werden.«

Aber was könnte das für sie sein?

Es war schon seltsam: Seit sie mit Katja und Anke in diesem Hotel war, kamen diese Gedanken. Diese Fragen danach, wie das eigene Leben tatsächlich lief. Ob das nur mit diesem Geburtstag zusammenhing oder damit, dass die beiden alten Freundinnen wussten, wie sie mal gewesen war und was sie mit ihrer Zukunft vorgehabt hatte?

Wie viele Stunden hatten sie zusammengesessen, fürchterlich aromatisierte Tees aus Tonkannen getrunken und von ihren Plänen und Wünschen erzählt? »Black Current« war damals Doris' Lieblingsteesorte gewesen, Schwarze Johannisbeere. Heute war es Weißer Burgunder. Wann hatte sie angefangen, jeden Tag Alkohol zu trinken? Wann war das abendliche Glas Wein zur Belohnung ein Trostpflaster geworden?

Cindy hatte die Arbeit am rechten Fuß beendet und bat kurz angebunden um den linken. Doris streckte ihn ihr mit einem freundlichen Lächeln, aber schweigend entgegen. Cindy hob kaum den Kopf und fuhr mit ihrer Behandlung fort.

Nach einem kurzen Moment lehnte Doris sich wieder zurück. Wo war sie stehengeblieben? Beim Wein, aber das gehörte nicht hierher. Darüber musste sie sich auch jetzt keine Gedanken machen, sie war schließlich keine Alkoholikerin, heute hatte sie noch gar nichts getrunken und gestern auch nicht besonders viel. Und wie sollte sie auch sonst ihr langweiliges Leben ein bisschen aufpeppen?

Morgens stand sie mittlerweile gar nicht mehr mit Torsten zusammen auf. Nicht, weil sie das Frühstücken mit ihm nicht mochte, sondern weil die Tage sonst noch länger wurden. Torsten fand das völlig in Ordnung. Was hatte er neulich zu ihr gesagt, als sie versucht hatte, sich früh aus dem Bett zu quälen und daran kläglich gescheitert war?

»Bleib doch liegen, Schatz. Du hast doch heute nichts vor. Schlaf dich aus. Bis heute Abend. Ich bin pünktlich.«

Sie hatte immer noch an die Decke gestarrt, als die Tür hinter ihm schon ins Schloss gefallen war. Sie hatte ja nicht nur heute nichts vor, sie hatte fast nie etwas vor. Und genau das war ihr Problem. Das wurde mit Weißwein zwar etwas kleiner, es verschwand aber nicht. Und sie konnte es jetzt auch nicht länger leugnen.

Inzwischen hatte Doris schön geschnittene und gefeilte Fußnägel. Cindy hatte die Foltergeräte weggelegt und massierte eine Creme auf die Füße.

»Sie wollten auch Lack?«

»Ja, bitte. Mit Unterlack.« Doris bemühte sich um einen verbindlichen Ton. Zwischen Herz gewinnen und Unfreundlichkeit gab es ja auch noch etwas Drittes. Cindy lächelte kurz. »Das mache ich immer.«

Doris klickte sich wieder weg und blickte an Cindys Kopf vorbei zum Fenster. Die Jalousien waren so gestellt, dass man immer noch den Blick auf die Ostsee hatte.

An diesem Strand hatten Doris und Torsten die ersten

Familienurlaube verbracht. Natürlich nicht in diesem teuren Hotel, sondern in einer Ferienwohnung. Es waren schöne Sommer gewesen, so schön, dass sie einige Jahre immer wieder hier gebucht hatten. Die letzten Ostseeferien aber waren ewig her, damals war Sascha vierzehn oder fünfzehn, mitten in der Pubertät und schwer in ein Mädchen aus Rostock verknallt, das er am Strand kennengelernt hatte. Nach den Ferien hatte er wochenlang Liebeskummer gehabt. Doris hatte es damals beeindruckt, wie ernst ihr Sohn die Liebe nahm, dass er fähig war, Gefühle zu zeigen, und litt mit ihm mit.

Ob er jetzt eine Freundin hatte? Ihr Hals schnürte sich zu wie jedes Mal, wenn sie an Sascha dachte. Er hatte so viel von ihr und so wenig von Torsten. Zu viel Gefühl, zu viel Zweifel, zu wenig Lässigkeit und zu wenig Spontaneität.

Doris hatte irgendwo gelesen, dass man sich am meisten über die Unzulänglichkeiten seiner Kinder ärgert, die man selbst hat. Umgekehrt natürlich auch. Und deshalb hatte es wohl so oft zwischen Doris und ihrem Ältesten den heftigsten Funkenschlag gegeben. Selbst Torsten konnte da mit seiner Ruhe kaum etwas ausrichten, und so war es schließlich zu dem finalen Krach gekommen. Es war zwei Jahre her und noch immer konnte Doris sich nicht eingestehen, diesen Fehler gemacht zu haben, es tat noch zu weh. Und Sascha vermied den Kontakt mit ihr, wo es nur ging. Wenn Doris ganz ehrlich war, hätte sie sich an seiner Stelle genauso verhalten. Sie hatte Schuld an dem Zerwürfnis, das musste sie endlich begreifen.

»Was möchten Sie denn für eine Farbe haben?«

Cindys helle Stimme unterbrach Doris' Gedanken. Sie zog sich an der Armlehne nach vorn, um das Nagellacksortiment zu betrachten. Cindy musterte erst sie, dann die kleinen Flaschen und sagte: »Sie sind ein Pink-Typ. Was halten Sie von diesem Ton?«

Ein Pink-Typ? Doris glaubte, sich verhört zu haben. Wenn sie irgendetwas hasste, dann waren es diese Mädchenfarben. Sie war doch nicht Angelika, die nur Pastellfarben trug, weil das angeblich jünger und weiblicher macht. Sie doch nicht.

»Was hat meine Freundin denn genommen? Frau Severin?«

Cindys Hand griff zu einem Fläschchen und hielt es hoch. »Diesen. Die Nummer 505. Das ist die neue Trendfarbe. Der geht bei Ihnen natürlich auch. So einen Schlamm-Ton, tragen jetzt viele.«

»Den will ich auch.« Zufrieden lehnte Doris sich wieder zurück. »Der ist gut.«

›Von wegen Pink‹, dachte sie und sah zu, wie der trendige Farbton ihre Füße veränderte. Über die Frage, was für ein Typ sie wirklich war, müsste sie mal nachdenken.

Eine Etage tiefer saßen Katja und Anke immer noch am selben Tisch.

Katja hatte gewartet, bis Doris in den Spa zu Cindy gegangen war, dann hatte sie Anke erzählt, dass sie Torsten angerufen habe.

»Er war fix und fertig«, berichtete sie und lachte dabei. »Und er hat tatsächlich ziemlich viele Leute eingeladen, die Hälfte der alten Clique kommt, dann noch Familie, ein paar Nachbarn, insgesamt sind es vierzig. Ich habe ihn gefragt, ob er nicht mitbekommen hat, dass Doris es mit ihrer Abneigung zu feiern, ganz ernst gemeint hat.«

»Und?«

»Er war unsicher. Aber er hat wohl das Gefühl gehabt, dass Doris sich im Moment in irgendein Problem hineinfrisst. Und da hat er sich gedacht, dass ein Treffen mit Freunden und Familie sie ablenken könnte.«

Anke zog die Augenbrauen hoch. »Was für ein Schwachsinn. Typisch Torsten, erst machen, dann denken.«

»So schlimm ist er auch nicht.« Katja sah sie überrascht an. »Und er hat es gut gemeint. Jedenfalls fahren sie mit dem Bus von Lüneburg um zwölf los und sind zur Kaffeezeit dann in … Rate, wo?«

Gelangweilt zuckte Anke die Achseln.

»In der ›Weidenklause‹. Falls dein Gedächtnis dich verlassen hat: Torsten und Doris haben da geheiratet. Das

Restaurant gehörte doch den Eltern von Dings, wie hieß sie noch, war bei uns im Kunstkurs, Sabine.«

Anke erinnerte sich langsam. »Sabine Kroll. Die Eltern haben das Restaurant später verkauft.«

»Aber viel später. Doris und Torsten sind durch Sabine auf das Restaurant gekommen. Sonst wären sie doch nie an die Ostsee gefahren.«

»Ach ja«, jetzt begriff Anke, »das liegt doch hier irgendwo um die Ecke, oder?«

»Genau.« Katja nickte. »Wir können zu Fuß hingehen. Ich habe Torsten jedenfalls gesagt, dass er sich keine Sorgen machen soll, wir würden morgen Nachmittag direkt dahin kommen.«

»Hast du ihm gesagt, wo wir sind?«

»Nein.«

»Und dass Doris Bescheid weiß?«

»Auch nicht.« Katja grinste. »Ich habe es erwogen, dann aber darauf verzichtet. Es tut ihm vielleicht gut, dass er noch ein bisschen Nerven lassen muss, weil er keine Ahnung hat, ob sie noch von seiner Überraschung erfährt oder nicht. Dann überlegt er sich solche Alleingänge in Zukunft vielleicht besser. Und wie wir Doris dazu überreden, mit uns morgen Nachmittag zur ›Weidenklause‹ zu fahren, darüber reden wir noch.«

Katja bestellte sich noch etwas zu trinken. Anke hatte abgelehnt, sie hatte schon den Tee dieser unsäglichen Angelika auf ihr Zimmer schreiben lassen, sozusagen als Entschuldigung. Wobei es das wert gewesen war.

»So.« Katja hatte ausgetrunken und streckte sich. »Kommst du noch mal mit in die Sauna? Dein Termin ist ja erst in einer halben Stunde, das schaffst du.«

»Ja.« Anke sah an sich hinunter. »Ich kriege langsam auch kalte Beine. Guck mal hier, sind das Besenreiser? Oder Krampfadern? Du kennst dich doch mit so was aus.«

»Wie meinst du das denn?« Katja beugte sich vor und musterte Ankes sehr schlanke Beine. »Ich habe so was nicht. Gutes Bindegewebe. Das da sind Besenreiser, die kannst du wegmachen lassen. Geht schnell und tut kaum weh. Du bist aber auch zu dünn. Machst du so viel Sport?«

Nachdenklich rieb Anke auf einer dieser blauen Stellen herum. »Ab und zu mal Yoga, aber eher selten. Ich wohne im fünften Stock ohne Fahrstuhl.«

›Und ich habe meistens zu wenig Kohle, um mehr als zweimal am Tag richtig zu essen‹, fügte sie in Gedanken hinzu und riss den Blick von ihrem Bein. »So schlimm sieht das doch gar nicht aus. Du würdest das sofort behandeln lassen, oder?«

Katja nickte. »Da sei sicher. Aber du musst das auch nicht machen. Es sei denn, du wärst in den letzten Jahren der Minirock-Fan geworden, dann würde ich darüber nachdenken.«

»Eher nicht.« Anke lachte. »Außerdem habe ich viel zu viel Angst vor Ärzten. Solange ich nichts Lebensbedrohliches habe, lasse ich niemanden an mir herumschneiden. Was ist jetzt mit der Sauna?«

»Ja, los.« Katja stand schon. »Ich hoffe nur, dass Angelika Wolter nicht dieselbe Idee hat.«

»Und wenn schon.« Mit hochgerecktem Kinn zog Anke ihren Bademantelgürtel enger und sah Katja entschlossen an. »Die soll dir blöd kommen, dann benehme ich mich wie Doris, das sage ich dir. Verteidigung bis ins Letzte, ob nötig oder nicht.«

»Lass es lieber«, antwortete Katja, hakte Anke unter und zog sie mit sich.

Die Sauna, die sie zusammen betraten, war leer. Erleichtert breitete Katja ihr Handtuch auf der mittleren Bank aus und setzte sich. Anke beobachtete sie.

»Bleibst du jetzt die ganze Zeit in dieser Habtachtstellung? Ständig auf der Hut, ob du Hermann oder die Gattin triffst?«

»Nein.« Katja setzte ihr lässigstes Lächeln auf und warf ihren Zopf über die Schulter. »Setz dich hin. Oder willst du noch die Uhr umdrehen? Auch wenn Doris nicht da ist.«

Anke setzte sich neben sie und sah sie skeptisch an. »Du bist angespannt. Weil du Angst hast, ihn zu treffen. Jetzt spiel mir nichts vor.«

»Ich habe keine Angst, ihn zu treffen, ich habe Angst, dass ich ausraste, wenn ich ihn treffe. Das ist doch vielleicht auch für dich verständlich.«

»Sag ich doch.« Zufrieden nickte Anke ihr zu. »Ich finde ganz viel verständlich, ich finde es nur albern, dass du immer so tust, als wäre alles ganz easy. Ich habe dein Gesicht vorhin gesehen, Severin, als wir draußen saßen. Du bist überhaupt nicht so cool und abgeklärt, wie du immer tust. Von wegen, es vertanzt sich alles und dein Leben ist ein Spaß, weil du so schön und sexy bist. Ich frage mich nur, wie alt wir werden müssen, um mit diesen Rollenspielen aufzuhören. Wann wir endlich mal zugeben können, wovor, vor wem und warum wir Angst haben. Das konnten wir doch früher auch. Wir haben sowohl über unsere Träume als auch über alle Ängste gesprochen. Wir waren echt. Und jetzt spielen wir uns ständig Theater vor. Warum?«

»Warum?« Katja rutschte ein Stück zur Seite und starrte

Anke an. »Das kann ich dich aber auch fragen. Ich wollte es eigentlich nicht ansprechen, aber ich weiß, dass aus deinem Traum, Bücher zu machen oder zu schreiben, eine Redaktionsstelle in einer Ratgeberreihe für Kleintiere geworden ist. Davon hast du uns auch nichts erzählt. Es ist mir egal, weißt du, aber wenn du so austeilst, musst du auch mal einstecken können.«

Anke war trotz der Hitze blass geworden. Sie schluckte, aber bevor sie etwas sagen konnte, ging die Tür auf. Als sie die Frau erkannte, schluckte sie noch mal. Es war die Begleiterin des Treppenhausmannes. Jetzt nannte sie ihn selbst schon so.

»Hallo.« Die Frau lächelte und strich ihr Handtuch glatt. Bevor sie sich hinlegte, warf sie erst einen neugierigen Blick auf Anke, dann auf Katja. Die beachtete sie nicht weiter. Anke starrte auf ihre Füße und hoffte, dass man ihrem Gesicht das Gefühlschaos nicht ansehen könnte. Wenn der Typ gleich auch noch käme, würde sie die Sauna verlassen. Es war zwar lächerlich, aber Katja und sie könnten doch den Rest der Zeit nicht damit verbringen, zwei Männern in der Therme aus dem Weg zu gehen. Als wären sie vierzehn.

Entschlossen hob Anke den Kopf und beobachtete die Saunatür. Sie würde sitzen bleiben, egal ob er hereinkäme oder der englische Kronprinz. Wer war sie eigentlich? Sie sollte endlich aufhören, immer auszuweichen. Sie war kein Opfer, es war einfach nur vieles falsch gelaufen. Und sie hatte es sich gefallen lassen, weil sie zu feige und zu bequem war. Sie sah wieder auf ihre Füße. Schmale, weiße Füße ohne einen Hauch von Farbe auf den Nägeln. Aber das würde sich ja gleich ändern. Und sie würde einfach sagen, dass man ihr bitte diesen bestimmten Lack auftragen solle. Die

Nummer 505. Den alle hatten. Damit Anke Kerner auch endlich wieder dazugehörte.

Eine Bewegung links von ihr lenkte sie von ihren Gedanken ab. Die Frau hatte sich wieder aufgesetzt und blickte Katja überrascht an.

»Entschuldigung. Bist du nicht Katja Severin?«

Etwas genervt hob Katja den Kopf und sah in die Richtung, aus der die Frage gekommen war. Aber noch bevor sie antworten konnte, wurde die Saunatür aufgerissen. Doris trat einen Schritt herein und rief aufgeregt: »Könnt ihr mal kommen? Ich muss euch was zeigen.«

Die Tür fiel wieder zu, Anke und Katja sahen sich fragend an.

»Dann los.« Katja stieg über die Bänke hinab. »Ein bisschen habe ich ja geschwitzt.«

Während sie die Hand bereits auf dem Türgriff hatte, drehte sie sich zu der Frau um und sagte unverbindlich: »Ja, bin ich. Viel Spaß noch.«

Dann verließ sie, gefolgt von Anke, die Sauna. Den belustigten Blick der Frau nahm sie nicht mehr wahr.

Draußen saß Doris auf einer kleinen Bank und hielt den anderen ihre nackten Füße entgegen. »Und?«, fragte sie, »was sagt ihr?«

»Wozu?« Irritiert blieb Katja vor ihr stehen. »Hast du uns aus der Sauna geholt, um deine Füße zu zeigen? Das ist nicht dein Ernst.«

Anke trat ein Stück näher und nickte. »Du also auch. Die 505. Nicht mehr knallrot?«

»Genau.« Doris schlug ihre Beine übereinander und wurde ernst. »Ich dachte, ich wäre zu alt für diese Modefarben, aber das ist doch blöd. Mir sind gerade verschiedene Gedanken durch den Kopf gegangen. Unter anderem der, dass ich immer alles mache, was andere von mir erwarten. Ich glaube, ich höre jetzt mal damit auf. Und das heißt auch, dass ich es immer noch als Verrat empfinde, dass ihr von Torstens Überraschungsparty wusstet und mir nichts erzählt habt. Und dass ich mich für bescheuert halte, weil ich so darauf reagiert habe. Ich weiß nicht mehr, was ich machen soll. Und darüber will ich jetzt reden, weil sonst immer irgendwas anderes dazwischenkommt.«

Katja blickte gespielt verzweifelt an die Decke. »Klappe zwei, die Abrechnung. Ich gehe vorher aber kalt duschen. Kommst du mit, Anke?«

Schließlich saßen sie nebeneinander auf der Bank. Doris sagte laut und deutlich: »Also noch mal zu morgen: Ich bin sauer, weil über mich hinweg entschieden wurde.«

»Meine Güte, Doris.« Katja war jetzt wirklich genervt. »Es ist nur eine kleine Geburtstagsfeier. Du nimmst es so symbolisch. Wenn du mit deinem Leben im Moment ein Problem hast, dann musst du es lösen. Darüber können wir reden. Aber erzähl mir doch nicht, dass es um diesen Geburtstag geht. Mach dich doch nicht dümmer, als du bist. Und uns auch nicht.«

»Katja.« Anke versuchte zu beschwichtigen. Doris starrte auf den Boden. Dann hob sie den Kopf und sah Anke an. »Lass nur. Irgendwie hat sie ja recht. Und was soll ich jetzt machen?«

»Wir gehen da morgen hin.« Katja schob ihren Arm durch den von Doris. »Und du freust dich, dass Torsten sich diese Mühe gemacht hat. Du brauchst dich nämlich um nichts zu kümmern. Vorher aber tanzen wir noch deine Hormonprobleme weg.«

›Wenn es nur die Hormone wären‹, dachte Doris, drückte aber entschlossen Katjas Arm und sagte: »Na gut. Lassen wir es dabei. Anke, du musst jetzt zur Pediküre. Und, jetzt reg dich nicht auf, im Anschluss hast du einen Friseurtermin. Ich habe schon bezahlt, wenn du nicht gehst, ist das Geld futsch.«

Verblüfft sah Anke sie an. »Ach? So viel zu Entscheidungen, die über einen hinweg getroffen werden?«

Katja grinste. »Sehr gut, Doris. Sonst hätte ich den Termin gemacht. Kerner, stell dich nicht so an. Wir machen nachher Fotos mit Selbstauslöser, da musst du ja nicht aussehen wie meine Mutter. Soll ich mitkommen oder kannst du dir die Farbe selbst aussuchen?«

»Das überlege ich mir noch.« Mit einem Blick auf die Uhr stand Anke auf. »Ich suche mir jetzt erst mal Nagellackfarbe aus, dann sehe ich weiter. Bis später.«

Nach zwei Schritten in Richtung Behandlungsräume drehte sie sich noch mal um.

»Doris?«

»Ja?«

»Danke.«

Katja und Doris sahen der schmalen Gestalt nach, die hinter der Tür verschwand. Neben ihnen ging die Saunatür auf. Die Frau, die Katja angesprochen hatte, kam heraus, lächelte Katja wieder an und ging zu den Duschen.

»Das ist die Begleitung von Ankes Treppenhausretter«, sagte Doris. »Hast du die angesprochen?«

»Sie mich«, antwortete Katja verwundert. »Die ist mit ihm da? Sie hat in der Sauna gefragt, ob ich Katja Severin bin.

Kennt mich vermutlich aus dem Fernsehen. Schade, ich habe sie nicht erkannt, sonst hätte ich nach dem Typen gefragt. Aber wahrscheinlich hätte Anke mich dann erschlagen. Ich glaube, sie hat sich ein bisschen verknallt.«

»Echt? Aber wenn der mit einer Frau hier ist ... Anke hat doch wirklich immer Pech. Vielleicht kriegen wie dieses Paar auseinander. Wir hauen Anke den Weg frei.«

»Doris Goldstein. Du überraschst mich. Aber die Idee ist sehr gut. Jetzt gehe ich wieder in die Sauna, du hast den Gang vorhin unterbrochen. Nur wegen deiner blöden Füße und Torstens blöder Party. Kommst du mit?«

Doris lächelte. »Ja. Und übrigens, danke dafür, dass ihr Geduld mit mir habt.«

Nach der Sauna suchten sich Doris und Katja in den Ruheräumen zwei Liegen nebeneinander. Katja nahm sich Zeitschriften von einem kleinen Tisch, bevor sie es sich bequem machte. Doris hatte sich schon unter einer Wolldecke ausgestreckt und atmete tief aus.

»Weck mich, wenn es Zeit zum Essen ist. Oder für einen kleinen Sekt.«

»Tagsüber keinen Alkohol, Goldstein«, sagte Katja, während sie ihre Decke auseinanderschüttelte. »Schlecht für die Haut und die Figur.«

»Ich ... also ...«

Katja legte den Finger auf die Lippen. »Ruheraum. Wir müssen nicht darüber reden. Nur aufpassen.«

Mit einem Lächeln stopfte Doris sich zwei Kissen in den Rücken und deckte sich zu. Als sie das Umblättern der Seiten hörte, schloss sie die Augen.

Katja betrachtete das entspannte Gesicht. Doris hatte sich gar nicht so sehr verändert. Natürlich gab es Falten um die Augen und die Oberlippe war ein bisschen schmaler geworden, auch die Wangen waren nicht mehr so glatt gerundet wie damals, aber sie hatte immer noch dieses offene Dorisgesicht. Besonders dann, wenn sie sich nicht so furchtbar anstrengte, um alles richtig zu machen.

Zu den Zeiten der ›Wilden Wörter‹ war sie die Unkomplizierteste gewesen. Sie kam aus einem wunderbar normalen Elternhaus, turnte im Sportverein, hatte in der Schule keine Probleme und schon mit fünfzehn einen festen Freund, Torsten. Katja hatte damals gedacht, dass Doris irgendwann einmal rebellieren würde. Von heute auf morgen würde sie sich mit ihren Eltern zerstreiten, die Schule an den Nagel hängen, den netten Torsten verlassen, mit Drogen experimentieren und nach Südfrankreich trampen, um dort mit einem Jazzmusiker am Meer zu leben und wilde Naturbilder zu malen. Stattdessen hatte sie ein gutes Abitur gemacht und anschließend ein paar Semester Grafikdesign studiert. Als sie mit ihrem ersten Kind schwanger war, gab sie das Studium auf, erleichtert, wie sie damals erzählte. Sie habe keine Lust mehr gehabt, die Arbeit in Torstens Familienunternehmen als eine Art Innenausstatterin mache ihr viel mehr Spaß.

Katja hatte ihr das nie so ganz geglaubt, auf die Rebellion aber vergeblich gewartet. Doris war ihr Leben lang in der Spur geblieben, vielleicht war genau das ihr Problem. Und jetzt wurde sie fünfzig, die Zeit für verrückte Dinge wurde knapp.

Eine Bewegung an der Tür des Ruheraumes ließ Katja aufblicken. Ankes Retter aus dem Treppenhaus stand dort, sah sich kurz um und lächelte entschuldigend, bevor er die Tür von außen wieder schloss. Vermutlich war er auf der Suche nach seiner Frau. Schade für Anke. Die hatte selten Gefühle gezeigt. Das Schlimmste für sie war Mitleid zu erregen. Selbst als Frau Müller starb, die Haushälterin, die sie quasi großgezogen hatte, kehrte sie zwar blass und noch dünner, aber nach außen hin gefasst in die Schule zurück. Sie lehnte jedes Gespräch über ihre Trauer ab, stürzte sich in die Arbeit, schrieb in den folgenden Wochen sämtliche Klausuren mit

Bestnoten und konzipierte die Ausgabe der ›Wilden Wörter‹, für die sie dann später den Preis bekamen.

Nach dem Abitur tauchte sie ein paar Monate ab, rief niemanden an, beantwortete keine Briefe und traf keinen der alten Freunde. Katja erklärte es sich mit verspäteter Trauerarbeit, erwartete aber von Anke keine Erklärung und fragte deshalb auch nie nach.

Es war schon seltsam. Sie waren so unterschiedlich und trotzdem gab es da eine Verbindung, die jetzt noch, nach all den Jahren, zu spüren war. Sie hatten gemeinsam ihre Anfänge versucht, vielleicht waren sie deshalb so vertraut miteinander.

Doris schnarchte leise und schreckte selbst von diesem Geräusch hoch. »Oh«, sie gähnte und stützte sich auf ihre Ellenbogen. »Habe ich geschnarcht? Peinlich.«

»Ganz leise nur«, beruhigte sie Katja. »Hat außer uns niemand mitbekommen. Dein Ruf bleibt unbeschadet.«

»Dann ist es ja gut.« Sie suchte nach einer Uhr. »Wie spät ist es denn? Ist Anke schon beim Friseur? Nicht, dass sie vor dem Färben kneift, nur weil wir das arrangiert haben.«

»Halb drei.« Katja hatte eine Uhr entdeckt. »Wir sollten da mal vorbeisehen«, sagte sie und stand auf.

Als sie den Salon betraten, strich die Friseurin die Farbe bereits mit einem dicken Pinsel auf Ankes Haare.

»Was für ein Ton wird es denn?« Katja trat hinter Anke und legte ihr die Hände auf die Schultern. »Platinblond?«

»Grün«, antwortete Anke und sah Katja im Spiegel an. »Ich wollte mal was ganz anderes. Und grün ist die Hoffnung.«

»Hallo.« Doris benahm sich natürlich wieder besser und begrüßte zunächst, nach einem Blick auf das obligatorische Namensschild, die junge Frau. »Frau Krämer. Sie haben ja schon angefangen.«

Unsicher ließ die Friseurin den Pinsel über Ankes Kopf schweben. »Hallo, ähm, ja. Sollten wir warten?«

»Nein.« Anke sah sich nicht zu Doris um, sondern hielt sich sehr gerade. »Ich bin volljährig und darf meine Haarfarbe selbst bestimmen. Die beiden Damen hier machen sich nur gern etwas wichtig. Könnt ihr nicht einen Kaffee trinken gehen, bis ich fertig bin? Es wird übrigens Honigblond.«

»Honigblond ist gut.« Katja schob ihre Hände in die Tasche des Bademantels. »Das hätte ich auch vorgeschlagen. Lass mal deine Füße sehen.«

Sie beugte sich vor.

»Bitte. Falls du die Nummer nicht weißt: 505.«

Katja lachte, trat einen Schritt zurück und ließ Frau Krämer weiterarbeiten. »Sehr gut, Kerner, langsam wird was aus dir. Also, wir sitzen im Bistro, bis später.«

Beim Verlassen des Salons drehte Doris sich noch einmal zu Anke um. Die starrte konzentriert auf ihr Spiegelbild, als könnte sie selbst kaum glauben, was da gerade mit ihr passierte.

Auf dem Weg zum Bistro sagte Katja: »Sie hat dir von ihren Schulden erzählt, oder?«

»Ja.« Doris nickte. »Also zumindest ein bisschen. Das ist richtig heftig, ich glaube, ich könnte nicht ruhig schlafen. Ich weiß zwar nicht, was sie verdient, aber so viel wird das auch nicht sein. Ich hatte schon überlegt, ob die Idee mit dem Friseur überhaupt gut ist. Nicht, dass sie das als Almosen empfindet und wieder stachelig wird, weil sie denkt, dass sie uns leidtut.«

»Anscheinend bekommt ihr dieses Wochenende gut. Dafür, dass sie sich anfangs so dagegen gesperrt hat, entspannt sie sich doch langsam. Guck mal, der Tisch da vorn ist genau richtig für uns.«

Sie bestellten Kaffee, bevor Katja das Gespräch wieder aufnahm. »Ich verstehe jetzt auch, warum sie diesen Redaktionsjob angenommen hat. Ich habe ihr übrigens vorhin gesagt, dass ich weiß, was für Bücher sie macht.«

»Und?« Doris reagierte erschrocken. »Was hat sie geantwortet?«

Katja zuckte die Achseln. »Gar nichts. Aber ist es nicht dämlich, dass Anke ihr Talent so verschwendet? Erinnere dich mal an früher, an das, was sie alles geschrieben hat. Die ›Wilden Wörter‹ hätten doch ohne sie ganz anders ausgesehen, jeder ihrer Artikel war super. Und jetzt redigiert sie Haustierratgeber.«

Der Kaffee kam, Doris wartete einen Moment, dann sagte sie ruhig: »Aber Anke hat sich das ja selbst ausgesucht. Ich habe keine Ahnung, warum sie nie zu einer Zeitung gegangen ist. Für mich war sie immer eine Journalistin, aber vielleicht hatte sie einfach nicht genügend Ehrgeiz. Es sind ja nicht alle so zielstrebig wie du. Und inzwischen ist der Zug auch abgefahren, da dürfen wir uns nichts mehr vormachen.«

Katja stützte ihr Kinn auf die Faust und blickte an Doris vorbei in den Raum. ›So zielstrebig wie du‹, hatte Doris gesagt. Andere waren der Meinung, dass Katja Severin, wenn es nötig wäre, auch über Leichen ginge. Vielleicht war da etwas dran.

Sie wandte sich wieder zu Doris und musste sich räuspern. »Ob der Zug abgefahren ist, das weiß ich nicht. Okay, keine von uns macht vermutlich noch mal was ganz anderes, aber wenn wir eine geniale Idee oder ein Konzept hätten, könnten wir jetzt auch noch etwas Neues anfangen. Wir sind doch noch nicht zu alt.«

Nachdenklich spielte Doris mit dem Teelöffel. »Geniale Idee? Was soll das sein? Ich habe doch noch nicht mal eine abgeschlossene Berufsausbildung. Ich kann ganz gut zeichnen, ich kann gut kochen, habe Wohnungen eingerichtet und verkauft, kann Gärten und Terrassen planen, aber das ist doch alles nichts Halbes und nichts Ganzes. Bei dir klingt es immer so einfach, wenn es um Veränderungen geht.«

»Ach, Doris.« Mit funkelnden Augen beugte Katja sich vor. »Es ist einfach. Du musst nur herausfinden, wofür du Leidenschaft entwickeln kannst. Was würdest du richtig gern machen? Was kannst du gut? Du vergeudest auch Talent, indem du in Lüneburg rumsitzt und vor lauter Langeweile Wein und Sekt in dich hineinschüttest.«

Empört fuhr Doris sie an: »Was hast du denn immer …?«

»Du, es ist mir egal, ob du viel oder wenig oder jeden Tag oder nur ab und zu aus Frust trinkst. Aber ich weiß, dass du es tust, ich habe es auch bei unseren Telefonaten gemerkt. Also hör auf, es zu leugnen. Mach dir lieber Gedanken darüber, was du stattdessen anfangen könntest. Ich habe übrigens keine Lust, die nächsten zehn Jahre in diesem blöden Regionalsender zu arbeiten. Es geht mir auf den Geist, ich fühle mich da unterfordert und der Großteil der Themen interessiert mich nicht. Also: Wenn wir noch mal durchstarten wollen, dann jetzt. Damals hatte jede von uns tolle Fähigkeiten und tausend Pläne und viel Ehrgeiz. Trotzdem hat keine wirklich was daraus gemacht.« Katja holte tief Luft und sah Doris an. »Noch könnten wir das ändern.«

Doris fühlte sich gleichzeitig überrumpelt und angesteckt. Sie hatte zwar keine Ahnung, was Katja zu diesem Ausbruch getrieben hatte, aber sie hatte recht.

»Eine geniale Idee?«, wiederholte sie und ließ ihre Blicke dabei durch den Raum schweifen, bis sie das Ehepaar Wolter auf ihren Tisch zusteuern sah. »Katja, streck den Rücken durch, du brauchst jetzt tolle Fähigkeiten.«

»Doris. Hallo.«

Bevor Katja sich hätte umsehen, geschweige denn fliehen können, stand Angelika schon am Tisch, ihren Mann im Schlepptau.

In dem Moment, in dem Hermann noch einen Meter von ihnen entfernt war, drehte Katja sich langsam um. Während Angelika auf Doris einredete und dabei mit dem Rücken zu Katja stand, bohrten sich deren Blicke in das erschrockene Gesicht ihres ehemaligen Liebhabers. Wie angenagelt blieb der stehen.

Ungeduldig sah Angelika zu ihm hinüber. »Hermann? Was ist denn? Du wolltest doch ein Bier trinken. Guck mal, Doris, das meinte ich, er ist so zerstreut und langsam. Ach, Sie sind Frau Severin? Angelika Wolter. Wir stören doch nicht?«

Doris beobachtete Katja, die Angelikas ausgestreckte Hand nach einem fast unmerklichen Zögern ergriff und drückte. Dann knipste sie ihr Kameralächeln an und wies auf den freien Stuhl neben sich.

»Nein«, antwortete sie. »Sie stören nicht, setzen Sie sich ruhig.«

Angelika hatte mittlerweile einen sauberen Bademantel an

und der Friseur hatte ganze Arbeit geleistet. Trotzdem sah sie alt aus neben Katja, die jetzt ihre langen Beine langsam übereinanderschlug und mit einer hochgezogenen Augenbraue in Hermanns Richtung sah.

Doris stand auf. »Hermann. Wir haben uns ja lange nicht gesehen. Wie geht es dir? Du bist ein bisschen blass um die Nase. Ach, kennst du meine Freundin? Katja Severin, Hermann Wolter.«

Die Grandezza, mit der Katja diesen Mann musterte und ihm langsam zunickte, beeindruckte Doris, und obwohl ihr der sichtlich überforderte Hermann leidtat, genoss sie die Szene. Auch wenn sie sich dabei nicht anständig fühlte. »Ich bin auch blöd«, legte sie nach. »Natürlich kennt ihr euch, Katja war ja lange bei dir im Sender.«

»Genau.« Hermanns Stimme versagte. Er hustete zweimal und legte seine Hand an den Hals. »Erkältet. Wir kennen uns. Angelika, ich, ähm, ich wollte eigentlich in die Sauna.«

»Ach, Quatsch.« Ungeduldig zeigte seine Ehefrau auf den freien Stuhl, neben Doris.

»Du hast gerade eben gesagt, dass du ein Bier willst. Jetzt trinkst du das. Und, Frau Severin? Sie sind jetzt irgendwie hinter der Kamera statt davor, oder? Gefällt es Ihnen besser.«

»Ja.« In Katjas Stimme lag mehr Erotik als in Angelikas ganzem Körper. »Das gefällt mir sehr. Außerdem bin ich keine öffentliche Person mehr. Ich konnte früher kaum mit einem Liebhaber um die Häuser ziehen, das ist jetzt zum Glück anders.«

Hermann schwitzte und Doris, die ihn unauffällig beobachtete, dachte, dass Männer in fortgeschrittenem Alter sich hüten sollten, im Bademantel, mit weißen, nackten Beinen und feuchtem, dünnem Haar in einer Saunalandschaft auf eine ehemalige, aber immer noch gut aussehende, jüngere Geliebte zu treffen. Sie kommen dabei einfach nicht gut weg.

Angelika bekam anscheinend überhaupt nichts mit von der aufgeladenen Atmosphäre. Im Plauderton fragte sie: »Und was machen Sie jetzt so? Sind Sie für bestimmte Themen zuständig oder können Sie machen, was Sie wollen?«

Katja beugte sich ein kleines Stück zu ihr. »Ich recherchiere gerade über notorische Fremdgeher. Das macht Spaß.«

Hermann sog die Luft ein, Doris tat es ihm nach, nur Angelika sagte leichthin: »Das interessiert doch eigentlich niemanden mehr. Das ist doch so oft schon Thema gewesen. Es gibt solche Männer, Frauen machen es übrigens auch, und fertig. Wer will das wissen?«

»Sie nicht?« Katja lächelte, wie Doris fand, provozierend. »Ich finde das spannend. Bei vielen Männern würde man das gar nicht vermuten. Da irrt man sich aber.«

An dieser Stelle griff Doris mit einem gezielten Tritt an Katjas Schienbein ein. Die zuckte nur ganz kurz, redete aber nicht weiter. Stattdessen sah sie sich um und stand plötzlich auf. »Ich glaube, ich gehe noch mal in die Sauna. Doris, zahlst du für mich mit? Hat mich gefreut, Frau Wolter, Herr – Wolter, viel Spaß noch.«

Sie schnappte sich ihr Handtuch, das über der Lehne ihres Stuhles hing und bewegte sich mit aufreizendem Hüftschwung vom Tisch weg. Alle drei sahen ihr nach. Nur Doris lächelte.

Frau Krämer verrieb Haarwachs in ihren Händen und gab Ankes Frisur den letzten Schliff.

»Und?«, fragte sie. »Wie gefallen Sie sich?«

Anke betrachtete sich erstaunt im Spiegel. Die Veränderung war verblüffend. Die wilden Locken glänzten jetzt honigblond, waren durch Stufen gebändigt und fielen ihr sanft auf die Schultern. Durch die helle Farbe wirkten Ankes grünblaue Augen dunkler und ihr Gesicht weicher.

Anke rückte ihren Kopf ein Stück näher an den Spiegel. »Schön«, antwortete sie und drehte sich zur Seite. »Aber das kriege ich niemals allein hin.«

»Doch.« Frau Krämer zupfte noch an einigen Strähnen. »Ich habe alles durchgestuft, das ist ganz einfach. Aber was die Farbe ausmacht ... Sie sehen Jahre jünger aus.«

Das Telefon klingelte, Frau Krämer legte eine Hand auf Ankes Schulter. »Ich gehe kurz ran, kleinen Moment noch bitte.«

›Jahre jünger‹, dachte Anke und fuhr sich vorsichtig durch die Frisur. Deswegen färbten Millionen Frauen ihre Haare, gaben Unsummen aus, nur damit keiner merkte, dass die besten Zeiten vorbei waren. Was für ein Unsinn. Anke hatte graue Haare nie wirklich als schlimm empfunden. Sie mochte nur die Farbe nicht leiden. Sie mochte übrigens auch rote Haare nicht leiden, das hatte gar nichts mit dem Älterwerden zu tun. Nur: Grau war so trist. Vor einem halben Jahr war sie mit Jasper im Schwimmbad gewesen. Als sie anschließend in der Umkleide ihre Haare trocken föhnte, hatte ihr Neffe vorsichtig die grauen Locken angefasst und gesagt: »Tante Anke? Warum sieht das immer so traurig aus?« Damals hatte sie gedacht, auf ihrem Kopf sehe es genauso aus, wie sie sich meistens fühlte. Traurig und grau. Jasper aber hatte sie nur angelacht, und sie war mit ihm zum Eisessen gefahren. Und dort hatte sie ihm so viel lustige Geschichten erzählt, dass sie hoffte, er würde weder bei seiner Mutter noch bei seiner Oma ein Wort über die traurigen Haare seiner Tante verlieren. Auf die Kommentare der beiden konnte Anke gut verzichten.

Ihr knurrender Magen holte sie wieder in die Gegenwart zurück, die eindeutig besser war als die Erinnerungen. Anke überlegte, wann sie sich das letzte Mal so gut gefühlt hatte. Es war eine kleine Ewigkeit her. Und das lag nicht nur an der neuen Frisur, der luxuriösen Umgebung, dem schönen Spa, den Anwendungen und dem guten Essen. Vielmehr fühlte sie eine Leichtigkeit, mit der sie nicht mehr gerechnet hatte. Zumindest nicht in diesem Leben.

»Dieser feige Sack.« Mit hochrotem Kopf stand Katja plötzlich neben ihr und zog sich schwer atmend einen Stuhl heran. »Wir haben sie natürlich getroffen, also Doris und ich das Ehepaar Wolter. Du glaubst das nicht. Während sie mir ein Ohr abkaut, starrt er an mir vorbei und schwitzt.«

»Katja.« Ankes Stimme war sanft und beruhigend.

»Ich habe ihr gesagt, ich würde einen Bericht über notorische Fremdgeher machen. Daraufhin bekam er fast Schnappatmung und schwitzte noch mehr und ich …«

»Katja Severin.«

»Ja, ja. Also, sie ahnt wirklich nichts, sonst hätte sie …«

»Severin!« Abrupt unterbrach Anke Katjas Redefluss. »Hol Luft.«

»Oh.« Überrascht beugte Katja sich jetzt zu ihr. »Hey, du siehst super aus. Dreh dich mal um. Toll. Viel besser als vorher. Sehr gute Farbe.«

»Danke.« Anke drehte sich wieder zum Spiegel. »Schön, dass es dir sofort aufgefallen ist. Wo ist Doris denn? Ich habe so einen Hunger, ich könnte eine Pommesbude überfallen.«

Katja fuhr anerkennend mit einer Hand durch Ankes Frisur. »Kerner, was kannst du gut aussehen. Ich weiß nicht, wo Doris ist, vermutlich reanimiert sie Hermann gerade, sie waren doch früher befreundet. Und bei der Gesichtsfarbe, die er gerade angenommen hatte, halte ich es für möglich, dass er ein bisschen kollabiert ist. Aber Doris kriegt ihn schon wieder hin.«

Frau Krämers Rückkehr reduzierte Ankes Reaktion auf ein Kopfschütteln.

»Entschuldigung.« Die Friseurin zupfte an den Strähnen, die Katja gerade durcheinandergebracht hatte. »So, das ist doch wirklich schön geworden. Soll ich Sie noch ein bisschen schminken, Frau Kerner?«

»Nein, wirklich nicht.« Anke wehrte das Angebot energisch ab. »Aber vielen Dank. Es gefällt mir sehr.«

»Es gibt auch wasserfeste Wimperntusche.« Katja beugte sich zum Spiegel und kontrollierte ihre eigene. »Da verschmiert nichts.«

»Trotzdem nicht.« Anke wartete, bis Frau Krämer sie von dem Frisierumhang und mit einem großen Pinsel von den letzten kleinen Härchen befreit hatte. Dann stand sie auf und sah sich unsicher um »Ja, und ähm, dann …?«

»Oh, Frau Goldstein-Wagner hat schon alles bezahlt.« Frau Krämer lächelte Anke an. »Ich wünsche Ihnen noch einen schönen Aufenthalt. Vielleicht bis zum nächsten Mal.«

Vor dem Salon sagte Katja, mit einem Blick auf Anke: »Wenn Doris dich mit diesem Ergebnis sieht, flippt sie vor Freude aus.«

Anke hakte sich bei Katja unter und sagte nur: »Lass uns mal auf die Suche nach Doris gehen. Wie gesagt: Ich habe einen Mordshunger.«

Nur ein paar Meter weiter kam ihnen plötzlich der Treppenhausmann entgegen. Überrascht blieb er stehen. Als Anke auf seiner Höhe war, nickte er ihr zu. »Schön. Aber das Grau gefiel mir auch.« Leise pfeifend schlenderte er weiter, während ihm Anke verblüfft nachsah.

»Was bildet der Affe sich eigentlich ein? Das ist doch das Letzte. Macht jede Frau hier an, obwohl er die eigene dabei hat. Widerlich.«

Unbekümmert blickte Katja sie an. »Ich glaube, er macht nur dich an. Sonst hätte er das bei Doris und mir ja auch versucht, aber ich sage dir, keine Spur davon. Übrigens heißt er Georg. Nur falls es dich interessiert.«

»Es interessiert mich nicht«, gab Anke zurück und stellte verärgert fest, dass ihr Puls schneller ging. »Woher weißt du das denn schon wieder? Hast du ihn gefragt?«

»Nein. Seine Begleitung hat ihn vorhin so genannt. Guck mal, da ist Doris, zum Glück allein. Dann können wir uns ja was zu essen suchen.«

Doris musste Anke immer wieder ansehen und konnte überhaupt nicht aufhören, sich zu begeistern. Trotzdem wollte sie die Begegnung zwischen dem Ehepaar Wolter und Katja endlich durchhecheln.

»Er hat ja wirklich etwas furchtbar Selbstgefälliges. Aber du, Katja, kannst doch auch nicht einfach dasitzen und ihn provozieren. Ich dachte, ich höre nicht richtig. Das wäre ja beinahe eskaliert, und das in so einem Hotel.«

Ungerührt biss Katja in ein Sandwich mit Thunfisch und Salat. »Hast du gesehen, wie er geschwitzt hat?« Ihre Aussprache war undeutlich. »Das wäre nie eskaliert. Zu warm.«

»Katja.« Vorwurfsvoll starrte Doris sie an. »Hättest du dich nicht ein bisschen zurückhalten können?«

»Ich?« Mit gerunzelter Stirn ließ Katja ihr Sandwich sinken. »Sag mal, das meinst du doch nicht im Ernst? Du hast sie doch nicht mehr alle. Ich hätte ihn gerade eben kastrieren sollen!«

»Aber Katja, du hast deinen jungen Liebhaber und einen guten Job. Du kannst doch wirklich über der Sache stehen.«

Ungehalten ließ Katja den Rest des Essens auf den Teller fallen. »Ich habe keinen guten Job mehr. Das weißt du. Über der Sache stehen! Warum? Damit alle Leute mich nett finden? So ein Blödsinn. Doris, wach doch auf, wir müssen uns nicht mehr alles gefallen lassen. Wir sind keine jungen Hühner mehr. Ich habe dieses kleine Treffen jedenfalls genossen, ich finde Rache nämlich manchmal ausgesprochen angenehm. So, und jetzt gehe ich noch mal in die Sauna und schwitze meine beginnende schlechte Laune aus. Und du, Doris, kannst dir vielleicht überlegen, ob man nicht auch anders reagieren könnte.«

Sie stand auf und ging, während Doris ihr betreten nachsah und Anke das Sandwich von Katjas Teller angelte.

»Die ist aber sauer. Musste diese Kritik denn jetzt sein?«

»Das war gar nicht so gemeint.« Doris stützte ihr Kinn auf die Faust. »Ich habe immer Angst vor Streit und Szenen und dachte die ganze Zeit, dass gleich etwas passieren würde.«

»Immer schön die Contenance wahren, nicht wahr? Das hast du selber aber heute Morgen nicht besonders gut hingekriegt.« Ankes spöttischer Blick streifte sie nur kurz. »Alles unter Kontrolle halten und bloß nichts zulassen, was das Leben durcheinanderbringt. Du bist feige, Goldstein, manchmal ist die Wahrheit besser, auch wenn sie brutal ist.«

»Aber es bringt doch nichts, alte Geschichten wieder auszukramen, ändern kann man sowieso nichts mehr.«

Anke betrachtete sie nachdenklich und fragte sich, ob Doris bei alten Geschichten, die sie selbst betreffen, genauso ruhig reagieren würde. Wahrscheinlich nicht, aber vielleicht sollte es nicht immer um die Wahrheit gehen. Manche Erinnerungen sollte man einfach ruhen lassen. Aber das müsste sie Doris ja nicht sagen.

Nach dem Essen hatte Anke beschlossen, auf einen weiteren Saunabesuch zugunsten ihrer neuen Frisur zu verzichten. Sie wollte sich mit einem Buch in den Ruheraum verziehen. »Zumindest so lange, wie ihr noch schwimmt oder schwitzt. Und dann würde ich vor dem Essen noch gern einen kleinen Strandspaziergang machen.«

Doris hatte sofort zugestimmt, Anke in den Ruheraum begleitet und sich dann auf die Suche nach Katja gemacht. Sie fand sie im Tepidarium, wo sie mit geschlossenen Augen auf einer der gekachelten Bänke lag. Außer ihr war niemand im Raum.

»Tut mir leid.« Doris flüsterte eine Entschuldigung, bevor

sie sich hinlegte. Katja öffnete nur ein Auge und schloss es sofort wieder.

»Geschenkt«, antwortete sie leise. »Aber denk nächstes Mal darüber nach, auf wessen Seite du dich schlägst. Früher war das doch klar: Meine Freunde sind deine Freunde, meine Feinde musst du fertigmachen. Also, bitte.«

»Ja, schon …« Doris verstummte, als die Tür geöffnet wurde. Schon wieder dieses Paar, der Wellnessbereich war doch nicht groß genug.

»Hallo.« Die Frau grüßte lächelnd und legte sich hin. »Georg? Was ist?«

»Ach, ich glaube, ich gehe doch noch mal in die richtige Sauna. Wir treffen uns im Ruheraum.« So schnell wie er gekommen war, verschwand er auch wieder. Doris hob kurz den Kopf, Katja hielt ihre Augen immer noch geschlossen. Die Begleiterin von Georg musterte sie auffällig.

Doris legte sich wieder zurück, schob ihre Arme unter den Kopf und sah an die Decke. Ihr Leben lang war sie bestrebt, sich so zu benehmen, dass alle um sie herum zufrieden waren. Wie lange wollte sie das eigentlich noch machen? Dieses Wochenende war ja schon mal ein Anfang, aber sie erlebte selbst hier wieder Rückfälle. Es musste etwas passieren. Unbedingt.

»Jetzt versuche ich es doch noch mal. Katja Severin.« Die Stimme der Frau unterbrach die angenehme Ruhe. Dementsprechend genervt kam Katjas Antwort: »Ja? Und womit?«

»Du erkennst mich nicht, oder?«

Sowohl Doris als auch Katja hoben jetzt den Kopf. Ohne den Blick von der Frau zu nehmen, setzte Katja sich langsam auf. Plötzlich legte sie die Hand an die Stirn und fing an zu lachen.

»Christine«, sagte sie und erhob sich. »Ich bin auch schon senil. Aber ich habe dich überhaupt nicht richtig angeguckt. Außerdem war es in der Sauna dunkel.«

Katja umarmte sie zur Begrüßung und ließ sich auf die Bank neben ihr sinken. »Mit dir habe ich hier nun gar nicht gerechnet. Was machst du denn an der Ostsee?«

»Wir mussten mal raus. Und meine Schwester ist irgendwann hier gewesen und war ganz begeistert. Und du?«

Katja zeigte auf Doris. »Wir machen ein Frauenwochenende, weil meine Freundin Doris Goldstein-Wagner morgen fünfzig wird und das nicht alleine ertragen wollte. Doris, das ist Christine Schmidt. Sie arbeitet als Journalistin und hat mal einen Bericht über mich gemacht. Danach haben wir uns dann auf Sylt getroffen. Sie kommt von der Insel, ihr Vater ist dort Fremdenführer, er hat mir Keitum gezeigt und anschließend mit mir Brüderschaft getrunken. Mein Freund Heinz.«

Christine nickte. »Er trinkt mit jeder schönen Frau, die ihm zuhört Brüderschaft.« Dann wandte sie sich an Doris. »Ich kann Sie übrigens gut verstehen. Ich werde nächstes Jahr fünfzig und überlege auch schon, wie man das so schonend wie möglich hinter sich bringt. Ihr seid zu dritt hier, oder? Eure Freundin haben wir doch auch schon gesehen.«

Doris musste über dieses ›wir‹ schmunzeln. Natürlich war es Christine aufgefallen, dass ihr Liebster Anke nahezu angebaggert hat. Dafür wirkte sie jetzt aber sehr souverän. »Ja. Anke hat sich in den Ruheraum gelegt, sie wollte lesen, statt schwitzen. Außerdem war sie gerade beim Friseur und möchte so schön bleiben, wie sie ist.«

Christine lächelte und nickte. Katja hatte die beiden beobachtet und begriffen, was Doris gemeint hatte. Sie drehte sich zu Christine, wobei ihr Handtuch verrutschte und ihr Tattoo freigab. »Wie lange bleibt ihr?«

»Leider nur bis morgen. Wir müssen Montag beide wieder arbeiten. Aber wenn ihr Lust habt, können wir ja heute Abend zusammen essen gehen. Wir wollen in dieses Lokal, das ein Stück weiter am Wasser liegt. Ich weiß nicht, ob ihr das kennt, es heißt ›Weidenklause‹ und ist so ein Kultladen. Ganz witzig gemacht. Kommt ihr mit?«

»In die ›Weidenklause‹?« Katja grinste. »Doris, das ist eigentlich eine sehr gute Idee. Da findet nämlich morgen eine Überraschungsparty für Doris statt, die aber keine Überraschung mehr ist. Vielleicht können wir wenigstens die Girlanden mit der goldenen 50 verhindern, was meinst du?«

Doris fragte sich, wie Anke wohl reagieren würde, wenn sie wieder auf ihren Treppenhausretter, aber diesmal in Begleitung, treffen würde. »Ich weiß nicht«, zögerte sie. »Wir müssten erst mal Anke fragen, ob sie Lust dazu hat.«

»Natürlich«, sagte Christine freundlich und stand langsam auf. »Ihr könnt es euch ja überlegen. Wir wollten so gegen acht hin.«

Sie war an der Tür angelangt und drehte sich noch mal um. »Ich glaube, Georg würde sich freuen.«

»Warte mal.« Selbst der lässigen Katja blieb der Mund offen stehen. »Wie meinst du das?«

»Na ja.« Christines Hand lag schon auf dem Türgriff. »Es ist nur so ein Gefühl, er hat noch nichts gesagt, aber ich glaube, Georg findet eure Freundin sehr sympathisch.«

»Und das findest du in Ordnung?« Doris hatte sich aufgesetzt. »Ja?«

Erstaunt sah Christine sie an. »Ja, sicher. Ich bin doch

froh, dass er sich mal wieder für eine Frau interessiert. Hat ja lange genug gedauert.«

Katja blickte Doris an, die mit offenem Mund zugehört hatte.

Christine überlegte einen Moment, dann schien sie zu begreifen. Ein Lächeln überzog ihr Gesicht.

»Ach so«, sagte sie und nahm die Hand wieder vom Türgriff. »Ich stand wohl auf der Leitung. Ich will keinen flotten Dreier, Georg ist mein Bruder. Und seit zweieinhalb Jahren nach schwerem Liebeskummer solo. Die Familie findet, dass er jetzt genug getrauert hat, und deshalb nutzen wir jede Gelegenheit, ihn unter Frauen zu bringen. Dieses Wochenende bin ich dran. Ich hoffe, eure Freundin ist nicht mit jemandem verbandelt?«

»Nein.« Doris schickte einen erleichterten Blick zu Katja. »Die trauert schon viel länger. Ach, ist das schön. Ich glaube nämlich, dass Anke auch geguckt hat. Das ist eine sehr gute Idee, heute Abend zusammen essen zu gehen.«

»Schön.« Christine wandte sich wieder zur Tür. »Dann bis später.«

Die Tür klappte hinter ihr zu. Doris lächelte zufrieden und sagte: »Ich liebe diese Kuppeleien. Sollen wir es Anke sagen?«

»Bist du verrückt?« Katja sah sie drohend an. »Dann wird sie wieder giftig und kommt nicht mit. Nein, nein, wir kriegen mal raus, ob sie wirklich Interesse hat. Wenn ja, sehen wir weiter. Aber halt dich bitte ein bisschen zurück. Und jetzt gehe ich duschen und mich anziehen. Sonst wird das eng mit dem Strandspaziergang. Kommst du mit?«

Doris stellte die Körperlotion weg und betrachtete sich im Spiegel ihres Hotelzimmers. Im Vergleich zu Angelika Wolter hatte sie sich wirklich gut gehalten, allerdings war die auch zehn Jahre älter. Im Vergleich zu Katja aber sah das anders aus, bei der störte sie nicht einmal das Tattoo. Katja hatte gesagt, sie finde es einfach sexy. Aber war es nicht doch albern in ihrem Alter? Andererseits sah es ganz schön aus und Doris musste zugeben, dass sie nicht völlig neidlos reagiert hatte.

Sexy. Wann hatte sie sich zum letzten Mal sexy gefühlt? Sie betrachtete die Unterwäsche, die sie sich zurechtgelegt hatte, und nahm den Slip in die Hand. Weiß, natürlich, sie trug fast nur weiße Wäsche, ordentlich geschnitten, gute Passform, aber null erotisch. Dafür gebügelt. Doris besaß überhaupt keine besonderen Dessous, sie hielt so etwas für überflüssig. Torsten kannte sie in dieser Wäsche, sie ihn ja auch in seiner. Er trug auch klassisch weiß, was den großen Vorteil hatte, dass alles zusammen in die Waschmaschine konnte.

Nachdenklich ließ sie sich aufs Bett sinken. Wann hatte sie angefangen, so zu denken? Wenn sie ehrlich war, schon vor Jahren. Frauen wie Katja, die so locker und freimütig über ihre Sexerlebnisse berichteten, hatten Doris schon immer unter Druck gesetzt. Anscheinend hatten alle anderen wilden, ungezügelten, spontanen und leidenschaftlichen Sex. Doris stellte sich ein Filmszenario vor: rote Bettwäsche, sanftes Licht, Champagnerflasche am Bett, leise Musik und unendlich viele Berührungen und Höhepunkte.

Bei Torsten und ihr fand das Liebesleben im Ehebett statt, bei zugezogenen hellbraunen Leinengardinen in weißer Bettwäsche (Doris hasste bunte), ohne Musik, weil im Radiowecker NDR Info eingestellt war, immerhin bei eingeschalteter Nachttischlampe, aber selten länger als eine halbe Stunde.

Ganz am Anfang ihrer Beziehung, nach dem ersten unbeholfenen Mal, hatten sie sich an ungewöhnlichen Orten getroffen, zum Beispiel an einem Hochsitz im Wald, am einsamen Ufer eines Baggersees oder im Geräteraum der Turnhalle, zu der Torsten als Sprecher des Leistungskurses Sport einen Schlüssel hatte.

Doris starb jedes Mal tausend Tode, vor lauter Angst, von einem Spaziergänger, dem Hausmeister oder gar irgendwelchen Lehrern ertappt zu werden. Sie machte mit, weil sie in Torsten verliebt war und den Sex mit ihm mochte, und schlug drei Kreuze, als sie erwachsen genug waren, in einem ordentlichen, frisch bezogenen Bett danach zusammen einschlafen zu können. Sie war nicht geschaffen für exotische Plätze, die waren für sie auch nicht erotisch, sondern unbequem, und später war sie eher erleichtert, wenn alles seinen geregelten und gewohnten Gang ging.

Gewohnt war es immer noch. Regelmäßig nicht mehr. Doris hatte bislang erfolgreich verdrängt, dass ihr Sexlife auf extrem kleiner Flamme kochte. Torsten wirkte oft enttäuscht, versuchte auch schon mal, darüber zu reden, aber Doris verlor sich in Ausreden, zu müde, zu kaputt, Rückenschmerzen. Und wenn ihr gar nichts mehr einfiel, stellte sie sich schlafend und hoffte, Torsten würde Rücksicht nehmen. Darauf konnte sie sich meistens verlassen. Die Wahrheit war, dass sie keine Lust mehr hatte. Sie fand es widerlich, im Arm ihres Mannes einen Schweißausbruch zu bekommen, sie hörte in ihren Körper hinein und wartete auf Signale, die erotische Phantasien auslösten, aber es passierte nichts.

Ausgerechnet in dem Gespräch mit Hermann und Angelika hatten sich diese Gedanken in ihren Kopf geschlichen. Bei der Vorstellung, wie Hermann mit Katja schlief, hatte sie plötzlich das Bild von Torsten vor Augen. War sie sich wirklich sicher, dass er keine außerehelichen Affären hatte? Er war fünfzig, attraktiv, sportlich, charmant und hatte kaum noch Sex mit ihr. Weil sich ihre Bedürfnisse auflösten, in einem zähen Strudel aus Sentimentalitäten, Selbstmitleid und Weißwein.

Sie ließ sich rücklings auf ihr Bett fallen und die Tränen waren nicht mehr aufzuhalten.

Am anderen Ende des Ganges klopfte Katja an Ankes Tür. »Bist du fertig?«

Noch in Unterwäsche öffnete Anke nach einer Sekunde.

»Gleich. Komm rein. Ich bin im Sessel einen Moment eingeschlafen. Ich ziehe mich nur noch an.«

»Lass dir Zeit.« In aller Ruhe betrachtete Katja die Klamotten, die Anke auf dem Bett ausgebreitet hatte. »Hast du Modenschau gemacht?«

Unwillig kratzte Anke sich am Kopf. »Das ist alles blöd. Ich wusste ja nicht, dass wir hier auch noch groß ausgehen würden, und habe nur doofe T-Shirts und Blusen mit. Was soll ich denn nachher anziehen?«

»Willst du dich für den Retter Georg hübsch machen?«

Mit kritischem Blick hielt Katja eine Bluse hoch. »Die geht doch. Ich kann dir meinen grünen Schal dazu leihen.«

»Was für ein Retter Georg?« Anke schlüpfte schon mal in die Jeans. »Ach, der Treppenhaustyp? Das ist doch Schwachsinn, was soll der damit zu tun haben? Ich habe im Moment weiß Gott andere Probleme, als mich von so einem Affen anbaggern zu lassen. Du hast doch so eine Geschichte hinter dir. Da kannst du mir doch nicht ernsthaft empfehlen, irgendeiner Trulla den Kerl auszuspannen! Wozu auch?«

»Und wenn er gar keine Trulla hätte? Was würdest du dann denken?«

»Katja.« Energisch nahm Anke ihr die Bluse aus der Hand. »Jetzt mal ernsthaft: Ich bin achtundvierzig. Ich habe ziemlich viele Beziehungsdesaster hinter mir. Meine Lebensplanung ist abgeschlossen, ich lebe gut allein, mein Job ist zwar nicht der allergrößte, den ich mir vorstellen kann, aber ich kann mit seiner Hilfe diese Scheißschulden abbezahlen, auch wenn es noch Jahre dauert. Mein Leben ist jetzt nicht die Riesenparty, aber es ist zumindest sehr ruhig. Und so soll es auch bleiben.«

»Und deshalb willst du dich nie wieder verlieben? Und dich nie mehr auf etwas Neues einlassen?« Katja setzte sich mit spöttischem Lächeln auf einen Pullover, der noch auf dem Bett lag.

»Verlieben?« Mit einem Ruck zog Anke den Pulli unter Katjas Hintern weg und legte ihn ordentlich zusammen. »Ich habe dich extra nicht gefragt, ob du in deinen jugendlichen Liebhaber verliebt bist, weil ich dir eine Erklärung ersparen wollte. Das geht ja auch niemanden etwas an. Aber ich glaube nicht daran, dass wir in unserem Alter noch mal vom Blitz getroffen werden. Dazu haben wir zu viele Vergleiche.

Manchmal ist Erfahrung auch hinderlich. Vielleicht trifft man noch mal jemanden, der klug oder witzig ist und den man gern näher kennenlernen würde. Und mit dem man durchaus auch ab und zu mal Sex haben könnte. Aber alles das trifft nicht auf den Treppenhausmann zu, sei gewiss. Außerdem bin ich jetzt mit euch hier und finde das schön. Somit ist das Thema erledigt. Holst du mir jetzt deinen Schal oder nach dem Spaziergang?«

Immer noch lächelnd schloss Katja ihre Zimmertür auf. Sie war gespannt, ob Anke so stur bleiben würde, wenn sie herausfände, dass Retter Georg mit seiner Schwester da war.

Als Doris und sie vorhin auf dem Weg zum Ruheraum waren, hatten sie den Blick gesehen, den Anke Georg hinterhergeschickt hatte, als er an den Fenstern vorbeigegangen war.

»Eindeutig«, hatte Katja Doris zugeflüstert, und die hatte nur verstohlen genickt. Trotzdem hatten sie ihr zwar von der Begegnung mit Christine erzählt, nicht aber von den verwandtschaftlichen Beziehungen zu ihrem Begleiter. Davon würde sie dann heute Abend erfahren. Katja freute sich darauf.

Auf der Suche nach dem Schal fiel ihr das Handy aus der Tasche. Automatisch sah sie auf das Display und fand mehrere Anrufe in Abwesenheit und auch noch eine SMS von Alex. Die las sie zuerst:

»Muss dich unbedingt sprechen, ruf mich doch bitte im Laufe des Abends an. A.«

Stirnrunzelnd schob Katja das Telefon wieder zurück und fragte sich, was passiert sein könnte. Normalerweise beendete er alle Mitteilungen entweder mit vielen Küssen oder erotischen Anspielungen. Diesen sachlichen Ton kannte sie noch nicht.

Der Schal lag zuunterst in der Reisetasche, Katja zog ihn heraus und verdrängte die aufkommenden Gedanken. Wenn wirklich etwas passiert wäre, hätte er ihr auf die Mailbox gesprochen. Vielleicht wollte er einfach nur ihre Stimme hören und war so sehnsuchtsvoll, dass er die Küsse vergessen hatte.

Kurz darauf standen Anke und Katja vor Doris' Zimmertür und klopften bereits zum dritten Mal. Endlich wurde die Tür geöffnet. Eine völlig verheulte Doris stand vor ihnen. »Geht ruhig allein, ich lege mich noch einen Moment hin.«

»Was ist los?« Anke blieb ganz ruhig. Sie hatte genug Katastrophen erlebt, um nicht sofort die Nerven zu verlieren.

»Nichts«, antwortete Doris verschnupft. »Kopfschmerzen. Mir geht es nicht gut.«

»Und deswegen heulst du?« Katja schob sie ein Stück zur Seite und ging an ihr vorbei ins Zimmer. »Ich glaube dir kein Wort.«

Doris wartete, bis Anke drin war, dann schloss sie die Tür und lehnte sich mit dem Rücken dagegen. »Ich habe mich gefragt, ob Torsten eine Affäre hat.«

»Was?« Irritiert setzte Katja sich auf die Lehne eines Sessels. »Wie kommst du denn darauf? Weil er die Party organisiert hat?«

»Nein.« Doris putzte sich lautstark die Nase. »Weil es ... weil ich ... ach, ich weiß auch nicht, wie ich das sagen soll ... Wie oft hast du wirklich Sex, Katja?«

Anke starrte Doris verständnislos an, während Katja

sofort antwortete: »Jedes Mal, wenn ich Alex treffe. Also je nachdem, wie oft wir uns sehen.«

»Jedes Mal?« Doris erstickte fast an ihren Tränen. »Echt?«

Anke atmete tief aus, bevor sie sich auf die andere Sessellehne fallen ließ. »Doris, bitte. Jetzt werd nicht hysterisch. Katjas Wunderknabe ist gerade mal dreißig, der hat ja wohl noch Kondition.«

Doris ging gar nicht darauf ein, sondern schniefte weiter und fragte Katja: »Und du? Willst du auch immer? Hast du immer Lust? Was würde dein Freund machen, wenn du keine hättest?«

Nach einem langen Blick auf das Tränenbündel an der Tür sah Katja zu Anke. »Das meint Goldstein mit Stimmungen.« Und dann, den Blick wieder zu Doris gewandt: »Sag mal, Doris, kann es sein, dass du darüber nachgedacht hast, wie wenig Lust du auf Sex hast, deswegen nicht mehr mit deinem Mann schläfst und ihn so in eine Affäre treibst?«

Doris nickte. »Woher weißt du das? Alle reden dauernd über Sex und bei mir läuft überhaupt nichts mehr. Guck dir doch Hermann an, der hat auch ein Verhältnis gehabt, und ich werde genauso wie Angelika.«

Anke überlegte, ob ein Schlag an den Hinterkopf bei Doris die Synapsen wieder ordnen würde. Das war ja nicht auszuhalten. Sie sah sich um und entdeckte die leere Pikkoloflasche vor der Minibar.

»Doris, du spinnst ...«, begann sie, wurde aber von einer Handbewegung Katjas zum Schweigen gebracht. Stattdessen sagte die bestimmt: »Ich glaube, in deiner Ach-so-heilen-Ehe gibt es eine ganze Menge Dinge, über die du mal mit deinem Mann reden solltest. Dass du hier in Tränen ausbrichst, ist ja kein Wunder. Du bist so angestrengt, weil du immer alles richtig machen willst, und das kann nicht ewig gut gehen. Und wenn du wie nebenbei ständig eine Flasche aufmachst, hilft das noch weniger. Jetzt wasch dir dein Gesicht, zieh dir was über und komm mit. Wir wollen zum Strand. Und da reden wir mal über dich, deine Ehe und dein Leben.«

Doris hatte fast eine halbe Stunde lang ununterbrochen gesprochen. Einzig ein paar schmale Stellen am Strand, über die sie nacheinander gehen mussten, brachten sie zum Schweigen. Sobald sie aber wieder in der Mitte lief, redete sie weiter. Anke und Katja ließen das über sich ergehen, stellten höchstens hier und da mal eine kurze Frage. Mehr war nicht nötig.

Ob es dieser gemeine Fünfzigste oder die zermürbenden Begleiterscheinungen der Wechseljahre waren, blieb offen. Das Resümee war jedenfalls ernüchternd. Doris Goldstein-Wagner war an einem Punkt angelangt, an dem sie ganz klar zugeben musste, dass sie kaum eines von ihren Zielen erreicht hatte.

»Ich erinnere mich noch genau: Als uns damals der Preis für die ›Wilden Wörter‹ verliehen wurde, stand ich neben euch auf der Bühne und war mir sicher, dass diese Auszeichnung nur der Auftakt gewesen ist. Ich habe überhaupt nicht daran gezweifelt, dass wir weitermachen.«

Katja schob ihre Hände in die Jackentaschen. »Mit einer Schülerzeitung?«

»Natürlich nicht.« Doris blieb stehen und blickte über das Meer. »Ich habe Grafikdesign studiert, weil ich anschließend zu einer großen Zeitung wollte. Oder in die Werbung. Aber auf jeden Fall wollte ich weiter kreativ sein. Stattdessen wurde ich im dritten Semester schwanger.«

»Du hast dich aber doch gefreut«, erinnerte Katja sie, während Anke weiter schwieg. »Das hast du mir zumindest damals erzählt.«

»Ja, sicher. Ich habe damals gedacht, dass ich nur eine Pause mache und die Welt in der Zeit auf mich wartet. Aber das war ja wohl nicht so.«

Anke musterte sie von der Seite. Doris' Wangen waren gerötet, das blonde Haar zerzaust, der Jackenkragen hochgeklappt. Als Einzige trug sie eine Handtasche über der Schulter, die hier völlig fehl am Platz wirkte. Für manche Frauen waren große Handtaschen ein Schutzschild: Egal was passiert, sie haben alles dabei. Doris Goldstein-Wagner gehörte wohl dazu.

»Aber du hättest doch weitermachen können.« Anke erinnerte sich an ihre eigene Gefühlslage in jener Zeit und daran, dass sie Doris immer glühend beneidet hatte.

»Das wollte ich ja auch.« Doris kramte seit einigen Sekunden in der Handtasche. »Ich hatte doch Taschentücher ... Aber dann ... Oh, danke.«

Katja hatte in ihre Jacke gegriffen und ihr ein Päckchen gereicht. Doris putzte sich die Nase und redete gleich weiter. »Aber dann wurde ich nach zwei Jahren schon wieder schwanger. Und mit zwei kleinen Kindern kannst du ein Studium vergessen. Das hätte ich gar nicht organisiert bekommen. Also musste ich einen anderen Weg gehen und bei Torsten in der Firma mitarbeiten. Das hat mir nie sonderlich viel Spaß gemacht, aber die Familie hat es so erwartet.«

Anke reagierte unwirsch. »Andere schaffen das doch auch. Du tust so, als hätte man dir damals alles versaut. Du ...«

Schnell mischte Katja sich ein. »Wie auch immer, Anke, wir können das nicht beurteilen, wir haben keine Kinder und nicht in ein Familienunternehmen eingeheiratet. Aber mich interessiert etwas anderes noch mehr. Du hast vorhin in deinem langen Monolog erzählt, dass du auch als Mutter versagt hättest, dass alles nur Fassade sei. Wie hast du das gemeint?«

Nach einer kleinen Pause antwortete Doris fast tonlos: »Moritz kommt nur noch nach Hause, wenn er irgendetwas will und Sascha spricht seit knapp einem Jahr nicht mehr mit mir. Ich weiß nicht mal genau, wo und wie er lebt. Und wie es ihm geht. Ich habe seine Handynummer für Notfälle, aber ich traue mich nicht, ihn anzurufen. Beim letzten Mal hat er mit eisiger Stimme gesagt, dass die Mitteilung, sein Vater habe Geburtstag, für ihn kein Notfall sei.«

Anke krauste die Stirn. »Was ist denn passiert? Und was sagt Torsten dazu?«

Hilflos sah Doris sie an. »Torsten sitzt das aus. Er telefoniert ab und zu mit ihm, meistens vom Büro aus. Aber mit mir ...« Sie kämpfte offensichtlich schon wieder mit den Tränen. »Ich habe mich, mehr als man darf, in sein Leben eingemischt. Ich habe es natürlich nur gut gemeint, aber er sieht das heute ganz anders. Wahrscheinlich hat er auch recht. Aber ich kann noch nicht gut darüber sprechen, das hat nichts mit euch zu tun, vielleicht später mal. Jedenfalls gibt es bei uns mitnichten die liebevolle Mutter-und-Söhne-Idylle.«

»Das klingt ja alles gar nicht richtig lustig.« Katja schob ihren Arm unter den von Doris und sagte mit lauter Stimme: »Dann fassen wir mal zusammen. Das hoffnungsvolle und preisgekrönte Talent Doris Goldstein-Wagner, knapp fünfzig, verbringt die beste Zeit ihres Lebens damit, gelangweilt in ihrem großen Haus in Lüneburg zu sitzen. Dieser Zustand wird lediglich durch alberne Veranstaltungen, Friseur- und Kosmetiktermine, überflüssige Shoppingtouren und Mordlust weckende Besuche der Frau Mutter unterbrochen. Der Gatte arbeitet sich einen Wolf, ist abends zwar müde, aber ihr immer noch zugewandt, was auch ein Problem darstellt, weil D. G.-W. nicht nur Hitzewellen, sondern auch Unlust verspürt. Dazu kommt, dass die Söhne nicht so sind, wie sie sein sollten, und der tägliche Alkoholkonsum auch nicht mehr richtig hilft. Habe ich etwas vergessen?«

Beim Stichwort »Alkoholkonsum« hatte Doris protestierend die Hand gehoben. Katja drückte sie wieder runter.

»Doris, halt uns nicht für blöd. Und mach dir nichts vor. Anke?«

Anke atmete tief ein, bevor sie vorsichtig antwortete: »Ohne den Konflikt mit deinem Sohn genau zu kennen, über den du ja nicht reden willst, hast du doch nur Luxusprobleme. Ich glaube, du bist einfach total unterfordert. Du hast viel zu viel Zeit, in dich hineinzuhorchen und auf deine Befindlichkeiten zu achten. Und vor lauter Langeweile kümmerst du dich um jeden Scheiß, gibst allem eine Bedeutung und nimmst jede Kleinigkeit wichtig. Mach mal was Sinnvolles. Fang wieder an zu arbeiten, schreib dich an der Volkshochschule ein und nimm Malkurse oder lern Dänisch, was weiß ich. Aber krieg deinen Hintern endlich mal hoch. Du hattest so viel Talent. Das kann's doch jetzt noch nicht gewesen sein.«

Doris hatte gar nicht versucht, Katja oder Anke zu unterbrechen, obwohl sie diese Zusammenfassungen zu simpel fand. Aber sie hatte ihnen ja auch nicht alles erzählt. Trotzdem stimmte vieles: Sie langweilte sich alt. Und überflüssig. Sie wollte wieder etwas tun, nicht irgendetwas, sondern eine Sache, bei der sie sich anstrengen müsste, bei der sie spürte, dass sie immer noch Ehrgeiz, Kreativität und Leidenschaft besitzt. Sie hatte nur noch keine Ahnung, was das sein sollte.

Abrupt schlug Katja ihr auf die Schulter. »Jetzt guck nicht so zerknirscht. Du siehst ja wenigstens mittlerweile ein, dass du etwas ändern musst. Wir haben noch den ganzen Abend Zeit, zur Not machen wir durch, und dann überlegen wir zusammen, wie wir dein Hirn, deine Hormone und Ankes Kontostand auf einen anderen Weg bringen. Das wäre doch gelacht. Mädels, man hat uns damals für unsere kreativen Ideen ausgezeichnet, uns wird doch wohl etwas einfallen. Und jetzt brauche ich ein Klo und einen Kaffee. Lasst uns ins Hotel zurückgehen.«

Der Notarztwagen parkte mit offener Heckklappe vor dem Haupteingang. Einige Gäste standen betont unauffällig daneben und warteten neugierig auf die Person, der dieser Einsatz galt.

»Was ist denn da los?« Anke kniff die Augen zusammen, konnte aber aus der Entfernung nichts Genaues erkennen. Sie verzögerte ihre Schritte. »Ich kann das nicht sehen, mir wird dabei immer schlecht.«

Ungeduldig zog Katja sie am Arm. »Komm weiter, das wird schon kein Kettensägenmassaker gewesen sein. Vielleicht hat eine der älteren Damen zu lange geschwitzt oder zu viel Eierlikör getrunken. Außerdem muss ich mal und warte hier nicht, bis der Krankenwagen verschwunden ist.«

Fast widerwillig lief Anke hinter ihr her. Als zwischen ihnen und dem Eingang nur noch wenige Meter lagen, kamen die Sanitäter mit der Trage. Katja stoppte so abrupt, dass Anke gegen sie lief. »Sag mal«, begann sie, entdeckte aber im selben Moment Angelika Wolter, die dem Notarzt folgte.

Auch Doris hatte es gesehen. Nach einem kurzen Blick auf Katja, die wie angenagelt stehen geblieben war, sagte sie: »Wartet mal hier«, und ging mit schnellen Schritten auf den Wagen zu.

»Das ist Hermann, oder?« Katjas Frage klang gepresst. Anke legte ihr den Arm um die Taille, versuchte, ohne genau hinzusehen, etwas mitzubekommen, kämpfte gegen ein flaues Gefühl in der Magengegend und antwortete: »Sieht so aus, aber Doris macht das schon.« Was sie damit meinte, wusste sie auch nicht.

Doris hatte einen Blick auf Hermann erhascht. Er lag mit geschlossenen Augen auf der Trage und wurde gerade in den Wagen geschoben. Die Sanitäter wirkten erstaunlich unaufgeregt, entweder war es nichts Schlimmes oder er war schon tot. »Was ist denn passiert?«, fragte sie laut.

»Ach, Hermann ist in der Sauna ausgerutscht und gestürzt. Ich weiß gar nicht, wie das passiert ist.« Angelika atmete tief ein und aus. »Zum Glück war ein Arzt in der Therme, der hat sich dann gleich um ihn gekümmert. Aber er soll zur Sicherheit noch mal untersucht werden.«

»Ach so.« Erleichtert blickte Doris dem abfahrenden Krankenwagen nach. »Also nichts Lebensbedrohliches. Wolltest du denn nicht mit in die Klinik?«

»Ich fahre hinterher.« Angelika sah an sich hinunter. »Ich habe mir nur schnell etwas übergezogen, meine Haare sind noch ganz nass.«

Sie stutzte einen Moment, als würde ihr gerade etwas einfallen. »Ach du Schande, Hermann hat den Autoschlüssel in der Jackentasche. Kannst du mich gleich fahren?«

»Ich habe gar kein Auto mit. Aber warte, ich bin gleich wieder da.« Angelika kam ihr seltsam ruhig vor.

Katja aber, zu der sie lief, sah aus wie ein Gespenst. Ihre erste Frage war: »Und? Was hat er?«

»Nicht so schlimm, sagt Angelika. Er ist in der Sauna gestürzt und soll nur zur Sicherheit ins Krankenhaus. Die Gattin macht sich übrigens weniger Sorgen als du. Ich möchte sie trotzdem in die Klinik fahren. Kannst du mir deinen Wagen leihen?«

»Na klar, aber die Spitze war unnötig.« Katja blickte Doris unwillig an. »Ich habe ihm zwar damals die Krätze an den Hals gewünscht und lebenslange Impotenz, aber ich will ja nicht, dass er plötzlich umfällt. Man will doch niemanden, den man kennt, im Notarztwagen sehen.«

»Stimmt.« Anke war auch noch etwas blass um die Nase. »Ich kann das wirklich nicht sehen, egal ob ich denjenigen kenne oder nicht. Allein dieses Blaulicht und diese weißen Kittel! Ich brauche einen Kaffee und ein Glas Wasser. Jetzt sofort.«

Doris ließ sich von Katja die Autoschlüssel geben und versprach, schnell wiederzukommen. Also setzten sich Anke und Katja allein an den Tisch, an dem sie sich schon am Tag ihrer Ankunft getroffen hatten, und sahen sich lange an. Anke sprach zuerst.

»Bist du dir sicher, dass du mit dieser Beziehung abgeschlossen hast?«

»Ja.« Katja hielt ihrem Blick stand. »Bin ich. Es war nur gerade so ein Schock. In dem Moment hatte ich vergessen, dass ich ja nichts mehr mit ihm zu tun habe. Und ich habe es vorhin schon gesagt, egal was gewesen ist, man will ja nicht, dass er einfach umkippt.«

»Weil du denkst, dass sich doch noch mal etwas ergibt?«

»Nein.« Katjas Antwort kam zu prompt. Anke hob spöttisch die Augenbrauen.

»Wirklich?«

Katja drehte sich ungeduldig nach einer Bedienung um. »Kommt hier denn keiner?«

»Ich habe dich etwas gefragt.«

Katja bekam einen Aufschub, weil in dem Moment ein Kellner an den Tisch trat. Als er weg war, trommelte Anke mit den Fingern auf die Tischplatte. »Ich warte noch auf deine Antwort.«

»Ich weiß sogar, dass sich da nichts mehr ergibt. Ich denke also gar nicht mehr darüber nach. Das hier war genau eine der Situationen, vor denen ich immer Angst gehabt habe. Du hast einen Typen, dem plötzlich etwas passiert, und kein Mensch sagt dir etwas. Oder kümmert sich um dich. Stattdessen springt die Gattin herum und macht sich wichtig.« Katja blickte ernst aus dem Fenster, danach wieder zu Anke. »Ich habe mir mal im Urlaub den Arm gebrochen und musste vorzeitig nach Hause fahren. Hermann ist geblieben, weil er nicht wusste, wie er seiner Frau eine frühzeitige Abreise erklären sollte. Wo er sich doch einmal im Jahr zwei Wochen ganz allein erholen musste. Damals hatte ich eine Wut auf ihn, wie du dir das gar nicht vorstellen kannst. Das war kurz vor dem Ende. Und jetzt bin ich heilfroh, dass die Zeit der Geheimnisse, falschen Erklärungen und Lügereien vorbei ist. Alex und ich sind offiziell zusammen, alle wissen es. Wenn ich mir jetzt gleich den Arm breche, kann ich ihn anrufen, er würde mich sofort abholen. Das ist alles ganz einfach. Anders will ich es nie wieder. Schon gar nicht mit Hermann.«

»Ich hätte nie gedacht, dass ausgerechnet du einen Mann

brauchst, der dich abholt, weil du dir den Arm gebrochen hast.« Anke faltete ihre Hände auf dem Tisch und sah sie belustigt an. »Und irgendwie fehlt mir auch der Glaube, dass es tatsächlich so ist. Meinst du das wirklich ernst?«

Katja erwiderte ihren Blick. Sie wollte es spontan bestätigen, dachte aber doch noch einen Moment darüber nach. Eigentlich brauchte sie niemanden, der sie abholt, ob mit gebrochenem Arm oder ohne. Sie konnte selbst von A nach B kommen, zur Not auch mit einem Taxi. Aber das Wissen, jemanden jederzeit und egal aus welchem Grund anrufen zu können, war einfach beruhigend. Aber wie sollte sie das jemandem wie Anke erklären, die schon vor dreißig Jahren legendär unabhängig war?

Als hätte sie Katjas Gedanken erahnt, sagte die: »Mich würde das sogar wahnsinnig machen. Ich hätte eher das dringende Bedürfnis, mir mal in Ruhe einen Arm brechen zu wollen. Ohne, dass mich irgendjemand abholt, der auch noch auf mich einredet. Furchtbar.«

Der Kaffee kam, Katja rührte um, obwohl sie weder Milch noch Zucker nahm. »Das ist das Ergebnis von deinen maroden Beziehungen. Hättest du einen netten jungen Mann geheiratet, der dir die Sterne vom Himmel holt, wärst du heute nicht so selbstgerecht und zickig.«

»Na klar.« Anke strich sich eine Strähne der neuen Frisur hinters Ohr. »Alles falsch gemacht. Oder …«

Sie stockte plötzlich und hielt in ihrer Bewegung inne. Bevor Katja sehen konnte, was Anke aus dem Tritt gebracht hatte, hörte sie schon eine Stimme.

»Hallo. Stimmt es, dass Sie mit uns in die ›Weidenklause‹ kommen wollen? Das wäre ja schön.«

Georg, diesmal nicht als Retter, stützte seine Hände auf

dem Tisch ab und sah Anke an. »Ich wollte nur noch mal fragen, weil ich einen Tisch reservieren will.«

»Ja.« Etwas fahrig drehte Anke sich um. »Wir wollten da sowieso hin. Also, ich meine … Ihre Frau hat vorhin …«

»Schwester.«

Er hat eine schöne Stimme, fand Katja. Und er war ausgesprochen attraktiv. Nur leider verriet er gerade die Überraschung.

»Wie?« Anke starrte ihn an.

Er lächelte, beugte sich etwas näher und wiederholte: »Schwester. Sie haben mit meiner Schwester gesprochen. Also? Soll ich den Tisch reservieren?«

Niemand hätte aus Anke Kerners momentanem Gesichtsausdruck schließen können, dass sie einmal das beste Abitur des Jahrgangs gemacht hatte. Man konnte noch nicht mal eine intelligente Antwort von ihr erwarten, also sprang Katja ein.

»Gern. Wir sind so um halb acht da, ist das okay?«

»Ja.« Georg stieß sich vom Tisch ab. »Bis später.«

Sein letzter Blick galt Anke.

»Kerner, du guckst ausgesprochen debil. Sortier bitte mal dein Gesicht.«

»Hast du das gehört?« Mit einem Anflug von Aufregung sah Anke sie an. »Seine Schwester. Habe ich nicht gedacht. Kannst du mal sehen.«

Nur wenn Anke Kerner sehr aufgeregt war, sprach sie in Halbsätzen.

Auf dem Krankenhausgang, ein paar Kilometer weiter, saß Doris in der Wartezone und trank den schlechtesten Kaffee ihres Lebens. Angelika war schon seit einer halben Stunde mit dem behandelnden Arzt hinter der Glastür verschwunden. Doris fragte sich, warum das so lange dauerte.

Sie griff nach einer alten Illustrierten, die auf dem kleinen Tisch neben ihr lag und blätterte sie durch. Hochadel, Schauspielerinnen, Models, Horoskope, Mode, Make-up und Kreuzworträtsel, warum veränderten diese Zeitschriften sich eigentlich nie? Mittlerweile waren die Prinzessinnen alle jünger als sie, dazu auch noch bürgerlich, nichts im Leben wurde besser. Und dann war die Mode auch noch so, dass sie damit nichts, aber auch gar nichts zu tun haben würde. Silberne Glitzerminis, na ja. Genervt warf sie das Heft zurück und sah auf die Uhr. Halb sechs. Sie blickte den Gang entlang: Eine Tür neben der anderen, dazwischen Servierwagen mit Tassen und Teekannen, das Linoleum glänzte, es würde beim Gehen sicher quietschen.

Doris hasste Krankenhäuser.

Sie war achtundzwanzig, als sie in genau so einem Gang auf den Arzt gewartet hatte, der ihr dann sagen musste, dass ihr Vater den Autounfall nicht überlebt habe. Die Nachricht erschütterte Doris bis ins Mark, ihr ganzer Körper war ein einziger Schmerz, wie im Nebel hörte sie Satzfragmente wie »Riskantes Überholmanöver«, »Nichts mehr gespürt« und »Es tut uns sehr leid«.

Margret war bis auf einen Armbruch unverletzt geblieben. Die Ärzte hatten ihr starke Beruhigungstabletten gegeben, die sie in einen gnädigen Schlaf versetzten.

Doris konnte nicht schlafen in dieser Nacht. Und auch in den Wochen danach war es schwierig. Sie lief durch Watte, versuchte mühsam, alles zu tun, was ihre Mutter von ihr erwartete. Margret nahm die Trauer für sich allein in Anspruch. Sie litt laut und verzweifelt, war nicht in der Lage, sich um irgendetwas zu kümmern. Das musste Doris machen. Ob sie wollte oder nicht.

Dass sie es letztlich tat, lag an ihrer Disziplin und an Torsten, der ihr dabei half. Sie hatte funktioniert, hatte von der Beerdigung bis zu Telefonaten mit Behörden alles organisiert. Seitdem war das Verhältnis zu ihrer Mutter schwierig, nicht zuletzt, weil Margret am Steuer gesessen hatte.

Schnelle Schritte auf dem Linoleum holten Doris wieder in die Gegenwart. Nele Wolter kam den Gang entlang, im selben Moment ging die gegenüberliegende Tür auf, und Angelika trat heraus.

»Nele, da bist du ja.«

Angelika sah ihrer Tochter unaufgeregt entgegen.

Doris atmete aus. Die Geschichten wiederholten sich nicht.

»Er hatte anscheinend einen leichten Schwächeanfall und soll ein paar Tage zur Beobachtung hierbleiben.«

»Und weiter?« Neles Augen waren noch vor Schreck geweitet. Ihre Mutter zuckte mit den Achseln.

»Alles halb so wild, hat der Arzt gesagt. Aber wir können die Geburtstagsfeier absagen. Einen kleinen Moment lang habe ich gedacht, er hat das extra gemacht.« Sie drehte sich um. »Ach, Doris, du bist ja auch noch da.«

Doris erhob sich langsam. »Also geht es ihm ganz gut?«

»Ich denke schon. Ich habe noch nicht mit ihm gesprochen, er wurde ja die ganze Zeit untersucht. Aber wir können jetzt zu ihm rein. Du kannst dann auch wieder fahren, Nele ist ja jetzt hier. Danke fürs Bringen, Doris. Wir sehen uns bestimmt nachher noch.«

Sie ging mit ihrer Tochter zum anderen Ende des Ganges

und Doris machte sich auf den Weg zum Ausgang. Sie war selbst überrascht, wie groß ihre Erleichterung war. Katja eine schlechte Nachricht zu überbringen wäre ihr sehr schwergefallen, jetzt, da sie das Leben wieder leichter nehmen konnte.

Als sie im Hotel ankam, führte ihr erster Weg ins Bistro. Katja und Anke saßen noch da.

»Alles gut.« Doris legte die Hand auf Katjas Schulter, bevor sie sich setzte. »Er hatte einen Schwächeanfall, der Arzt hat aber wohl schon Entwarnung gegeben.«

»Gut.« Katja nickte und atmete tief aus. »Versteh das bloß nicht falsch, Doris, ich habe es Anke auch schon erklärt: Ich bin nicht betroffen, weil er die Liebe meines Lebens war, sondern weil durch so etwas die ganzen alten Dinge wieder hochkommen. Du musst mich also nicht aufbauen oder trösten.«

»Nein?« Doris betrachtete sie leicht verwundert. »Das sah vorhin aber ganz anders aus. Da hast du nicht so abgeklärt gewirkt.«

»Ich kann das alles nicht gut ertragen, Krankheiten, Zusammenbrüche, Verdacht auf Herzinfarkt, es ist so deprimierend.«

»Das ist nun einmal so, wenn man älter wird«, sagte Anke ohne eine Spur von Sarkasmus. »Plötzlich werden Menschen, die so alt sind wie wir, krank oder sterben sogar. Und das nicht nur durch einen Unfall. Das ist der einzige Grund, warum ich das Älterwerden hasse. Und das kann niemand ändern, weder durch Botox, Hormone, Kosmetik oder jüngere Liebhaber. Das muss man mit Haltung nehmen, wie es ist. Du auch, Severin.«

»Ja, doch.« Katja rieb sich über die Stirn, dann hob sie den

Kopf und sah die beiden anderen entschlossen an. »Später. Aber eigentlich wollten wir heute Abend das Gegenteil machen. Wir wollten eine innovative Idee dafür suchen, wie ihr eure Leben auf eine andere Bahn bekommt. Sozusagen einen neuen Anfang finden. Schon vergessen?«

»Nein.« Anke gab ein Zeichen, dass sie bezahlen wollte, was zur Folge hatte, dass Katja sofort ihr Portemonnaie aus der Tasche zog.

»Ich mache das, Frau Dr. Kerner, das war ja eine Therapiestunde und die ist sonst viel teurer.«

»Das möchte ich aber nicht, deshalb ...«

»Lass sie doch«, sagte Doris schnell und wandte sich zu Katja. »Irgendwie vertanzt du immer noch alles, was dich stört, oder?«

Katja antwortete nur mit einem Augenzwinkern, während Anke sich zurücklehnte und hinzufügte: »Inzwischen muss Katja dafür nur die Musik lauter machen, aber das stört ja niemanden. Doris, wir beide sind einfach schon zu erwachsen.«

Doris wollte noch duschen, um den Krankenhausgeruch zu vertreiben, Katja hatte beschlossen, wenigstens eine kleine Runde zu joggen, und Anke überlegte, ob sie in der verbleibenden Zeit vor dem Abendessen spazieren gehen oder schlafen sollte. Sie entschied sich für die frische Luft und nahm noch einmal Kurs auf den Strand.

Diesmal ging sie in die andere Richtung, so hatte sie die Spätnachmittagssonne im Gesicht. Eine Sonnenbrille wäre nicht schlecht, sie besaß aber überhaupt keine, so oft lief sie sonst nicht gegen ein solches Licht. Katja hatte beim gemeinsamen Spaziergang vorhin natürlich eine auf. Ein Designermodell mit großen Gläsern, das ihr perfekt stand, auch wenn es die meiste Zeit nur die Haare im Zaum hielt. Aber immerhin.

Anke musste lächeln. Wenn sie Katja Severin heute kennenlernen würde, wäre ihre schnelle Einschätzung brutal: schöne Hülle, nicht sehr souverän, geltungsbewusst, extrovertiert, oberflächlich. Aber würde sie auch das andere an Katja sehen: Charme, Witz, Gradlinigkeit und den unbedingten Willen, das Leben schön zu finden? Und die Fähigkeit, andere mitzureißen? Wenn Katja sich etwas vornahm, setzte sie es scheinbar einfach durch, das hatte Anke schon früher beeindruckt. Und Katja hatte wohl auch alles geschafft, was sie wollte, zumindest die Dinge, von denen Anke wusste. Bis auf die Geschichte mit Hermann natürlich.

Ansonsten hatte sie zielstrebig ihre Karriere beim Fernsehen begonnen und durchgezogen. Katja Severin war eben ein Glückskind, aber eines, das auch was konnte. Nur Talent, wie Anke es hatte, reichte nicht, das hatte sie in den letzten Jahren begriffen. Und das mit dem Glück hatte bei ihr noch nie geklappt.

Sie blieb kurz stehen, um sich die Nase zu putzen und ihr Selbstmitleid niederzuringen. Dem hatte sie sich zuletzt zu häufig hingegeben, das wollte sie nicht mehr. Es machte sie so klein. Katja hingegen traute sich alles zu und deshalb gelang ihr auch das meiste. Sie ließ überhaupt keinen Zweifel daran, dass ihr Leben noch nicht durchgeplant war, dass hier noch tausend Dinge passieren konnten, wenn sie nur wollte. Vielleicht war es tatsächlich so einfach.

Langsam ging Anke weiter. Sie würde nie so werden, so locker und so selbstbewusst. Aber vielleicht könnte sie sich ja wenigstens ein bisschen was abgucken. Sie müsste doch nicht diese Tristesse weiterleben, gerade jetzt mit den blonden Haaren. Das war doch schon ein Anfang. Wenn auch nur ein gefühlter.

Damit war Anke in Gedanken bei jemandem angelangt, den sie eigentlich verdrängen wollte: bei Georg. Das Grau gefalle ihm, hatte er gesagt, und sie hatte nicht besonders freundlich auf dieses Kompliment reagiert. Aber sie konnte mit solchen Dingen auch nicht umgehen. Es war Jahre her, dass sie einen Flirt, geschweige denn eine richtige Verabredung gehabt hatte. Nach dem Chaos mit Kai hatte sie sich vorgenommen, keine neue Beziehung anzufangen, bevor sie nicht die Schulden abbezahlt haben würde. Nach ihrer Berechnung würde das schätzungsweise an ihrem 86. Geburtstag sein. Dann könnte sie ihre männlichen Mitbewohner im

Seniorenheim mit ganz neuen Augen betrachten – auf den letzten Metern. Wenn das keine Perspektive war.

Auf der anderen Seite hatte sie aber in den letzten Jahren kaum interessante Männer kennengelernt. Zumindest keine, die nicht verheiratet oder schwul waren.

Und jetzt dieser Georg. Der mit seiner Schwester hier war, was hoffentlich stimmte. Wahrscheinlich aber hatte er irgendeine Macke, sonst würde so ein Mann doch nicht mit seiner Schwester das Wochenende in einem Wellnesshotel verbringen.

Ankes innere Stimme, die plötzlich wie die von Katja klang, pfiff sie zurück. ›Steigere dich nicht schon wieder in etwas hinein. Ihr geht zusammen in das Lokal, warte doch einfach entspannt ab.‹

Entspannt war Anke nicht, abwarten war sie gewöhnt. Mit einem Blick auf die Uhr drehte sie um und machte sich auf den Rückweg.

Doris lackierte sich in ihrem Zimmer gerade die Fingernägel, als das Telefon läutete. Mit einer Hand wedelnd stand sie auf und ging zum Apparat, vielleicht brauchte Anke Beistand bei der Auswahl der Garderobe. Lächelnd nahm sie das Gespräch an: »Na, was gibt's?«

»Frau Goldstein-Wagner?«

»Ja?«

»Hier spricht Jessica von der Rezeption, ich habe ein Gespräch für Sie. Darf ich durchstellen?«

»Äh, ja, wer ist denn …?«

»Mama?«

Jessica hatte schon durchgestellt. Doris hörte die Stimme und ließ sich aufs Bett sinken.

»Moritz. Was ist los?« Ihre Stimme zitterte sofort. Am anderen Ende beeilte sich ihr Sohn, sie zu beruhigen. »Nichts weiter, also nichts Schlimmes. Ich habe nur aus Versehen Oma gesagt, wo du bist, und jetzt weiß Papa das natürlich auch. Tut mir leid, ich sollte doch den Mund halten.«

Vorsichtig blies Doris auf den Nagellack, weniger um ihn zu trocknen, als um zu verhindern, dass sie Moritz anblaffte.

»Bist du noch dran?«, fragte er leise.

»Ja. Und warum hast du es ihr gesagt?«

»Ach, Oma hat mich dauernd auf dem Handy angerufen und mir die Mailbox vollgetextet. Dass du Papa verlassen hast, dass sie Stiche im Rücken hat und nichts machen kann, nur Blödsinn. Das ging mir auf den Geist. Und als sie dann das zwanzigste Mal anrief, habe ich's ihr gesagt. Also, dass du nur ein Wochenende weg bist und morgen wieder da und so. Und dabei fiel aus Versehen auch der Name des Hotels.«

»Aus Versehen.« Doris räusperte sich. »Wenn Oma hier auftaucht, dann Gnade dir Gott. Warum kannst du meine Geheimnisse nicht für dich behalten, aber Papas schon. Ich meine diese bescheuerte Überraschungsparty.«

»Wieso? Meinst du diesen Ausflug? Das weiß ich doch auch erst seit vorhin. Papa hat nur gesagt, dass ich morgen um zwölf in Lüneburg vor dem Gasthof ›Hanske‹ sein soll. Ich dachte, da gibt's Mittagessen. Das mit dem Bus hat Oma mir gesagt. Wusstest du das echt nicht?«

»Nein. Dann würde dieser Quatsch auch nicht stattfinden. Sag mal …« Doris machte eine kurze Pause und fragte dann doch: »Kommst du allein?«

»Nein, mit Wiebke.«

»Die meinte ich nicht. Was ist denn mit …? Hast du was von Sascha gehört?«

»Nö.« Moritz war genauso gleichgültig wie sein Vater. »Keine Ahnung, ich habe nicht mit ihm geredet. Musst du Oma fragen, die ist doch allwissend. Ich muss Schluss machen. Bis morgen dann, tschüss.«

Doris legte den Hörer auf. Sie war so froh gewesen, dass niemand sie über ihr zerlegtes Handy erreichen konnte. Aber Margret Goldstein war durch nichts zurückzuhalten. Doris hoffte nur, dass weder ihre Mutter noch ihr Mann ihr diesen letzten Abend verderben würden. Sie wollte wenigstens noch für ein paar Stunden die alte Goldstein sein.

Katja befestigte die letzte Haarnadel und betrachtete sich abschließend im Spiegel. Sie hatte ihr Haar lose geflochten, nur ein bisschen Puder und Wimperntusche aufgetragen und sich für Jeans und Bluse entschieden. Erstens musste sie ja hier niemandem etwas beweisen, zweitens ging es heute Abend gar nicht um sie und drittens fand sie solche Äußerlichkeiten im Moment nicht mehr so wahnsinnig wichtig.

»Das solltest du dir aber nicht lange leisten, Severin«, sagte sie laut zu ihrem Spiegelbild und nahm trotzdem nur den Labello, statt des dunkelroten Lippenstifts.

Es war schon erstaunlich, wie viel von dem alten Lebensgefühl abrufbar war. Sie wollte zwar auf keinen Fall mehr ein zwanzigjähriges Mädchen sein, fand es aber trotzdem gerade lustig, sich im Beisein von Anke und Doris wieder zu fühlen wie damals, als alles noch am Anfang war. Es war so, als würde man sich nach Jahren wieder den Beginn seines Lieblingsfilms ansehen, den Teil, der so wahnsinnig spannend gewesen war, bei dem man sich fast auf die Fingerknöchel gebissen hatte, nur dass man heute schon das Happy End kannte.

Anke saß seit mindestens zehn Minuten auf einem der Sessel im Foyer, als Doris kam.

»Wo bleibt ihr denn?«, sagte sie ungeduldig. »Wir wollten um sieben los, jetzt ist es zehn nach.«

Doris knöpfte noch im Gehen ihre Jacke zu und machte eine um Nachsicht bittende Geste. »Es tut mir leid, Moritz hat mich noch angerufen, er hat meiner Mutter gesagt, wo ich bin. Ich musste mich also schon wieder aufregen. Jetzt macht sie vermutlich einen Riesenalarm und taucht morgen früh hier auf, nur damit ihre Tochter garantiert zur Überraschungsparty erscheint.«

»Sie hat das doch gar nicht organisiert. Sie ist doch nur Gast.«

Mit spöttischem Gesichtsausdruck ließ Doris sich in den Sessel neben Anke fallen. »Meine Mutter ist nie nur Gast. Dazu nimmt sie sich selbst zu wichtig.«

Anke hob kurz die Augenbrauen. »Vermintes Gelände?«

Entnervt winkte Doris ab. »Lass uns einfach nicht über Mütter reden. Ich arbeite mein Leben lang schon daran, dass ich nicht so werde wie sie. Manchmal lässt mich das verzweifeln. So, bitte Themenwechsel, wo ist Katja?«

»Ich weiß es nicht.« Anke drehte sich zu der Uhr hinter der Rezeption. »Sie wird sich doch nicht beim Joggen verlaufen haben. Sollen wir sie mal anrufen? Hast du dein Handy dabei?«

Doris lächelte sie milde an. »Ich habe es gestern an die Wand geschmissen. Wegen meiner Mutter. Es sind jetzt fünf Einzelteile plus Akku. Funktioniert nicht mehr.«

»Aha. Meine Mutter ist zwar auch eine Katastrophe, aber sie hat noch keines meiner technischen Geräte auf dem Gewissen. Na ja, wir wollten ja nicht darüber reden. Ich gehe mal hoch und klopfe.«

Sie stand in dem Moment auf, als Katja aus dem Fahrstuhl trat. Die lächelte nur und sagte mit einem Blick auf die Uhr: »Sorry, habe mich vertrödelt. Wollen wir ein Taxi nehmen? Zu Fuß schaffen wir das nicht mehr bis halb acht.«

»Du zahlst das aber, du bist zu spät.« Doris sah sie strafend an.

Anke drehte sich um, lief zur Rezeption und bestellte ein Taxi.

Der Erste, den Anke beim Betreten der »Weidenklause« sah, war Georg. Er lehnte am Tresen. Neben ihm stand seine Schwester.

Katja stürmte auf die beiden zu und begrüßte Christine überschwänglich.

Der für sie reservierte Tisch stand mitten in einem urigen Gastraum. Die Decke war niedrig, der Holzboden alt und abgetreten, die kleinen Fenster hatten Sprossen und auf allen Fensterbänken flackerten Kerzen. In einer Ecke des Raumes knisterte ein Kamin, die Tische waren mit weißen Tischdecken, kleinen Rosensträußen und schlichten Gläsern, Besteck und Servietten gedeckt.

»Das ist doch wenigstens mal altersgerechte Beleuchtung«, sagte Doris auf dem Weg zu ihrem Platz. »Kaum Deckenlicht, viel Feuerschein, da hat doch keine Falte eine Chance.«

»Aber Fisch darfst du nicht bestellen.« Christine setzte sich als Erste. »Du siehst ja keine einzige Gräte.«

Katja nahm den Stuhl neben ihr und sah sich um. »Sehr schön hier. Und man kann eine Brille aufsetzen, wenn man unter Altersweitsichtigkeit leidet. Ich kann sehen wie ein Luchs. Ich kann dir auch den Fisch filettieren, wenn dich das entspannt.«

Anke war ihnen langsam gefolgt. Sie fühlte sich plötzlich unwohl, glaubte, dass Katja und Doris genau registrierten, wohin sie sich setzte, wie sie Georg ansehen, was sie zu ihm sagen, wie er auf das alles reagieren würde, und spürte so etwas wie Fluchttrieb in sich aufsteigen. Sie hasste solche Situationen. Außerdem sah dieses Restaurant teuer aus. In ihrem Portemonnaie befanden sich noch genau 156 Euro, sie wusste nicht, was sie morgen noch brauchen würde. Und zur Bank konnte sie auch nicht gehen, heute war erst der 26. und das Gehalt wurde erst zum 28. überwiesen.

Anke setzte sich auf den letzten freien Stuhl, neben Doris, gegenüber von Katja, die wiederum neben Christine saß. Georg blieb am Kopfende. Anke beobachtete ihn, während er seiner Schwester und Katja zuhörte. Er hatte ein schönes Profil. Trotzdem wollte sie diesen Mann nicht hier vor Publikum kennenlernen. Sie hörte einen Moment dem Gespräch zwischen den anderen zu, es waren die üblichen »Wir lernen uns hier kennen und finden es so nett«-Themen. Natürlich duzten sich auch alle sofort und tauschten Gemeinsamkeiten aus. Katja und Christine hatten sich vor zwei Jahren zuerst getroffen, so viel hatte Anke schon mitbekommen. Und natürlich hatte diese Christine auch einen tollen Job: Sie war Redakteurin bei einer Frauenzeitschrift und hatte Katja für eine Serie interviewt, bei der es um Fernsehfrauen ging. Danach waren sie zusammen auf Sylt gewesen, anscheinend hatten Christine und Georg dort Familie. Irgendein Heinz hatte mit ihnen eine Inselführung gemacht. Anke fragte sich, warum man darüber so lachen konnte.

Sie spürte einen Anflug von Eifersucht. Es war der letzte Abend, und anstatt ihn zu dritt zu verbringen, saßen sie hier und würden alle nur Banalitäten austauschen. Katja hatte schon wieder ihr Moderatorinnenlächeln aufgesetzt, sie war nicht mehr echt, und Anke merkte wehmütig, wie die Leichtigkeit der letzten Tage verflog.

Neben ihr faltete Doris eine Serviette immer wieder auseinander und zusammen, Anke wurde ganz kribbelig. Ihr vorwurfsvoller Blick aber prallte an Doris ab, die voll damit beschäftigt war, neben der Falterei den Raum zu betrachten.

Plötzlich hob Georg den Kopf und sah sie an. Er lächelte etwas gequält, anscheinend fand er, dass seine Schwester zu viel redete. Das fand Anke auch. Trotzdem wollte sie sich nicht mit ihm verbünden, auch wenn sie sich eingestehen musste, dass es ihr gefiel, wenn er sie so ansah. Ein kleines Lächeln rutschte ihr ins Gesicht.

»Anke?«

Sie zuckte zusammen, als Doris sie anstupste. »Ja?«

»Was du trinken möchtest?«

Anke hatte gar nicht bemerkt, dass eine Bedienung am Tisch stand. Sie bestellte eine Apfelsaftschorle und wich Katjas fragendem Blick aus, die vorher hatte wissen wollen, wer sich an einer Flasche Rotwein beteiligen würde.

»Ich mag heute keinen Alkohol.«

Christine konnte sich noch nicht entscheiden, was sie

essen wollte, Anke hatte die Speisekarte noch gar nicht aufgeschlagen, also wurde nur die Getränkebestellung aufgenommen und die Bedienung zog von dannen.

Doris klappte die Karte zu, betrachtete Anke unauffällig und sah wieder in dieses »Ich-bin-dagegen-Gesicht«. Die neue Frisur milderte es zwar ab, aber mehr auch nicht. Dabei hatte sie zuletzt so gelöst gewirkt, Doris hatte gehofft, dass es anhalten würde. Es gab doch auch gar keinen Grund für diesen erneuten Sinneswandel: Sie hatten zu dritt eine schöne Zeit gehabt, hatten so viel geredet, so viel gelacht, dieses Lokal war wirklich toll, am Tisch saß ein ausgesprochen sympathischer Mann, der auch noch sichtbar Interesse an Anke hatte, und Kerner saß da und zog einen Flunsch. Das war doch nicht auszuhalten.

Jetzt klappte sie ihre Karte zu und bestellte bei der inzwischen zurückgekehrten Bedienung eine Tomatensuppe. Nichts anderes, nur die Suppe. Sie habe keinen Hunger, erklärte sie, das komme wohl von zu viel Sauna. Ausgerechnet Anke Kerner, die an diesen beiden Tagen gegessen hatte, als würde es nie mehr was geben.

Doris schüttelte den Kopf, reichte die Speisekarte zurück und sagte, mit einem missbilligenden Blick auf Anke: »Ich nehme den Zander mit Wirsing, bitte.«

Anke ignorierte den Blick. Georg bestellte eine Roulade mit Rotkohl, Christine ebenfalls Zander und Katja, nach einer kleinen Pause: »Ich möchte einen großen gemischten Salat, kein Dressing, bitte Essig und Öl extra und danach ein Rumpsteak mit Bratkartoffeln.«

Erstaunt sah Doris sie an. Als hätte sie ihre Gedanken gelesen, sagte Katja in herausforderndem Ton: »Warum guckst du so verblüfft?«

»Bratkartoffeln?« Doris grinste. »Glaubst du, die sind hier fettarm?«

»Nein.« Katja lehnte sich entspannt zurück. »Mit Zwiebeln und Speck. Ich habe sie am Nebentisch schon gesehen. Herrlich.«

Ankes Magen knurrte. Christine wartete, bis der Rotwein eingeschenkt war, dann hob sie das Glas und sah in die Runde. »Schönen Abend. Die Flasche hier geht auf mich, ich fürchte, wir haben uns ein bisschen forsch in eure Runde gedrängelt. Hoffentlich ist das nicht so schlimm.«

Anke bedauerte lediglich, dass die Ansage mit dem Rotwein erst jetzt gekommen war, und trank die eiskalte Apfelsaftschorle mit angewidertem Gesicht. Christine wandte sich, noch mit dem Glas in der Hand, an Doris. »Und ihr kennt euch wirklich schon über dreißig Jahre?«

Doris verzog das Gesicht. »Man kann auch sagen seit dem Abitur. Das klingt nicht ganz so nach Steinzeit.«

»Wir haben eine Schülerzeitung gemacht.« Katja lehnte sich vor. »Doris hat sich um das Layout, die Fotos und die Grafik gekümmert, ich habe alberne kleine Bosheiten geschrieben und Anke war das Hirn. Alles, was wichtig war, kam von ihr. Sie redet nicht so viel wie wir, denkt aber am meisten. Und sie kann schreiben.«

Georg nahm den Faden auf. »Und machst du das jetzt auch noch?«

»Nein.« Anke wich seinem Blick aus. »Höchstens Klappentexte für Ratgeberliteratur. Ich habe die Kurve irgendwie nicht gekriegt.«

»Das kann doch noch kommen.«

»Genau.« Doris nickte Anke verschwörerisch zu, die das aber mit einem Kopfschütteln abtat.

»Ja, ja«, antwortete sie genervt und stand plötzlich auf. »Ich geh mal eben …«

Sie kam nicht weit, weil sie der Bedienung den Weg abschnitt. Und das so plötzlich, dass von deren Tablett ein Glas Rotwein fiel und sich über Georg entleerte. Er trug ein helles Hemd.

Anke blieb erstarrt stehen, hoffte, dass sich die Erde gleich auftun würde, und musste mit ansehen, wie drei Frauen und eine Bedienung wie blöd an einem Mann herumwischten, der als Einziger einfach sitzen geblieben war. ›Warum immer ich?‹, dachte sie und war nicht in der Lage, auch nur einen Muskel zu bewegen.

»Es ist gut jetzt.« Georgs laute Stimme unterbrach die absurde Situation. »Ihr macht es nur noch schlimmer. Es war noch nicht einmal heiß. Christine, lass doch.« Unwirsch schob er die Hand seiner Schwester zur Seite und sah dann in Ankes fassungsloses Gesicht. »Es ist nur ein Hemd. Und noch nicht einmal mein Bestes.« Er sah auf die Bedienung, die immer noch entsetzt am Tisch stand. »Haben Sie vielleicht einen Lappen?«

Anke floh auf die Toilette.

Sie hielt schon minutenlang ihre Handgelenke unter kaltes Wasser, als sich die Tür auftat und Doris eintrat.

»Georg ist ja sehr entspannt«, bemerkte sie, bevor sie in die Kabine ging und durch die geschlossene Tür weiterredete. »Und ich bin mir ziemlich sicher, dass er dich sympathisch findet, auch wenn du dich dauernd so danebenbenimmst.«

Anke hatte noch nie verstanden, warum sich Frauen auf der Toilette immer unterhalten müssen. Nur deshalb gingen sie immer zu zweit. Sie wartete ab, bis sie die Spülung hörte, dann antwortete sie: »Doris, ich bin keine siebzehn mehr, wir sind nicht in der Discotoilette und müssen uns wirklich nicht über Jungs unterhalten. Erst recht nicht, wenn durch meine Schuld ein Hemd ruiniert wurde.«

Doris stellte sich zum Händewaschen neben sie und sah dabei in den Spiegel. »Es war ja nicht unbedingt deine Schuld, du bist nur etwas grobmotorisch aufgestanden. Aber du kannst doch mal etwas verbindlicher gucken.«

Leise stöhnend ging Anke zum Ausgang.

»Warte doch auf mich.« Doris zog sich die Lippen nach und schloss die Handtasche. »Ich bin fertig.«

»Findest du den Tisch nicht mehr allein?« Anke ließ ihr den Vortritt. Doris drehte sich nur kurz um und lächelte. »Du bist schon wieder giftig. Nun komm.«

Georg trug die Flecken mit Grandezza und sah Doris und Anke entgegen. Diesmal wich Anke seinem Blick nicht aus, sondern sandte ihm ein entschuldigendes Lächeln. Es wurde mit Kopfnicken angenommen.

Katja und Christine hatten ihr Gespräch gar nicht unterbrochen, sie hatten den Faden mit den ›Wilden Wörtern‹ wieder aufgenommen und Anke hörte mit zunehmendem Unmut, dass Katja über die Qualität dieser Schülerzeitung redete, als wäre dieses Blatt eines der führenden deutschen Nachrichtenmagazine gewesen. Und Anke die Erfinderin des modernen Journalismus. Es fing an, peinlich zu werden. Ohnehin war dieses Essen die Schnapsidee des Wochenendes. Sie hätten zu dritt einfach im Hotel essen und noch ein bisschen über alte Zeiten und sich selbst reden sollen. Vielleicht hätten sie dann auch überlegt, was man zusammen anstellen könnte. Alles wäre besser gewesen als dieses Essen. Außerdem musste sie zur Toilette, sie hatte sich blöderweise eben nur die Hände gewaschen. Und sie musste so dringend, dass es ihr auch egal war, was die anderen dachten.

Beim Aufstehen riss sie einen Kerzenleuchter vom Tisch, es gab einen Heidenlärm, verursachte aber zum Glück keinen Brand, weil die Kerze sofort ausging.

»Anke.« Doris sprang auf, ein kleines bisschen Wachs war auf ihre Hand getropft. »Um Himmels willen. Man kriegt wirklich einen Herzinfarkt, wenn man neben dir sitzt.«

»Ich muss mal.« Wieso erklärte sie das denn auch noch?

Doris rieb sich das Wachs vom Handrücken und verdrehte die Augen. »Du warst doch gerade erst.«

Alle mussten sie für völlig bekloppt halten.

»Entschuldigung.« Anke wollte hier nicht länger herumstehen.

Als sie den Waschraum wieder verließ, ging die gegenüberliegende Tür gleichzeitig auf und Georg trat heraus.

»Na?«, sagte er. »Die Geschickteste unter dem Himmel bist du wohl nicht, oder?«

»War ich noch nie«, antwortete Anke. »Es tut mir leid mit dem Wein, mir passiert dauernd so etwas. Hast du auch Wachs abbekommen?«

»Nein.« Er sah nach unten. »Aber du. Deine Schuhe sind gesprenkelt. Fühlst du dich eigentlich von mir bedrängt?«

Bei dieser direkten Frage zuckte Anke zusammen und sah ihn irritiert an. Er wartete entspannt auf ihre Antwort. Sie hatte schon eine Erwiderung auf der Zunge, zögerte aber und sagte schließlich: »Ich … bin nicht besonders gut bei …

ach, egal. Aber fühlst du dich nicht auch beobachtet? Ich lerne nicht gern vor Publikum jemanden kennen.«

Sie war erschrocken über ihre eigene Offenheit, Georg nicht. Er lächelte nur kurz und antwortete leise: »Es ist ja schon gut, dass du ein Kennenlernen nicht ausschließt. Gehen wir zurück?«

Als sie wieder am Tisch saßen, merkte Anke, dass sie das Stuhlbein auf ihre Jacke gestellt hatte. Sie hob den Hintern und schob den Stuhl ein Stück zurück – genau vor die Bedienung, die dadurch die Balance verlor und nicht verhindern konnte, dass die Roulade für Georg plötzlich durch die Luft flog und auf seinem Schoß landete.

Nachdem der mit zwei Fingern das heiße Fleisch auf den Brotteller gelegt hatte, stand er langsam auf und besah sich den Schaden.

»Ich werde nun zurückfahren und mich umziehen«, sagte er mit zuckendem Mundwinkel. »Jetzt lohnt es sich.«

Doris legte ihre Hand vor den Mund und kämpfte sichtbar mit einem Lachkrampf. Mit einem Blick auf Anke, die mit der Serviette in ihrem Gesicht herumrieb, kicherte sie los: »Du ... hast ... Soße am ... Ohr und auf der Bluse, hahaha. Wo ist mein Fotoapparat?«

Sie fiel fast vom Stuhl, Anke hielt sie am Arm fest.

»Ist ja gut. Ich ...«

»Wer bekommt denn den Zander?« Die Bedienung hatte die besten Nerven. Sie stellte einen unversehrten Teller vor Christine ab, einen anderen vor Doris, griff nach dem Brotteller mit der traurigen Roulade und sagte zu Georg: »Wollen Sie eine neue?«

Georg lehnte das Angebot ab und fragte stattdessen Anke,

ob sie mit ihm ins Hotel fahren wolle. Anke nickte, nahm ihre Tasche vorsichtig vom Stuhl und folgte Georg nach draußen.

Katja und Christine sahen ihnen nach, während Doris versuchte, sich mit einem Papiertuch die Tränen abzuwischen, ohne ihre Wimperntusche zu verschmieren.

»Habt ihr das gesehen?« Sie rang immer noch um Fassung. »Ankes Gesicht. Und diese blöde Roulade.« Albern kicherte sie weiter, bis sie von der Bedienung unterbrochen wurde.

»Und ein Rumpsteak mit Bratkartoffeln und Salat.«

Katja musterte widerwillig die große Portion. »Meine Güte, wer soll das essen?«

»Sie haben es doch bestellt.«

»Eigentlich für Anke«, flüsterte Katja Doris zu. »Und jetzt wäscht die ihre Bluse. Ich esse doch nie Bratkartoffeln.«

»Das ist jetzt auch egal.« Doris spießte mit ihrer Gabel ein Stück Speck von Katjas Teller. »Hau rein.«

In Abwesenheit von Georg und Anke wurde das Gespräch gleich lockerer. Es war schon immer Doris' Theorie gewesen, dass Frauen sich sofort unterhalten können, während Männer sich erst mal Themen überlegen müssen. Katja, Doris und Christine hatten sofort eines: Georg.

»Nach der letzten Trennung hat er sich eine kleinere Wohnung gemietet, sie eingeräumt und sofort angefangen, wie ein Irrer zu arbeiten.« Christine wischte den Rest ihrer Soße mit einem Stück Brot vom Teller. »Es ging ihm richtig schlecht, er konnte nichts mehr essen, nicht mehr schlafen, wurde immer dünner. Die Soße ist super, oder?«

Kauend blickte sie Doris an, die gebannt und mit mitleidigem Blick zugehört hatte. »Ja«, antwortete sie. »Da ist Safran drin. Ganz toll. Und weiter?«

»Nichts weiter.« Christine spülte mit Rotwein nach. »Er isst ja wieder. Und schläft. Aber er lernt keine Frauen mehr kennen, meine Mutter ist schon ganz unruhig. Er wohnt schon so lange in dieser Wohnung und hat immer noch keine Gardinen. Das bricht ihr das Herz.«

»Ich habe auch keine.« Katja schob den fast vollen Teller zur Seite und stocherte noch ein bisschen im Salat. »Nur Jalousien im Schlafzimmer. Wer hat denn noch Gardinen?«

Christine nickte. »Niemand. Wenn ich einen Mann kennenlernen würde, bei dem Gardinen hängen, würde ich sofort flüchten. Das ist doch nur ein Zeichen, dass er seine Mutter allein in die Wohnung lässt. Das lehnt Georg eben ab. Seit unsere Mutter ihm bei einem ihrer ersten Besuche gelbe Badezimmermatten hingelegt hat, darf sie ihm nichts mehr kaufen. Deswegen will sie ihm jetzt ja auch eine Frau suchen. Das ist doch kein Zustand. Und was ist mit Anke los? Sie wirkt so angestrengt. Aber anscheinend kommt das bei Georg an, er findet sie wohl ziemlich klasse. Hat er sogar gesagt: ›Sie hat was.‹ So weit waren wir lange nicht.«

»Hat sie auch.« Katja legte ihr Besteck zusammen. »Sie ist aber ziemlich verfressen, ich hatte ja auch für sie mitbestellt.«

»Wieso musst du für sie mitbestellen?«

Doris warf Katja einen warnenden Blick zu und antwortete statt ihrer: »Sie gibt nicht so viel Geld aus. Sie ist aber nicht geizig, das meine ich überhaupt nicht, sie ist nur für sich ... sehr bescheiden.«

»Sie ist pleite.« Katja verschränkte die Arme vor der Brust. »Doris redet nicht gern über Probleme. Aber was soll das jetzt? Wir suchen doch sowieso eine Idee, wie wir Ankes Kontostand und deine, na ja, also unsere Lebenssituationen etwas aufpeppen können. Christine arbeitet für eine große

Verlagsgruppe, vielleicht fällt ihr ja etwas ein. Es ist so, dass unsere Anke einem Mann Geld geliehen hat, der sich inzwischen totgefahren hat. Und sie ist auf den Schulden sitzen geblieben. Sie kann nichts dafür, sie war nur eine Zeit lang ziemlich naiv, das ist alles. Und jetzt braucht sie langsam mal einen anderen Job, weil sie in ihrem zu wenig verdient und außerdem ihr Talent verschleudert. Und? Christine? Hast du eine Idee für sie?«

»Ich kann mich gerne mal bei uns umhören. Wobei ich gar nicht weiß, was sie denn machen will und was sie kann.«

»Pass auf.« Katja lehnte sich zu ihr. »Ich erzähl dir mal ein paar Dinge über Anke und über das, was sie kann. Diese Informationen kannst du auch gebrauchen, falls sich zwischen ihr und deinem Bruder tatsächlich etwas anbahnt und eure Mutter fragt. Also ...«

Anke wrang die Bluse im Waschbecken aus und hängte sie über die Heizung. Zum Glück waren keine Flecken auf Katjas schönem Schal, das hätte ihr wirklich noch gefehlt, dieses grüne Teil war vermutlich teurer gewesen als ihre gesamte Sommergarderobe.

Sie schlüpfte in den grauen Pullover, den sie bei der Ankunft getragen hatte. Es war ihr bester und mit dem Schal und zu den blonden Haaren sah er jedenfalls ganz gut aus.

Georg hatte vorgeschlagen, sich in einer Viertelstunde wieder im Foyer zu treffen. Als Anke auf die Uhr sah, stellte sie erschrocken fest, dass sie schon länger gebraucht hatte. Nach ein paar eiligen Bürstenstrichen griff sie nach Tasche und Jacke und rannte den Gang entlang bis zum Fahrstuhl. Sie verharrte nur einen Moment, dann holte sie Luft und betrat ihn. Nur kurz die Augen schließen, atmen, Augen öffnen und auf den Knopf drücken. Sie wollte es schaffen. Das war doch schon mal ein Anfang.

Der Fahrstuhl sank nach unten, Anke hielt die Luft an und beobachtete ängstlich die Zahlenleiste über der Tür. Bevor die Angst schmerzen konnte, war der Fahrstuhl sanft gelandet und die Türen öffneten sich. Mit einem langen Schritt und ausgestoßenem Atem stand sie auf festem Teppichboden. Na bitte. Und die zitternden Beine würden sich gleich von selbst beruhigen.

Georg wartete in sauberer Jeans und ebenfalls grauem Pullover neben dem Eingang zur Bar und hatte den Blick aufs Treppenhaus gerichtet. Als er sie hinter sich hörte, drehte er sich um. »Ich habe gedacht, du fährst nicht Fahrstuhl. Nur Menschen, die das hassen, rennen ständig durch Treppenhäuser.«

»Das stimmt auch.« Anke fühlte sich ertappt, ohne dabei ein schlechtes Gefühl zu haben. »Aber wenn man die Luft anhält und auf die Lichter guckt, dann geht es. Ich habe mich vertrödelt und wollte nicht noch später kommen.«

»Aha.« Georg sah sie forschend an. »Tapfer. Sag mal … Willst du sofort wieder zurück?«

»Wieso?«

»Ich fand, die fliegende Roulade sah nicht so toll aus. Und ich weiß auch nicht, ob ich mir jetzt gleich drei weibliche Kommentare zum Bekleckern anhören muss. Die Alternative wäre ein Fischbrötchen da vorn auf der Promenade und ein Bier mit Blick auf die Ostsee. Da kannst du auch nicht so viel zerstören.«

Seine Tonlage beim letzten Satz bescherte Anke ein flaues

Gefühl im Magen und sie wurde ein bisschen rot, was sie ärgerlich registrierte.

»Dann muss ich aber Katja anrufen. Wir sind zu dritt hier, da kann ich mich nicht einfach so abkapseln.«

»War nur ein Vorschlag. Wir können auch gern sofort zurückfahren. Ich kann dich aber auch in der Bar zu einem Bier einladen und wir überlegen, was wir anschließend machen.«

In lässiger Haltung stand er vor ihr und blickte sie freundlich und erwartungsvoll an. Anke betrachtete ihn. Er war eindeutig der sympathischste Mann, dem sie in den letzten Jahren begegnet war. Sie hatte ihm das Essen versaut und trotzdem wollte er mit ihr ein Bier trinken. Sie hatte eine neue Frisur und war Fahrstuhl gefahren.

Plötzlich war ihr, als würde die Blase, in der sie so lange gehockt hatte, in diesem Moment zerplatzen.

»Ich habe Hunger. Und ich hätte jetzt wahnsinnig gern ein Fischbrötchen.«

Er nickte lächelnd und deutete mit der Hand zum Ausgang. »Dann los.«

Katja steckte das Handy in die Tasche und sah Christine und Doris an. »Das war Anke. Sie hat gerade ihre Bluse ausgewaschen, anscheinend hat sie alle Flecken rausbekommen. Aber sie bleiben jetzt im Hotel und essen da ein Fischbrötchen, es lohnt sich ja nicht mehr, hierherzufahren.«

»Ach?«, fragte Doris so verblüfft, dass Christine sie fragend ansah.

Katja legte ihr beruhigend die Hand auf den Arm. »Wir sehen sie nachher noch in der Bar. Sie warten da auf uns. Vorher passiert bestimmt nichts, was du nicht willst, Doris. Entspann dich.«

Fast triumphierend blickte Doris die anderen an. »Es läuft. Wir sollten uns ein bisschen Zeit mit dem Bezahlen lassen. Je länger sie allein sind, desto besser. Ich habe ein richtig gutes Gefühl.«

»Du siehst aus wie eine alte Kuppelmutter«, kommentierte Katja. »So bahnbrechend ist ein Fischbrötchen nun auch nicht.«

»Wart mal ab«, antwortete Doris. »Irgendetwas passiert noch. Das wäre doch schön. Ich habe Liebesgeschichten so gern.«

»Weil du selbst keine mehr hast«, sagte Katja betont freundlich. Trotzdem oder gerade deswegen zuckte Christine zusammen und sah unsicher zwischen den beiden hin und her. Doris antwortete leichthin: »Meine Liebe, ich bin seit über dreißig Jahren mit demselben Mann zusammen. Das reduziert zwar das Herzklopfen, ist aber immer noch schön.«

»Wenn er nicht gerade Überraschungspartys für dich organisiert.« Katja bemerkte erst jetzt Christines Gesichtsausdruck. »Guck nicht so erschreckt, wir haben nur einen etwas ruppigen Ton miteinander, haben uns aber immer noch lieb. Aber, da wir gerade beim Thema sind, sag mal Doris, wolltest du nicht fragen, was Torsten hier für morgen genau geplant hat?«

»Ich weiß nicht.« Doris wandte sich halbherzig um, als würde sie eine Bedienung rufen wollen. »Was soll ich sie denn fragen?«

»Keine Ahnung. Es sei denn, du möchtest das Ganze noch abblasen. Du kannst ja sagen, dein Mann sei geisteskrank und eine seiner Macken äußere sich darin, dass er ständig in irgendwelchen Lokalen anrufe und Feiern organisiere. Dabei habest du gar nicht Geburtstag und es komme auch niemand. Vielleicht braucht man dann keine Stornogebühren zu zahlen.«

»Katja.« Jetzt mischte sich Christine doch ein. »Ich würde mich freuen, wenn jemand für mich eine Geburtstagsfeier organisiert, das ist doch ganz toll. Das kann man doch nicht einfach torpedieren. Warum findet ihr das denn so schlimm?«

»Weil ich nicht feiern will.« Doris griff zu ihrem Glas, das bereits leer war und hob danach die Flasche an. »Wir haben keinen Wein mehr.«

»Stimmt.« Katja schob ihr das Wasser zu. »Wir gehen sowieso gleich.«

»Aber ich ...«

»Doris«, unterbrach Katja sie mit sanfter Stimme. »Wasser ist noch da. Und wir müssen um Mitternacht noch auf dich anstoßen.«

Doris runzelte genervt die Stirn, dann fiel ihr Christines Frage wieder ein. »Ich werde fünfzig. Das muss man nicht feiern, finde ich.«

»Warum nicht? Du hast doch wohl keine Probleme mit dem Älterwerden?« Christine lachte. »Zu den Frauen gehört ihr sicher nicht.«

Doris sah sie nachdenklich an. Stimmte das? Seit sie hier war, fühlte sie sich tatsächlich besser, selbst ihre Hitzewellen waren weniger störend als sonst. Aber langsam kam das wirkliche Leben zurück und fünfzig war immer noch eine unsympathische Zahl, egal wie sehr sie mit Katja und Anke versuchten, die alten Zeiten zu beschwören. Und am Montag würde sie wieder zu Hause sein, allein mit endlos langen Tagen. Es hatte sich nichts verändert.

»Hey.« Katja rüttelte sie am Arm. »Übst du gerade den

verzweifelten Gesichtsausdruck für die morgige Dankesrede?«

»Nein.« Doris schüttelte den Kopf. »Ich brauche nicht zu üben. Aber ich glaube, ich gehöre doch zu den Frauen, die Christine eben meinte. Es sind nicht unbedingt die Falten und die grauen Haare, die mich deprimieren. Es ist diese Ahnung, dass es keine Überraschungen mehr gibt. Alles läuft in geordneten Bahnen. Ich weiß doch genau, wie mein Leben weitergeht, immer im selben Trott. Vielleicht hören diese Hitzewellen und Stimmungen irgendwann auf, aber sonst …?«

Statt betroffen zuzustimmen, begann Christine zu lachen. »Das ist doch Unsinn. Wieso wird es keine Überraschungen mehr geben? Ich habe im letzten Jahr einen neuen Job gefunden, das hat mein Leben total verändert. Meine Freundin Marleen hat sich mit zweiundfünfzig, nach zehn Jahren Singledasein, Knall auf Fall verliebt. Damit hat sie auch nicht gerechnet. Eine andere Freundin entdeckt gerade ihre Ehe neu, weil endlich die letzte Tochter ausgezogen ist. Es gibt doch dauernd neue Wege. Sie zu finden liegt nur an einem selbst.«

»Siehst du.« Katja genoss das Gespräch. »Das sage ich doch. Du musst deinen Hintern hochkriegen. Apropos, ich kann nicht mehr sitzen, wollen wir langsam mal bezahlen? Und zurücklaufen?«

»Ja«, stimmte Christine zu. »Wir können ja dabei weiterreden. Mit fünfzig zu glauben, man wäre fertig, ist furchtbar. Und so falsch.«

Als Anke gerade in ihr zweites Fischbrötchen beißen wollte, spürte sie plötzlich einen Windzug, hörte wildes Möwengeschrei und hinter ihrem Rücken Georgs Stimme. »Pass auf, da …«

Die Möwe riss am Brötchen, das Anke schreckensstarr losließ, und flog mit der Beute weg. Verdutzt blieb Anke stehen, die leere Hand immer noch nach oben gereckt, mit offenem Mund und verständnislosem Blick.

»Die Möwe ging ja regelrecht im Sturzflug auf dich los, ich konnte dich gar nicht schnell genug warnen«, sagte Georg, der jetzt neben ihr stand. »Das war ja irre.«

Trotzdem musste er sich das Lachen verbeißen.

»Das sah wahrscheinlich total beknackt aus«, antwortete Anke und schüttelte den Schreck ab. »Diese Scheißviecher, ich hasse sie. Nicht mal ein Fischbrötchen kann man in Ruhe essen, das kommt nur davon, dass diese Touristen dauernd Möwen füttern. Das muss verboten werden. Das ist doch echt das Letzte.«

Georg hielt ihr seinen Plastikbecher mit Bier hin. »Möchtest du jetzt einen Beruhigungstrunk? Du hast dein Bier leider gerade ausgekippt. Alles im Sand.«

»Oh.« Ungläubig blickte Anke auf ihren leeren Becher. »Tatsächlich. Habe ich gar nicht bemerkt. Drei Euro fünfzig, dieses blöde Vieh.«

»Plus Bratheringsbrötchen. Macht fünf. Darf ich dir ein

neues Fischbrötchen kaufen? Und noch ein Bier? Für die Nerven?«

»Auf Fischbrötchen habe ich keinen Appetit mehr. Aber ein Bier würde ich nehmen, nur nicht hier draußen, lieber da oben, in diesem Strandbistro. Unterm Dach, ohne Möwen.«

Georg legte kurz seine Hand auf ihren Rücken und schob sie ein Stück in die Richtung.

Er war es dann, der den Ton der Unterhaltung bestimmte. Er redete über Gott und die Welt, sprang spielerisch von einem Thema zum nächsten, sodass nie eine dieser lähmenden Pausen eintreten konnte, wie es oft passiert, wenn sich Menschen unterhalten, die aus völlig unterschiedlichen Leben kommen. Sie hatten zunächst über das Hotel geredet, das beiden gut gefiel, und Georg hatte erzählt, dass seine Schwester eigentlich mit ihrem Freund hier sein wollte, der plötzlich absagen musste. Allein verreisen mochte sie nicht, deshalb hat sie ihren Bruder gefragt. »Also habe ich den guten David ersetzt, wobei ich immer noch nicht weiß, ob er *ihr* Freund oder nur *ein* Freund ist. Aber meine Schwester hatte schon immer ein kompliziertes Liebesleben.«

Er sagte das ohne jede Wertung, was Anke gefiel. Deshalb ließ sie sich auch zu dem Satz: »Ein kompliziertes Liebesleben ist aber besser als gar keines«, hinreißen.

»Meinst du damit mich?«

Anke blieb sofort stehen. »Nein, ich – also, das war überhaupt nicht so gemeint. Ich weiß ja gar nicht, was du für ein Liebesleben hast.«

Er betrachtete sie. »Eben. Gar keines. Mittlerweile seit fast drei Jahren. Und du?«

»Dasselbe. Aber schon länger.«

Inzwischen hatten sie das Bistro erreicht und fanden sofort einen freien Tisch. Georg bestellte zwei Pils und deutete auf eine handgeschriebene Tafel, auf der kleine Speisen angeboten wurden. »Möchtest du noch etwas essen, irgendetwas, das Möwen nicht mögen?«

»Nein, danke. Ich habe überhaupt keinen Hunger mehr.« Die Schmetterlinge, die sich langsam in ihrem Inneren versammelten, ließen keinen Platz für Flammkuchen oder Tomatensuppe.

Georg streckte seine langen Beine unter dem Tisch aus und hielt entspannt das Gespräch in Gang. Er erzählte von zwei Krimis, die er gerade gelesen hatte, die beide an der Ostsee spielten, einen davon kannte Anke auch. Er fragte sie nach ihrer Meinung zu einem Film, den sie erst in der letzten Woche gesehen hatte und großartig fand, sie sprachen über Musik und stellten fest, dass sie vieles gemeinsam mochten. Anke fühlte sich wie im Kino. Sie konnte sich nicht erinnern, wann sie das Leben zuletzt als so hell und prickelnd empfunden hatte.

»Ich habe dich ziemlich ungeschickt angesprochen, oder?« Georgs Frage kam ohne jeden Zusammenhang. Anke sah ihn von der Seite an und musste sich zwingen, nicht mit dem Finger über sein Gesicht zu streichen.

»Ich ... also, das war ja kein richtiges Ansprechen. Ich wusste auch nicht, wie das gemeint war, also, die zwei, drei Sätze, die du gesagt hast.«

Georg sah sie offen an. »Ich wollte dich ansprechen, aber mein Talent als Womanizer hält sich wohl in Grenzen. Richtig gut konnte ich das noch nie. Ich fand dich schon am Bahnhof sympathisch, auch wenn du mich beim Aussteigen so giftig angeguckt hast.«

»Da fand ich dich arrogant.« Anke musste lachen. »Ich lass mir aber auch nicht gern helfen. Und ich hatte mich geärgert, wie ich zu blöd war, um die Tür aufzukriegen. Na ja, vielleicht bist du ein bisschen zu lässig und ich immer gleich schnippisch. Das ist vielleicht keine gute Kombination.«

»Das stört ja nur, wenn man nicht darüber redet.« Georg lehnte sich so dicht zu ihr, dass sein Arm ihren berührte. »Das hätten wir hiermit geklärt. Wo wohnst du eigentlich?«

»In Hamburg.«

»Gut.« Er nickte. »Ich auch. In Eimsbüttel. Und du?«

»Hohenfelde.«

»Zwanzig Minuten Fahrt. Das passt doch.«

Ihr wurde ganz warm und sie befürchtete, leicht debil auszusehen. »Was, also, was machst du eigentlich beruflich?«

»Ich habe eine Weinhandlung.« Falls Georg sich über den abrupten Themenwechsel wunderte, merkte man ihm das nicht an. »Mit einem ehemaligen Kollegen zusammen. Wir haben fünfzehn Jahre lang in einer Sportredaktion gearbeitet und irgendwann gemerkt, dass uns nicht mal mehr die Fußballergebnisse interessieren. Es war nur noch Stress und schlechte Laune. Das haben wir dann geändert.«

»Und das hat geklappt?«, fragte Anke ungläubig.

»Ja. Wir haben den Laden jetzt seit acht Jahren und er läuft. Mittlerweile ist er auch ziemlich groß geworden, samt Lieferdiensten, Weinproben, Veranstaltungen, alles Mögliche. Und es macht immer noch Spaß.«

»Hm.« Nachdenklich verrieb Anke den feuchten Abdruck ihres Bierglases auf dem Tisch. »Ich möchte auch etwas anderes machen. Mir fehlen nur immer der Mut – und die Mittel. Mal sehen, was noch so kommt. Aber ich glaube, wir müssen langsam los. Wir wollten uns doch noch in der Bar treffen. Von wegen letzter Abend und Doris' Geburtstag um Mitternacht.«

Mit einem Blick auf die Uhr griff Georg zu seinem Glas und trank es aus. »Schade«, sagte er. »Ich würde gern noch zehn Stunden mit dir hier weiterreden. Aber es nützt ja nichts. Und das war doch auch erst der Anfang, oder?«

Er sah sie so an, dass die Schmetterlinge in Ankes Bauch abhoben. Sie nickte langsam und lächelte. »Ja«, antwortete sie leise. »Sehr gerne.«

Hinter der Böschung waren bereits die Flaggen vom Hoteldach zu sehen.

»Na endlich«, stöhnte Christine. »Ich hatte schon gedacht, dass wir vorbeigelaufen sind. Der Weg nimmt ja überhaupt kein Ende.«

»Du hast eben eine miserable Kondition.« Katja lief noch genauso locker durch den Sand wie zu Beginn. »Bist du eigentlich älter als wir?«

»Nein.« Christine blieb schwer ausatmend stehen. »Ich werde erst in zwei Jahren fünfzig. Aber ich habe Arthrose in der Hüfte. Das tut weh, wenn ich so schnell im Sand laufe.«

»Arthrose haben wir alle.« Doris hatte zwar ein rosiges Gesicht, aber immer noch mehr Luft. »Bis auf Katja natürlich. Die bleibt ja dreißig. Auch in den Gelenken.«

»Ach, ich wollte dich noch was fragen.« Christine hielt Katja locker am Ellenbogen fest, damit sie nicht noch schneller wurde. »Du hast doch dieses Tattoo auf der Schulter.«

»Ja, und?« Katja war stehen geblieben und wartete auf die Frage, die auch gleich kam.

»Wo hast du das stechen lassen? Ich will schon seit Jahren

eins haben und habe mich nie getraut. Und jetzt habe ich in der Sauna deins gesehen und fand das klasse. Kennst du denn ein gutes Tattoostudio?«

»Ich geb dir mal die Adresse.« Langsam setzte Katja ihren Weg fort. »Habe ich noch irgendwo zu Hause. Doris? Möchtest du auch eins? Das würde ich dir zum Geburtstag schenken.«

»Nein danke«, winkte Doris ab. »Das passt nicht zu mir. Außerdem habe ich nicht gern Schmerzen. Und ob das so schön auf alter Haut aussieht, weiß ich auch nicht.«

»Sag mal.« Entrüstet blieb Christine stehen und stemmte ihre Hände in die Taille. »Ich habe noch keine alte Haut. Und ich lasse mir ja kein Porträt auf den Hintern stechen. Ich möchte so ein kleines Motiv. Außerdem habe ich irgendwo gelesen, dass das gut ist fürs Körpergefühl.«

»Das stand bestimmt in einer Werbebroschüre für ein Studio«, entgegnete Doris und lief weiter. »Oder, Katja? Hat es bei dir was verändert?«

»Sicher.« Katja grinste plötzlich. »Mein Liebesleben. Und zwar total.«

»Also doch.« Christine nickte und lachte fröhlich. »Körpergefühl, oder?«

»Auch.« Sie waren jetzt fast am Hoteleingang angelangt. »Aber in der Hauptsache war es der Tätowierer. Mit dem habe ich nämlich was angefangen. Und das hat eine Menge verändert.«

Anke und Georg saßen nebeneinander am Tresen. Sehr dicht nebeneinander, fand Doris. Und sie fuhren tatsächlich erschrocken auseinander, als Christine mit einem forschen: »Wir sind wieder da«, genau hinter sie trat.

»Warum musst du eigentlich immer so brüllen?«, fragte Georg beim Umdrehen. »Hier ist doch niemand taub.«

»Der Zander war super.« Christine schwang sich auf den Barhocker neben ihrem Bruder. »Und die Roulade mussten wir übrigens nicht bezahlen. Ich trinke jetzt noch einen Absacker und dann gehe ich ins Bett. Wir müssen morgen früh ja schon um sechs Uhr fahren.«

Doris ließ ihre Blicke neugierig zwischen Anke und Georg hin- und herwandern, dann setzte sie sich mit zufriedenem Gesicht dazu. Anke hatte es registriert und fragte sich, was Doris wohl gerade dachte. Sie selbst fühlte im Moment nur, denken konnte sie gerade nicht.

Christine bestellte sich einen Grappa, Katja und Doris orderten zwei Gläser Wein und Georg fragte Anke plötzlich leise: »Kommst du kurz mit mir nach draußen?«

Sie nickte, stand auf und sagte laut: »Wir gehen eine Zigarette rauchen.«

Als sie, gefolgt von Georg, die Bar verlassen hatte, nahm Christine ihren Grappa in Empfang, hielt ihn in der Hand und sagte: »Mein Bruder hat noch nie in seinem Leben geraucht. Und heute Abend fängt er an. Das geht ja gut los. Prost.«

Kurz nachdem Georg und Anke wieder zurückgekommen waren, hatten sich die Geschwister verabschiedet. Christine sollte ihren Bruder in aller Frühe zum Hamburger Flughafen bringen, er musste um neun nach Paris fliegen. Kaum waren sie verschwunden, wandten sich Doris und Katja zu Anke.

»Und? Erzähl.« Natürlich fragte Doris als Erste.

»Was soll ich erzählen?« Anke lächelte und wirkte wie eine zutiefst zufriedene Katze.

»Na, wie es war. Du hast dich doch über …«, Doris sah kurz auf ihre Uhr, »… fast zwei Stunden mit Georg unterhalten. Worüber habt ihr denn geredet?«

Anke blickte zu Katja, die sie mit neutralem Gesichtsausdruck und verschränkten Armen beobachtete. »Severin, möchtest du auch etwas wissen?«

»Können wir uns nicht umsetzen? Wir hocken hier am Tresen wie die Hühner auf der Stange. Die Ecke dort ist frei, da kann man den Abend etwas zivilisierter beschließen.«

Anke stand bereits. »Gute Idee. Komm. Doris, du auch. Wollt ihr eigentlich noch einen Rotwein trinken? Dann würde ich …«

»Das musst du nicht.« Doris legte die Hand auf Ankes Schulter, bevor sie sich von ihrem Sitz schwang. »Aber du erzählst gleich weiter, ja?«

»Ich habe doch noch gar nicht angefangen.« Anke wartete, bis Doris und Katja auf dem Weg zu dem freien Tisch waren, bevor sie die Flasche Wein bestellte. »Und ein großes Wasser, bitte.« Wenigstens hatte sie einen Wein für unter dreißig Euro ausgesucht, das musste sie sich einfach leisten können, heute war der letzte Abend.

Erwartungsvoll sah Doris ihr entgegen, und als Anke dann endlich am Tisch saß, war es mit ihrer Beherrschung vorbei. »Er ist ein guter Typ, oder?«

Anke hielt ihrem Blick einen Moment stand, dann sagte sie: »Doris, diese Frage hast du mir schon einmal gestellt. Das war 1978, ein Jahr vor dem Abitur, damals ging es um Said, weißt du noch? Und du hattest denselben drängenden Ton.«

»Said?« Doris runzelte die Stirn und überlegte einen Moment. Dann zuckte sie die Achseln. »Keine Ahnung.«

»Der Inder.« Katjas Hilfe kam wie aus dem Off. »Du warst der Meinung, er wäre total verknallt in Anke, und du hast dir darüber Gedanken gemacht, ob sie schnell genug zum Hinduismus konvertieren könnte.«

»Inder?« Fragend sah Doris Katja an. »Meinst du diesen schönen Jungen, der eine Klasse über uns war? Mit dem Anke das Interview über die Abrüstung geführt hat?«

»Nein.« Gespielt verzweifelt warf Katja ihren geflochtenen Zopf über die Schulter. »Unser Schulsprecher. Der mit den schwarzen Haaren und den dunklen Augen. Er war der beste Sportler der Schule. War der nicht sogar so ein Supertalent in irgendeiner Leichtathletikdisziplin? Anke hat mit ihm einen Bericht über die Sportförderung gemacht.«

»Ach, der.« Plötzlich war Doris wieder in der Zeit. »Der war aber kein Inder. Kam der nicht aus Persien? Ja, stimmt. Said. Der fand Anke ganz toll, und die hat sich so zickig benommen. Dabei hättet ihr gut zusammengepasst. Das war schade.«

»Er war Inder.« Anke zog das Glas mit den Salzstangen zu sich. »Und ein arroganter Sack. Beim dritten Treffen hat er immer noch Anja zu mir gesagt. Du wolltest nur so gern, dass er mich toll findet. Das hat er aber nie. Seine Freundin war drei Jahre älter als er, studierte Kunstgeschichte und hatte blonde Haare bis zum Po. Und einen Riesenbusen. Ich hatte nie den Hauch einer Chance bei ihm.«

»Du hast immer so schnell aufgegeben.« Doris wartete ab, bis der Kellner die Flasche Rotwein geöffnet und eingeschenkt hatte, ehe sie den Faden wieder aufnahm. »Er hatte anfangs Interesse, ich habe es doch gesehen. Aber das ist jetzt auch egal. Dreißig Jahre her. Wie war es denn nun mit Georg?«

»Said hatte nie Interesse an mir.« Anke stellte ihr Glas zurück auf den Tisch. »Du redest immer alles schön, hör doch mal auf damit. Kein Mensch hat sich in unserer Schulzeit in mich verknallt. Ich war immer klein, dünn, ohne Kurven und mit Kurzhaarschnitt. Es war schon Glück, wenn jemand bemerkt hat, dass ich weiblich bin. Ich habe nicht schnell aufgegeben, es hat nur nie etwas genützt.«

Betroffen sah Doris sie an. »Das stimmt doch so nicht. Das ist deine falsche Erinnerung. Und …«

»Goldstein!« Katja bohrte ihren Blick in Doris' Augen. »Es war so. Du hattest damals wirklich den unfassbaren Ehrgeiz, uns zu verkuppeln. Mich übrigens auch. Du warst so fest mit Torsten zusammen, dass du gemeint hast, das wäre die ultimative Lebensform. Du wolltest einfach nicht verstehen, dass Anke gar keinen Freund haben wollte.«

»Aber sie wollte doch«, widersprach Doris, um dann leicht unsicher zu fragen: »Oder nicht?«

»Doch nicht jeden.« Anke sah sie lächelnd an. »Ich war bereits damals der Meinung, und bin es übrigens auch heute noch, dass ich nicht unbedingt einen Partner brauche, um überleben zu können. Natürlich wäre es manchmal schöner, aber das ist nicht der Sinn meines Lebens.«

»Aber man kann doch auf Dauer nicht ohne Liebe und alleine leben.« Doris rang nach Sätzen und Argumenten. »Das ist doch kein Zustand.«

»Das kommt darauf an.« Katja sparte sich jetzt sogar ihren sarkastischen Unterton. »Wenn man das alles wirklich so meint, dann ist es schön. Wenn es nur für die Fassade ist, dann kann es ein echtes Unglück sein. Freust du dich immer noch, wenn du Torsten siehst, oder ist euer Haus nur zu groß für einen allein? Antworte nicht sofort, denk erst mal darüber nach.«

Doris ließ ihren Wein im Glas kreisen. Sie trank einen Schluck und sagte: »Manchmal weiß ich das nicht mehr, ich wüsste gar nicht, wie das gehen soll. Es ist unangestrengt, es gibt keine blöden Überraschungen …« Sie hielt inne und sagte nach einem kleinen Moment: »Bis auf diese Albernheit morgen. Aber sonst … Na ja. Wie sind wir denn jetzt darauf gekommen?«

»Das wird die Nacht der langen Messer.« Katja streckte ihre Beine genüsslich aus. »Wir kommen noch auf ganz viele Dinge, bevor du gleich fünfzig wirst.«

Doris schüttelte energisch den Kopf. »Nein. Bitte nicht. Ich habe wirklich überhaupt keine Lust, diesen schönen Abend zu komplizieren. Was ist los mit dir, Severin? Wieso bist du so scharf auf Probleme? Das ist doch überhaupt nicht deine Art.«

»Ist es auch nicht.« Katja wickelte sich eine Haarsträhne aus ihrem Zopf um den Finger, während sie über ihre Antwort nachdachte. »Ich will ja auch nichts komplizieren, aber wir wollten uns doch mal Gedanken machen, an welcher Stelle in unseren Leben etwas schiefgelaufen ist. Vorher kann man nichts ändern. Und gerade bei dir, Doris, habe ich zunehmend das Gefühl, dass du uns immer noch nicht die ganze Wahrheit erzählt hast. Du bist gelangweilt, hast heftige Wechseljahrsbeschwerden, keine Lust auf Überraschungspartys, trinkst zu viel Alkohol und bräuchtest dringend einen neuen Sinn im Leben. Aber das ist alles nicht so wahnsinnig schlimm, dass man wegen einer Feier an den Rand eines Nervenzusammenbruches gerät.«

»Ich will im Moment nicht darüber …« Doris reagierte verschnupft, ihre Antwort aber erstickte im Lärm, den eine Gruppe von Männern veranstaltete.

Laut redend kamen sie in die Bar, schoben die Hocker am Tresen zusammen, schwangen sich hinauf und riefen dem Barkeeper ihre Bestellungen zu. »Ein Pils, Horst, du auch? Ja? Also, dann zwei Pils, ich nehme noch einen Ramazotti dazu.«

»Für mich auch ein Pils, haben Sie auch Nüsse?«

»Also drei Pils, die Herren, und ein Ramazotti?«

»Vier Pils, Peter, hast du schon? Nüsse will ich auch.«

»Brüllt doch nicht so rum, hier sitzen noch andere Leute, Frauen zum Beispiel«, sagte einer und mit einem Blick auf den Ecktisch schob er noch nach: »Meine Damen, wenn wir zu laut werden, dann schreien Sie uns ruhig an. Wir kennen das von zu Hause.«

»Horst, jetzt verrat nicht alles.« Sein Nebenmann schlug sich vor Freude auf die Schenkel. Zum Glück verhinderte die Ankunft der Biere weitere schlechte Witze.

Katja stöhnte leise und beugte sich vor. »Vertreter, wetten? Hier ist anscheinend ein Seminar nach dem anderen. Sag mal, Anke, hast du deine ehemalige Nachbarin eigentlich hier noch mal getroffen? Wie hieß die noch?«

»Monika.« Anke schüttelte den Kopf. »Zum Glück nicht. Der eine Auftritt hat mir gereicht.«

»Jetzt lass uns doch endlich mal über Georg sprechen.« Doris versuchte mit lauter Stimme einen Themenwechsel. »Oder sollen wir nur noch über traurige Dinge aus der Vergangenheit reden?«

»Horst, nimm den Löffel für die Nüsse. Das ist ja widerlich, wenn da jeder mit ungewaschenen Fingern reingreift.«

»Stell dich doch nicht so an. Du bist ja wie meine Mutter.«

»Ich habe das im Fernsehen gesehen. Alles voller Bakterien.«

Horst zog die Schale näher zu sich. »Dann esse ich die eben allein. Außerdem wasche ich mir nach dem Pinkeln die Hände. Aber du musst ja nicht. Kann ich noch ein Bier?«

Anke wandte den Blick wieder vom Tresen und sagte mit gedämpfter Stimme: »Ich esse nie wieder Nüsse in einer Bar.« Dann redete sie in normaler Lautstärke weiter.

»Also, Georg. Der ist sehr nett.«

»Ja, und weiter?« Doris ignorierte die Männer an der Bar. Sie hatte sich noch nicht einmal zu ihnen umgedreht. »Triffst du ihn wieder?«

Anke fühlte plötzlich ihren Puls im Hals. Vorhin hatten sie vor dem Eingang der Bar auf einer Bank gesessen. Georg hatte die Zigarette, die Anke ihm angeboten hatte, abgelehnt.

»Ich habe noch nie geraucht, ich gehe nur manchmal vor die Tür, um Raucher kennenzulernen«, sagte er und gab ihr mit Streichhölzern, die er aus seiner Hosentasche zog, Feuer. »Und ich wollte mich nicht vor meiner Schwester und deinen beiden Schatten von dir verabschieden. Ich muss morgen nach Frankreich, wir machen da eine Tour zu verschiedenen Winzern und sind knapp zwei Wochen unterwegs. Wollen wir uns anschließend in Hamburg zum Essen verabreden?«

Anke nickte, damit ihre Stimme gar nicht erst in Gefahr käme, zu zittern.

»Gut. Dann rufe ich dich an.«

Als sie an der Tür vor ihm stand, beugte er sich zu ihr und küsste sie auf die Wange. »Ich freue mich.«

Anke fühlte sich wie sechzehn, sie würde sich aber hüten, das jemandem zu erzählen. Vielleicht später einmal. Wenn es gut ausginge.

Jetzt nickte sie nur und sagte lediglich: »Das nehme ich an. Er wohnt ja auch in Hamburg. Wir haben uns lange und sehr gut unterhalten. Er war jahrelang bei einer Sportzeitung und hat doch tatsächlich diese Karriere hingeschmissen, um mit einem Freund einen Weinladen zu eröffnen. Sie machen auch Veranstaltungen, Weinproben, alles Mögliche, das finde ich super.«

»Einen Weinladen zu eröffnen?« Katja war skeptisch. »Was ist denn daran super?«

»Das war doch genau unser Thema. Neu anfangen. Sie haben sich immer für Weine interessiert und sich dann getraut, daraus einen Beruf zu machen. Und es läuft.«

»Ich hätte keine Lust, den ganzen Tag im Laden zu stehen und Wein zu verkaufen.« Katja konnte diese Begeisterung nicht verstehen. »Außerdem hast du keine Ahnung vom Wein, Kerner.«

Anke fühlte sich sofort ertappt. »Findest du diesen hier schlecht?«

»Nein.« Katja schüttelte sofort den Kopf. »Der ist schon okay. Aber man muss etwas über die Dinge wissen, bevor man damit Geld verdient.«

»Ich will ja auch keinen Weinladen aufmachen. Es ging mir erst mal nur darum, zu erklären, dass man Mut braucht, um überhaupt so einen Schritt zu tun.«

»Ich bin der Cola-Korn.«

Inzwischen hatte sich die Riege der Männer am Tresen auf etwa zehn vergrößert. Mit dem Alkoholpegel steigerte sich auch der Geräuschpegel.

»Und dann habe ich dem aber die Zahlen um die Ohren gehauen, das sag ich dir.«

»Ich habe hier noch vier Pils?«

»Gunther, wenn du dein Bier nicht willst, nehme ich das.«

»Lass das, du fängst dir gleich eine …«

»Ich nehme eine Apfelsaftschorle … hahaha, war ein Witz. Machst du mir noch einen Ramazotti, Zitrone kannste weglassen, die wirft mich um Stunden zurück.«

»Ich habe immer noch drei Pils. Wer bekommt …«

»Stell man hin, mein Junge, hier wird nichts schlecht.«

Doris drehte sich kurz um, schoss einen giftigen Blick zum Tresen und rutschte näher an Anke heran. »Unmöglich«, sagte sie. »Als würde die Bar ihnen allein gehören. Mit solchen Typen hast du zu tun, wenn du eine Weinhandlung aufmachst.«

»Doris, es geht nicht um den Weinladen. Aber könntet ihr euch nicht vorstellen, noch einmal was ganz Neues anzufangen?«

»Mit fünfzig?« Mit einem Blick auf die Uhr korrigierte sie sich: »Fast fünfzig? Was soll ich machen? Mich als Praktikantin bei einer Agentur bewerben? Oder wieder an die Uni? Das kannst du doch vergessen. Katja hat recht, man muss die Dinge kennen, mit denen man Geld verdient.«

»Es geht ja nicht nur ums Geld«, wandte Anke sofort ein. »Mir geht es um die Lust.«

»Ach, auf einmal?« Süffisant grinsend legte Katja ihre Hand aufs Bein von Anke.

Mit lautem Krachen fiel ein Barhocker um, gefolgt von einer Lachsalve. »Karsten, geht's?«

Karsten rappelte sich mit schmerzverzerrtem Gesicht hoch und stellte den Hocker wieder auf. »Das Scheißding wackelt.« Zur Bekräftigung rüttelte er an einem Bein, das er anschließend in der Hand hielt. »Da, bitte. Ich breche mir fast das Genick und ihr lacht.«

Seine Kollegen kriegten sich kaum wieder ein. »Hahaha, verklag doch das Hotel. Ich kenne da welche, die sich mit Versicherungen auskennen. Ich hole dir gleich ein Formular aus dem Zimmer. Machen Sie mal noch eine Runde fertig, auf den Schreck brauchen wir erst mal jeder einen Ramazotti.«

Katja stand auf und ging zum Tresen. Sie stellte sich genau vor den Barkeeper, wartete einen Moment und sagte dann mit ihrer sanftesten Stimme: »Wären Sie so nett dafür zu sorgen, dass es hier mitteleuropäisch zugeht? Wir würden uns nämlich gern unterhalten, was bei diesem Lärm aber nicht möglich ist.«

»Was?« Der gefallene Karsten war schon wieder bei Stimme. »Sind wir etwa zu laut?«

Katja drehte sich zu ihm um und lächelte ihn an, als würde sie dafür bezahlt. »Ja.«

»Also ...«

Der offenbar Älteste der Runde schob seinen Kollegen zur Seite. »Alles gut, junge Frau. Wir wollen hier keinen Streit. Also, Jungs, die Damen hätten es gern ruhiger.«

Katja sah ihn lange an. »Wir trinken Rotwein. Und danke.«

Mit einem Hüftschwung und unter den verblüfften Augen der Seminarteilnehmer ging sie zurück an den Tisch und setzte sich wieder.

»Er hat wenigstens ›junge Frau‹ gesagt.«

»Dass du dich das traust.« Doris blickte sie fast bewundernd an. »Die hätten dich ja auch anpöbeln können.«

»Das sind Versicherungsvertreter«, antwortete Katja leichthin. »Die können sich das nicht leisten. Und im Übrigen finde ich: Eines der schönen Dinge am Älterwerden ist, sich nichts mehr gefallen lassen zu müssen. Schon gar nicht von diesen Kindern im Anzug, die in einer Bar lärmen.«

Der Kellner brachte eine zweite Flasche Rotwein. »Mit Empfehlung von den Herren. Ich hoffe, Sie sind nicht verärgert.«

»Nein.« Doris wartete ab, bis er die Flasche geöffnet hatte. »Jetzt nicht mehr. Vielleicht werden wir auch gleich mal laut.«

Er sah sie verständnislos an, dann ging er wieder.

»Wir sind zu selten laut, oder?« Doris hielt ihr Glas in der Hand und lächelte. »Zumindest war ich in den letzten Jahren immer zu leise. Mädels, gleich werde ich ein halbes Jahrhundert alt und ich glaube, ich habe erst in den letzten zwei Tagen angefangen, zu denken. Jetzt werde ich auch noch theatralisch, ich merke es selbst. Also: anderes Thema.«

»Du warst früher gar nicht leise.« Anke sah Doris an und grinste plötzlich. »Weißt du, was mir gerade eingefallen ist? Dein Lachkrampf auf der letzten Weihnachtsfeier vor dem Abitur. Du hast so gebrüllt, dass du von der Bühne gestürzt bist. Hast du dir nicht sogar etwas gebrochen?«

»Außenbandriss im Sprunggelenk. Das musste dann operiert werden. Sechs Wochen Gips.« Doris lachte. »Nur weil Frau Schröder im Hof ausgerutscht ist.«

»Das weiß ich gar nicht mehr.« Katja sah zwischen den beiden hin und her. »War ich nicht dabei?«

Anke biss sich auf die Unterlippe, um ihr Lachen zu unterdrücken, und versuchte, ernsthaft zu antworten. »Ich glaube, du hattest Grippe oder so etwas. Ein paar Schüler aus der Dreizehnten mussten auf der Bühne stehen und durchs Programm führen, Doris Goldstein und ich gehörten dazu. Und dann plötzlich, bei der Ansage der fünften Klasse, die irgendeinen Weihnachtssketch aufführen sollte, hat Doris aus dem Fenster geguckt und Frau Schröder gesehen.«

Sie musste abbrechen, weil sich das Lachen schon wieder seinen Weg bahnte. Katja runzelte die Stirn. »Frau Schröder? Mathe-Schröder? Was war denn an der lustig?«

»Sie rutschte auf dem glatten Weg aus.« Doris schnappte nach Luft. »Sie hatte so einen Karnickelpelz an, bodenlang, und sie fiel auf den Rücken. Und dabei rutschte ihr die Pelzmütze übers Gesicht. Sie sah ... sie sah ...« Vor lauter Lachen erstarb ihre Stimme, aber mit letzter Atemkraft brachte sie den Satz zu Ende: »Sie sah aus wie ein toter Hund. Alles voller Fell.« Wimmernd wischte Doris sich über die Augen.

Anke putzte sich die Nase. »Doris bekam einen solchen Lachanfall, dass sie ins Torkeln geriet. Die ganze Aula war voll mit Eltern und Schülern, die regungslos dasaßen und nicht nach draußen gucken konnten. Sie sahen nur Doris. Und die stürzte vor lauter Lachen von der Bühne. Sie hat es ja gesagt: Außenbandriss.«

»Und hat denn keiner Frau Schröder geholfen?« Katjas Frage ging in einer neuen Lachsalve unter.

Während sie noch auf die Antwort wartete, lief einer der Versicherungsvertreter an ihrem Tisch vorbei. »Und das nennen Sie mitteleuropäisch?«

Doris war nicht einmal in der Lage, ihn anzusehen.

»Mir tun die Rippen weh«, stöhnte Doris eine halbe Stunde später. Sie saß zwischen Anke und Katja auf einer Bank an der Promenade und erholte sich nur langsam von der Erinnerung an den schröderschen Fellhaufen.

»Und mein gesamtes Make-up ist verlaufen.«

»Sieht kein Mensch«, sagte Katja. »Es ist sowieso dunkel. Und in die Bar können wir nicht zurück. Die müssen uns doch für völlig geisteskrank halten.«

Anke kicherte. »Erst faltet Katja die Jungs zusammen, weil sie sich nicht benehmen können, dann entschuldigen die sich mit einer Flasche Rotwein, und anschließend flippen wir aus. Und lassen auch noch den Wein stehen. So was Beknacktes.«

»Aber schön war's.« Doris streckte ihre Beine aus und seufzte. »Ich habe ewig nicht mehr so gelacht. Morgen werde ich Muskelkater haben. Es war doch wirklich eine super Idee, dieses Wochenende hier zu verbringen, oder?«

»Nur weil du gelacht hast?« Katja sah sie von der Seite an. »Wegen eines Fellbergs? Das hättest du auch billiger haben können.«

Beim Stichwort »Fellberg« rang Doris schon wieder um Fassung, bekam sich dieses Mal aber noch in den Griff.

»Nein. Auch weil wir so viel geredet haben. Und weil ich mich wieder ganz gut leiden kann. Wie spät ist das denn eigentlich? Wie lange habe ich denn noch die Vier vorne?«

»Halbe Stunde.« Katja gähnte plötzlich. »Ich glaube, ich gehe ins Bett.«

Doris drehte sich entsetzt zu ihr um, aber Katja zog lachend den Kopf ein. »War ein Scherz.«

»Dein schlechtester, heute Abend. Ich geh jetzt schnell in mein Zimmer und hol den Schampus aus dem Kühlschrank. Stoßen wir dann hier an? Es ist noch so schöne Luft. Oder ist euch kalt?«

Anke verschränkte ihre Arme. »Mir ist seit einer halben Stunde kalt. Aber das interessiert ja niemanden.«

»Ich bring dir eine Jacke mit.« Doris stand bereits. »Noch was?«

»Nüsse.« Katjas Antwort wurde nicht mehr kommentiert.

Doris ging schnell an der Bar vorbei, nicht weil es ihr peinlich war, sondern weil sie befürchtete, wieder loszuplatzen. Beschwingt machte sie einen Bogen um den Fahrstuhl und lief die Treppe hinauf. Den Champagner hatte sie von zu Hause mitgebracht. Ihr fiel ein, dass sie beim Einpacken plötzlich unsicher geworden war. Mit der Flasche in der Hand hatte sie sich vorgestellt, dass dieses ganze Unternehmen auch in einem riesigen Desaster enden könnte. Was wäre gewesen, wenn sie gemerkt hätten, dass sie sich fremd geworden waren, sich nichts mehr zu sagen hatten und dass sich jede von ihnen nur wünschte, die Zeit möge so schnell wie möglich vorbeigehen? Aber es war anders gekommen. Wunderbar anders.

Sie nahm zwei Stufen mit einem Schritt und spürte sofort den Schmerz im Knie. Auch wenn sie sich noch so jung fühlte, hinkte das Knie hinterher. Wenigstens war ihr im Moment nicht heiß. Sie lächelte über sich selbst, als sie um die Ecke in den Flur zu ihrem Zimmer bog. Und dann hatte sie eine Erscheinung, die sie sofort einen Satz rückwärts machen ließ, Knie hin, Knie her. Mit dem Rücken an der Wand blieb sie stehen und atmete flach.

Zwei, drei Schrecksekunden später beugte sie sich vorsichtig vor und lugte um die Ecke. Sie hatte keine Erscheinung. Sie war bei Verstand. Sie konnte es trotzdem nicht fassen. Vor ihrer Tür, bewaffnet mit einer Pikkoloflasche Sekt und zwei Gläsern stand Margret Goldstein und klopfte.

Doris unterdrückte ihren Seufzer, drehte auf dem Absatz um und lief, so schnell sie konnte, die Treppe nach unten. Hatte sie sich nicht vorhin darüber beschwert, dass das Leben keine Überraschungen mehr bereithielte? So etwas aber hatte sie sich nicht gewünscht. Im Leben nicht.

Sie beeilte sich, zurück zur Promenade zu kommen.

Anke sah hoch und streckte die Hand aus. »Du warst aber schnell. Jacke?«

Katja hob ebenfalls den Arm. »Schampus?«

Doris ließ sich auf die Bank sinken und schüttelte den Kopf. »Nichts.«

»Schlüssel verloren?« Katja gähnte schon wieder. »Oder hast du beschlossen, das teure Zeug doch lieber allein zu trinken. Wenn du fünfzig bist.«

»Meine Mutter.«

»Mit deiner Mutter?« Anke lachte auf, dann stutzte sie und sah Doris an. »Hat sie angerufen? Ich denke, dein Handy ist zerbröselt?«

»Sie ist hier. Im Hotel. Oben auf dem Flur.«

»Du hast Halluzinationen. Das kommt vom Rotwein. Man sollte nie Rotwein zum Zander trinken, das geht auf die Augen.«

»Katja, das ist mein Ernst.« Doris rieb sich heftig die

Stirn. »Ich habe sie zum Glück rechtzeitig gesehen. Sie stand mit einem billigen Pikkolo vor meiner Tür und klopfte. Das macht sie wahrscheinlich jetzt die ganze Nacht über.«

»Das glaube ich nicht«, entgegnete Katja. »Das macht sie vielleicht noch eine halbe Stunde und dann lässt sie die Tür aufbrechen. Also erschrick nachher nicht, wenn du ins Bett gehst. Da liegt dann schon jemand.«

»Sie hat sich doch bestimmt ein Zimmer gebucht.« Anke versuchte, Doris zu beruhigen. »Oder meinst du, dass sie einfach so hier aufkreuzt und mit dir im Doppelbett schlafen will? Eigentlich ist das doch ganz süß, dass sie als Erste gratulieren möchte. Meine Mutter würde nicht auf die Idee kommen, mitten in der Nacht irgendwohin zu fahren, nur weil ich um Mitternacht Geburtstag habe.«

»Es geht ihr mit Sicherheit nicht ums Gratulieren«, entgegnete Doris resigniert. »Sie hat Angst, dass ich morgen nicht rechtzeitig oder gar nicht zu der Feier komme. Stellt euch doch vor, wie alle Gäste gespannt darauf warten, dass ich vor Freude über die Überraschung in Tränen ausbreche, und dann komme ich gar nicht. Was glaubt ihr, was die sagen? Das fällt doch alles auf Margret Goldstein zurück. Diese Schmach!«

»Du übertreibst.« Katja knöpfte ihre Jacke zu. »Damit hat sie doch nichts zu tun.«

»Sie hat mit allem etwas zu tun. Um meine Mutter dreht sich die Welt, das war früher schon so und wird mit jedem Jahr schlimmer.«

Fröstelnd schlang Anke ihre Arme um sich. »Und müssen wir die ganze Nacht hier sitzen bleiben? Mir ist jetzt schon kalt. Außerdem brauchen wir etwas zu trinken.«

»Das ist doch echt das Letzte.« Doris fuhr sich wütend

durch die Haare. »Muss sie mir so den Abend versauen? Ich traue mich überhaupt nicht mehr ins Hotel, ich laufe ihr garantiert in die Arme. Und dann haben wir sie an der Hacke. Da werde ich fünfzig und sitze mit Mutti in der Bar, das glaube ich nicht. Ihr habt überhaupt keine Vorstellung, wie sie uns gleich volltextet. An jedem Geburtstag erklärt sie vorwurfsvoll, wie schwer meine Geburt war, und dass ich von Anfang an keine Rücksicht auf sie genommen hätte. Ich könnte schreien.«

»Dann weiß sie, wo du bist.« Katja fand die Situation fast komisch. »Das ist mir auch lange nicht passiert, dass ich irgendwo im Kalten sitze und mich nicht nach Hause traue, weil ich Angst davor habe, dass Mutti Theater macht. Doris, fühlst du dich nicht sofort 35 Jahre jünger? Ich glaube, ich rauche auch gleich eine Zigarette. Heimlich und im Dunkeln. Herrlich. Wir müssen nur an den Schampus rankommen. Es ist doch schade um das gute Zeug.«

Doris konnte selbst darüber nicht lachen. »Was soll ich denn jetzt machen? Ich kann doch auf keinen Fall ...«

Anke streckte die Hand aus. »Mich erkennt sie bestimmt nicht. Gib mir mal deinen Zimmerschlüssel. Ich sehe nach, ob die Luft rein ist, dann hole ich den Champagner aus dem Kühlschrank. Und den trinken wir in meinem Zimmer. Du kannst auch bei mir schlafen, wenn deine Mutter vor deiner Tür campiert. Ich habe sogar eine Ersatzzahnbürste dabei.«

»Sehr gute Idee, Kerner«, sagte Katja anerkennend. »Doris, du bleibst hier und zählst bis 300, dann kommst du vorsichtig nach und wartest auf Lichtzeichen hinter Ankes Fenster. Wir ziehen dich dann am Bettlaken hoch.«

»Sehr witzig.« Doris stand auf und sah auf die Uhr. »Ich

habe gleich Geburtstag. Und ich will jetzt feiern. Und Spaß haben.«

»Auf einmal?« Katja klatschte in die Hände. »Es geht doch.«

»Also, passt auf«, sagte Anke. »Ich gehe ins Hotel. Ihr wartet draußen. Ich frage an der Rezeption, ob Margret etwas hinterlassen hat und in welchem Zimmer sie wohnt, und dann treffen wir uns bei mir. Und, Katja, lass dein Handy eingeschaltet! Wenn die Bahn frei ist, rufe ich an.«

»Und wenn nicht?« Skeptisch musterte Doris die beiden.

»Dann ...«, sagte Katja und zog Doris wieder auf die Bank. »Dann legen wir uns ein Stündchen hier hin und machen anschließend die Nummer mit den Bettlaken. Geh los, Anke, mein Mund ist schon ganz pappig.«

Das Foyer war, bis auf einen Hotelmitarbeiter an der Rezeption, leer. Anke ging auf ihn zu. »Guten Abend. Können Sie mir bitte sagen, ob Frau Goldstein schon eingetroffen ist? Margret Goldstein?«

Auch an seiner Jacke prangte ein Namensschild, »Thomas«. Etwas angestrengt blickte er hoch. »Sind Sie die Tochter? Frau Goldstein hat schon mehrere Male nach Ihnen gefragt. Ich habe auch einige Nachrichten.«

Ohne den Irrtum aufzuklären, nahm Anke die Nachrichten in Empfang und fragte mit dankbarem Augenaufschlag: »Wunderbar. Wo ist sie jetzt? In ihrem Zimmer? Welche Zimmernummer hat sie denn?«

»Die 139. Das ist Ihrem Zimmer gegenüber. Aber jetzt sitzt sie in der Bar. Ich soll Ihnen sagen, dass Sie sofort dorthin kommen müssen. Die Betonung soll auf ›sofort‹ liegen.«

»Okay.« Anke verbiss sich ein Lachen. »Ich hole nur

schnell etwas aus meinem Zimmer. Falls sie fragt, sagen Sie ihr bitte, ich wäre gleich da.«

»Danke«, antwortete Thomas erleichtert. »Einen schönen Abend noch.«

Mit einem Anflug von schlechtem Gewissen machte Anke sich auf den Weg nach oben. Doris sollte dem gestressten Thomas etwas mehr Trinkgeld bei der Abreise geben, andererseits gehörte das alles aber auch zu seinem Job, der sicher nicht immer ganz einfach war.

Sie lief diesmal die Treppen, der Aufruhr, falls der Fahrstuhl stecken bliebe, würde jetzt stören. Der Flur lag menschenleer vor ihr, trotzdem schaute sie sich verstohlen nach allen Seiten um, bevor sie die Tür leise öffnete und sofort hinter sich wieder schloss. Sie sah wohl einfach zu viele schlechte Krimis. Ohne Licht zu machen, tastete sie sich zum Kühlschrank, dankbar, dass alle Zimmer denselben Schnitt hatten.

Erst als sie mit dem Champagner sicher in ihrem eigenen Zimmer stand, gestattete sie sich zu kichern. Es war doch wirklich zu albern, sie benahm sich wie James Bond bei der Beschaffung von Geheimakten, bloß weil eine gleich fünfzigjährige Freundin auf der Flucht vor ihrer Mutter war.

Sie schaltete ihr Handy an, wählte Katjas Nummer und sagte: »Codename Freiheit. Zielobjekt sitzt noch in der Bar. Kommt auf dem direkten Weg zum Treffpunkt. Ende.«

Ohne die Antwort abzuwarten, legte sie auf und amüsierte sich wie Bolle.

Wenige Minuten später klopfte es an ihrer Tür. Anke öffnete und sah der nervösen Doris und der feixenden Katja entgegen. »Parole?«

»Lass den Blödsinn.« Ungeduldig schob Doris sie zur

Seite. »Mach die Tür zu! Und? Hast du an der Rezeption gefragt?«

»Habe ich.« Anke reichte Katja die Champagnerflasche. »Hier, die kannst du schon mal öffnen, du hast damit mehr Erfahrung als ich.«

»Es ist doch noch gar nicht so weit.« Katja tippte auf ihre Uhr. »Warte noch einen kleinen Moment. Erzähl erst mal von Queen Mum. Schläft sie schon in Doris' Bett?«

Anke reichte Doris einen Stapel Zettel. »Das sind Muttis gesammelte Nachrichten. Nein, sie hat ein eigenes Zimmer. Übrigens genau gegenüber von Doris. Sie kann dich durch den Spion sehen, wenn du nach Hause kommst. Jetzt im Moment sitzt sie noch in der Bar und wartet auf ihr Kind. Hat mir Thomas von der Rezeption gesagt. Er hat mich für das Kind gehalten. Du musst ihm morgen ordentlich Trinkgeld geben, Doris, deine Mutter hat ihn fertiggemacht. Wie lange dauert es noch?«

»Fünf Minuten.« Doris hatte angefangen, die Mitteilungen zu überfliegen.

»Hallo, Doris! Bin gerade angekommen, richte mich erst mal ein, melde Dich. M.«

»Hallo, habe noch etwas vergessen: Wir fahren morgen Mittag zusammen in ein nettes Lokal. Wegen Deines Geburtstags. Ich hoffe also, Du kommst nicht so spät von Deinem Spaziergang zurück. Bis gleich.«

»Habe gerade gehört, Du seist aushäusig essen. Allein? Ich kann wirklich nicht den ganzen Abend hier warten. Ich gehe also jetzt auch eine Kleinigkeit im Hotelres-

taurant essen, Du kannst ja nachher schauen, ob ich noch da bin. Bis gleich.«

Doris hatte übertrieben langsam vorgelesen, jetzt verfiel sie wieder in ihren normalen Ton, während sie die Nachrichten durchblätterte. »Du Schande, der Rest sind Notizen von der Rezeption. Sechs Stück, so oft hat sie angerufen. Im Halbstundentakt. Sie ist auf dem besten Weg, hysterisch zu werden.«

Katja griff zur Champagnerflasche. »Wenn wir gleich einen Heidenlärm hören, dann hat sie die Tür zu deinem Zimmer aufgetreten. Ist doch praktisch, dass sie auf demselben Flur wohnt, so kriegen wir alles hautnah mit. Jetzt aber feiern wir erst mal Geburtstag. Noch eine Minute, meine Liebe.«

Während sie langsam den Draht vom Korken drehte, waren plötzlich laute Klopfgeräusche draußen zu hören. Doris legte sofort den Finger auf die Lippen und sah die beiden anderen warnend an. Auf Zehenspitzen ging sie zur Tür und lauschte mit geneigtem Kopf.

»Doris? Doooris?«

Das Klopfen hörte auf, um nach einigen Sekunden wieder einzusetzen. Doris drehte sich zu Katja und gab ihr Zeichen, die Flasche nicht zu öffnen. Es war zu spät, der Korken hatte sich schon in Bewegung gesetzt. Mit unterdrücktem Kichern presste Katja ein Kopfkissen auf die Flasche. Der Champagner lief in Rinnsalen auf den Teppich.

Anke zischte ein leises: »Gieß ein«, und hielt ihr die Gläser hin. Mit dem tropfnassen Kissen in einer Hand schenkte Katja ein und flüsterte: »Das Klopfen hat aufgehört. Ist sie weg?«

Tatsächlich waren jetzt Schritte zu hören, die sich langsam

entfernten. Tief ausatmend lugte Doris durch den Spion in der Tür.

»Ich glaube, ja«, murmelte sie. »Aber sie kommt garantiert gleich wieder. Mit dem Hausmeister. Was …?«

Als sie sich umdrehte, standen Anke und Katja mit je einer roten Rose in der Hand vor ihr. Anke reichte ihr ein Glas und hob das eigene.

»Alles, alles Gute zum Geburtstag. Immer nur das Beste von allem, Gesundheit, Schönheit, Glück und Kreativität. Herzlichen Glückwunsch.«

»Und ab jetzt wieder regelmäßige Treffen mit uns.« Katja trat noch einen Schritt näher und umarmte Doris. »Dafür keine Stimmungen und Launen mehr, sondern genug Hormone für guten Sex.«

»Danke euch.« Doris lächelte, stieß mit ihnen an und trank. »Es fühlt sich nicht so schlimm an, wie ich dachte.«

»Das ist gut.« Katja betrachtete bedauernd die Flasche, die noch auf dem Tisch stand. »Ein Viertel von dem schönen Zeug ist bestimmt ins Kissen gesickert. Ich kann dir nachher die Lippen damit abtupfen. Aber du wolltest doch sowieso weniger trinken.«

»Severin, sie hat Geburtstag, sei doch mal nett.« Anke roch an dem Kopfkissen und legte es angewidert zur Seite. »Bah. Na ja, ich habe ja zwei. Das ist doch wirklich ein Vorteil, wenn man das Bett für sich allein hat. Was machen wir denn jetzt?«

»Na sicher nicht für den Rest des Abends hier stehen bleiben?« Katja ließ ihre Blicke durchs Zimmer wandern. »Zwei Sessel, also muss eine ins Bett. Ich opfere mich.«

Sie stellte ihr Glas ab. »Das haben wir früher auch immer gemacht. Uns auf Betten gelegt. Wisst ihr noch? Den Großteil unserer Redaktionssitzungen haben wir bäuchlings bestritten. Auf Betten, die höchstens einen Meter breit waren. Hatte überhaupt jemand von euch Sessel im Zimmer? Ich hatte nur einen Schreibtischstuhl. Ging auch.«

»Aber du ziehst die Schuhe aus.« Anke baute sich vor Katja auf und deutete auf ihre Stiefel. »Ich schlafe nachher nicht mit Straßendreck.«

»Kerner, was bist du spießig geworden.« Umständlich öffnete Katja die Reißverschlüsse ihrer Stiefel und ließ sich aufs Bett fallen. »Zieh mal, Doris.«

Schließlich saßen sie zu dritt, mit parallel ausgestreckten Beinen, die zusammengeknüllte Decke im Rücken, auf dem Bett, von dem aus sie auf den klaren Sternenhimmel blickten. Katja hatte ganz leise einen alten Popsong gesungen: »Happy Birthday, darling, may all your dreams come true«, bis Anke sie in die Rippen stieß. »Severin, du triffst nicht einen Ton. Und ich fand das Lied schon damals entsetzlich kitschig.«

»Ich finde es schön.« Doris lehnte ihren Kopf an die Wand und sah mit halb geschlossenen Augen aus dem Fenster. »Das passt jetzt auch zu meiner Stimmung. Es müssen ja nicht alle Sachen in Erfüllung gehen, aber vielleicht die wichtigsten.«

»Welche sind das?« Anke sah sie an. »Außer gesund und schön zu bleiben?«

Doris atmete tief durch. »Ach, so dies und das.«

Sie machte eine kleine Pause, in der es so aussah, als würde sie mit einem Gedanken kämpfen. Dann fragte sie: »Habt ihr schon mal etwas getan, was so unüberlegt und egoistisch war, dass ihr euch heute noch dafür schämt?«

»Nö. Schämen habe ich mir schon mit acht abgewöhnt«, antwortete Katja. »Wozu auch?«

»Ich meine es ernst? Gibt es das in euren Leben?«

In der Stille, die plötzlich entstand, betrachtete Doris die Gesichter links und rechts von sich. Beide hielten ihre Blicke auf den Sternenhimmel gerichtet. Beide waren nachdenklich geworden.

»Hat das nicht jeder in seinem Leben?« Katja antwortete ungewohnt ernst. »Aber man kann es sowieso nicht mehr ändern. Leider.«

»Was meinst du?«, fragte Anke. »Hast du die eine oder andere Korrektur in deinem hübschen Gesicht zu früh gemacht? Wärst du jetzt entspannter, wenn du einfach mit Antifaltencreme gearbeitet hättest?«

Aber Katja ging nicht auf ihren leichten Ton ein. »Nein. Das hatte mit dem Anspruch zu tun, den du beim Fernsehen erfüllen musst oder willst. Wenn du alt wirst, bist du weg. Ich habe mich davon wahnsinnig unter Druck setzen lassen und so ziemlich alles unternommen, um dabeizubleiben.«

Doris sah sie an. »Du hast ernsthaft diesen ganzen Stress mit dem Sport, den Diäten, den Schönheitsoperationen nur gemacht, um deinen Job zu behalten? Ich habe immer gedacht, du wärst gar nicht so ehrgeizig.«

»Doch.« Katja winkelte die langen Beine an und starrte an die Decke. »Ich wollte zum Fernsehen. Ich wollte, dass mich viele Menschen sehen und mich toll finden. Und dafür hätte ich alles getan. Habe ich übrigens auch. Und oft auch ohne Rücksicht auf Verluste. Aber der liebe Gott straft alles, vielleicht war das Leben in den letzten Jahren nur so anstrengend, weil ich auch etwas gemacht habe, für das ich mich heute schäme. Und was sich nicht mehr ändern lässt.«

»Du meinst Hermann?« Anke legte ihre Hand auf Katjas Knie. »Also, so schlimm finde ich das nun auch nicht. Tausende Frauen haben Affären mit ihren verheirateten Chefs. Und nicht nur mit ihren Chefs. Das ist doch fast normal.«

»Nein, Anke.« Katja drehte ihr Gesicht so, dass sie Anke ansehen konnte. »Es ist etwas anderes, es hatte sogar mit dir zu tun.«

»Mit mir?« Erstaunt ließ Anke die Hand wieder sinken und stützte sich auf. »Was war das denn?«

»Wir haben doch …«, begann Katja und brach wieder ab. Sie setzte sich in den Schneidersitz, sodass sie Anke und Doris ansehen konnte. Ihre Augen glänzten, Anke fragte sich verwundert, ob das Tränen waren.

»Wir haben was?«, fragte sie erwartungsvoll. »Mach es doch nicht so spannend.«

Katja verschränkte die Hände so fest, dass ihre Fingerknöchel weiß wurden. Dann sagte sie: »Als wir damals den Preis für die ›Wilden Wörter‹ bekommen haben, gab es doch ein Gespräch mit diesem Dr. Winter, wisst ihr noch? Das war der Vorsitzende der Jury. Er kam in die Schule, um uns selbst mitzuteilen, dass wir gewonnen hätten.«

Doris nickte. »Ich weiß. Er war nett. Wir saßen mit ihm im Lehrerzimmer und der Direx ist fast übergeschnappt vor Stolz. Und dann musste ich weg, weil meine Mutter sich ausgesperrt hatte.«

»Ich war gar nicht dabei«, erinnerte sich Anke. »Ich war damals wegen meiner Weisheitszähne im Krankenhaus. Du hast mich danach besucht, um mir alles zu erzählen, und ich konnte noch nicht mal lachen, weil ich so ein geschwollenes Gesicht hatte.«

Katja nickte ernst. »Der Preis bestand zum einen aus einem Scheck über 1500 Mark und …« Sie stockte und Doris sprang ein: »Und diesem komischen Pokal, den wir nachher für Stifte benutzt haben. Das hässlichste Teil, das jemals in der Schule gestanden hat. Wo ist der eigentlich abgeblieben?«

»Den habe ich.« Anke hob die Schultern. »Als Erinnerung. Ihr habt ihn ja nicht gewollt.«

»Es gab noch etwas.« Katja holte tief Luft und sprach jetzt sehr schnell. »Dr. Winter hatte eine Volontariatsstelle bei den ›Nord-Nachrichten‹ für uns, gleich nach dem Abitur. Es war nur eine und wir sollten uns einigen. Ich wollte unbedingt ins Mediengeschäft und hatte Angst, dass Anke die Stelle auch will. Du warst talentierter als ich, Anke, du hättest die Stelle bekommen. Deshalb habe ich es euch nicht gesagt.«

Langsam hob Anke den Kopf und sah Katja an. Doris schnappte regelrecht nach Luft. »Deshalb hattest du so schnell das Volontariat? Du hast gesagt, der Chefredakteur sei ein Freund deines Vaters gewesen. Hat denn keiner gefragt, warum Anke und ich nicht wollten?«

»Doch.« Katja hielt Ankes Blick stand. »Ich habe gesagt, ihr hättet schon Studienplätze. Das stimmte für Doris ja auch. Dr. Winter hat mir geglaubt, dass es mit euch abgesprochen wäre. Ich bin einfach damit durchgekommen, es war nicht zu fassen.«

»Ich habe dich so beneidet.« Ankes Stimme war rau. »Ich dachte, du hättest einfach mehr Glück als ich. Dass du nur weniger Skrupel hattest, darauf bin ich nicht gekommen.«

Sie schwang ihre Beine vom Bett und stand auf. Doris sah ihr erschrocken zu.

»Wo willst du hin?«

Mit ruhigen Bewegungen durchsuchte Anke ihre Handtasche. »Ich gehe auf den Balkon und rauche eine Zigarette. Allein. Sonst mache ich auch gleich etwas, das mir noch in zwanzig Jahren leidtut.«

Die Balkontür fiel hinter ihr zu. Im Schein des Feuerzeugs war ihr Gesicht kurz zu erkennen, danach wurde es von der dunklen Nacht verschluckt. Nur die helle Glut verriet, dass sie dort stand und rauchte.

»Warum hast du uns das jetzt erzählt?«, fragte Doris sehr leise. »Wolltest du dein Gewissen beruhigen? Nach so langer Zeit?«

»Ich weiß es nicht.« Katjas Stimme klang tränenerstickt und Doris stellte verblüfft fest, dass die coole Severin heulte wegen einer Geschichte, die so alt war, wie ihr derzeitiger Liebhaber. Sie griff nach einem Paket Taschentücher, die auf dem Nachttisch lagen, und warf sie ihr zu.

»Danke.« Umständlich putzte Katja sich die Nase. »Ich habe mir damals gar nicht so viele Gedanken gemacht. Aber in den Tagen hier kam so vieles wieder hoch. Und irgendwie hatte ich plötzlich das Gefühl, dass auch ich Schuld an Ankes Situation habe. Hätte sie das Volontariat gemacht, wäre daraus auch eine Karriere geworden, da bin ich mir fast sicher. Jetzt beschäftigt sie sich für wenig Geld mit Meerschweinchen und Zwerghasen, das ist doch furchtbar. Das kann ich doch nie wiedergutmachen.«

Die Balkontür ging plötzlich wieder auf. Katja biss sich auf die Lippen und putzte sich noch mal die Nase. Sie beobachtete Anke, die eine Zigarettenschachtel in ihrer Handtasche verstaute und sich anschließend auf den alten Platz im Bett setzte.

»Du bist total verschmiert, Severin«, sagte sie mit einem Seitenblick. »Mach mir keine Make-up-Flecken ins Bett. Und du redest völligen Schwachsinn. Die Balkontür war nicht ganz zu. Von wegen Schuld an meiner Situation. Wofür hältst du dich? Für den lieben Gott? Ein Volontariat ist doch keine Garantie für eine Karriere bei einer Zeitung. Es wäre ein Anfang gewesen, okay, und den hast du mich nicht machen lassen. Aber das alles ist drei Jahrzehnte her. Vielleicht hätte ich es gar nicht durchgezogen, vielleicht hätte es mir auch nicht gefallen, vielleicht hätte mein Talent nicht gereicht, aber das ist jetzt auch alles egal. Geh dich mal abschminken, du hast schon ganz rote Augen vom Reiben. Und dabei kannst du dir ja einen anderen Anfang überlegen, etwas, das wir jetzt machen können. Und bring schon mal den kleinen Champagner aus deiner Minibar mit, der geht auf dich.«

Während Katja in ihrem Zimmer damit beschäftigt war, sich die Reste ihres Make-ups aus dem Gesicht zu wischen, blieben Anke und Doris in dieser halb liegenden, halb sitzenden Stellung auf dem Bett.

Anke hatte ihren Blick wieder auf die nächtliche Ostsee gerichtet. Sie bewegte sich nicht, sie wollte keine Energien mehr auf etwas verschwenden, was nicht zu ändern war.

»Ich hätte niemals gedacht, dass Katja so ehrgeizig ist«, sagte Doris plötzlich. »Sie hat alles immer so spielerisch gemacht und nichts richtig ernst genommen. Eigentlich müsstest du richtig sauer auf sie sein.«

Anke zuckte die Achseln. »Das nützt doch nichts. Komisch, ich habe immer gedacht, ich hätte einfach nur Pech gehabt. Eigentlich ist es ganz erleichternd, wenn man plötzlich erfährt, dass nicht das Schicksal, sondern dass Severin das Ding gedreht hat. Wäre ich damals zum richtigen Zeitpunkt am richtigen Ort gewesen, hätte ich vielleicht die Stelle bekommen. Alles wegen der blöden Weisheitszähne.«

»Es war aber unfair. Ich hatte ja nie richtiges Interesse daran, zu einer Zeitung zu gehen. Aber du wolltest es, und das wusste Katja auch. Und trotzdem hat sie dich weggekickt.«

Anke spürte Doris' mitleidige Blicke und fühlte sich dabei unwohl. »Jetzt guck mich nicht so an, als sei ich waidwund. Es ist alles okay. Außerdem ... hätte ich sowieso abgebrochen. Wann hat Katja denn da angefangen? Das war doch im Oktober, oder? Da hätte ich gar nicht gekonnt.«

Überrascht sah Doris sie an. »Warum? Du hast deine Ausbildung doch erst im Frühjahr darauf angefangen. Wir haben uns damals zufällig in der Innenstadt getroffen, du warst auf dem Weg zum Verlag und ich bin mit meiner ...«

»Ich war schwanger«, unterbrach Anke den Wortschwall. »Ich hatte einen Abbruch, nach dem es mir richtig elend ging. Im Oktober war ich noch in der Klinik.«

»Schwanger?« Doris riss es fast aus den Kissen. »Wann? Du hattest doch damals gar keinen Freund. Wer war denn der Vater? Und wieso Abbruch? Das wusste ich ja gar nicht. Und ...«

Abrupt stieß Anke sie an und machte ein Zeichen. Doris war sofort still und schon hörte sie das Telefon im Nebenzimmer, in ihrem Zimmer, läuten. Gleichzeitig begann wieder das Klopfen an der Zimmertür.

»Deine Mutter«, flüsterte Anke. »Und sie redet mit jemandem.«

Sie standen gleichzeitig auf und gingen auf Zehenspitzen zur Tür. Margret Goldstein sprach allerdings jetzt so laut, dass sie es auch vom Bett aus verstanden hätten.

»Nun öffnen Sie schon die Tür. Vielleicht liegt meine Tochter tot im Zimmer, sie geht auch nicht ans Handy, sie kann doch nicht verschwunden sein.«

Die Männerstimme war leiser und nicht genau zu verstehen bis auf Wortfetzen wie »Kein Grund …«, »Ich kann doch nicht …« und »Aushäusig …«.

»Lieber Gott«, flüsterte Doris genervt. »Sie nimmt wirklich das Zimmer auseinander.«

In diesem Moment kam ein anderes Geräusch dazu, eine Tür klappte, dann hörten sie einen Ausruf von Margret. »Katja? Katja Severin? Du bist es. Das ist eine Freundin meiner Tochter. Weißt du, wo Doris steckt? Hast du sie gesehen?«

Doris stöhnte und sah Anke verzweifelt an. »Wieso kommt die denn jetzt raus? Ist die total irre?«

Anke winkte ab und presste ihr Ohr an die Tür.

»Hallo, Frau Goldstein«, hörten sie Katjas verschlafen wirkende Stimme. »Das ist ja eine Überraschung. Was ist denn hier los? Ich war schon im Bett und wurde wach.«

»Doris wohnt doch in diesem Zimmer. Ich bin seit dem frühen Abend schon im Hotel und versuche, sie zu finden, aber vergeblich. Sie geht nicht ans Handy, sie reagiert nicht auf die Nachrichten, die ich ihr hinterlassen habe, und das, obwohl sie die bekommen hat, was ist denn mit ihr los? Ich muss jetzt nachsehen, ob etwas passiert ist, aber der junge Mann hier weigert sich, das Zimmer zu öffnen. Als ob meine Tochter Geheimnisse vor mir hätte, das ist doch wohl das Letzte.«

»Da müssen Sie sich keine Gedanken machen. Ich war mit ihr zum Abendessen, gemeinsam mit Freunden. Vermutlich sitzen die noch in dem Lokal und haben sich verquatscht. Oder sie bekommen kein Taxi. Aber sie war vorhin noch sehr fidel.«

»Es ist fast ein Uhr morgens.« Statt erleichtert reagierte Margret empört. »Mit wem ist sie denn da?«

»Mit einer Christine. Und deren Bruder.«

»Kenne ich nicht.« Die Empörung wurde nicht geringer. »Und jetzt?«

Der Nachtportier verabschiedete sich leise und Katja sagte beruhigend: »Jetzt gehen wir alle ins Bett und morgen beim Frühstück treffen wir uns wieder. Auch mit Doris. Also, gute Nacht.«

»Und dafür bin ich extra gekommen. Hat Doris dir denn gesagt, ob sie morgen pünktlich erscheint? Oder was?«

»Gute Nacht, Frau Goldstein. Bis morgen.«

Die Tür klappte zu, nach einem kurzen Moment waren auch Margrets Schritte zu hören und das Geräusch eines Schlüssels am Ende des Flures.

»Sie ist im Zimmer.« Anke sprach wieder lauter. »Wenn Severin jetzt nichts fallen lässt, müsste es glattgehen.«

Sie zählte bis zehn und öffnete vorsichtig die Tür. Katja trat gerade barfuß aus der Nebentür, tapste lautlos die fünf Schritte und huschte an Anke vorbei ins Zimmer.

»Geschafft«, flüsterte sie. »Und ich hatte sogar zwei Pikkolos Champagner in der Minibar. Habt ihr alles mitbekommen?«

Ungeschminkt hatte Katja kaum etwas von einer mondänen Fernsehfrau. Ungeschminkt und in einer bequemen Jogginghose, einem geringelten T-Shirt und mit bloßen Füßen sah sie aus wie Katja aus Klasse dreizehn nach dem Volleyballtraining. Anke ließ sich von dem Anblick rühren und schob die Gedanken an verpasste Chancen weit von sich.

Katja blieb unsicher mitten im Zimmer stehen. »Ich weiß jetzt nicht richtig, was ich sagen soll ...«

»Nichts«, entgegnete Anke und hielt ihr das leere Glas vor die Nase. »Zu dem Thema ist alles gesagt. Wir können jetzt weiter Geburtstag feiern.«

Sie ignorierte den forschenden Blick von Doris, die natürlich etwas anderes von ihr hören wollte, und ließ sich von Katja Champagner einschenken. Und das, obwohl sie langsam Sodbrennen bekam.

Während sich Katja wieder auf das Bett setzte, sagte Doris: »Ich traue mich überhaupt nicht in mein Zimmer. Meine Mutter hat bestimmt einen Draht gespannt, der Lichtsignale bei ihr auslöst, wenn ich meine Tür öffne.«

»Dann bleib doch hier. Katja hat sich auch schon bettfertig gemacht, du kannst meinen Bademantel haben, wenn du willst. Falls deine Hose kneift.«

»Sieht man das?« Erschrocken sah Doris an sich hinab. »Ich habe viel zu viel gegessen, es fühlt sich alles so eng an.«

Kurze Zeit später kuschelten sie sich wieder nebeneinander auf das Bett. Doris im weißen Hotelbademantel, Anke in blauer Jogginghose und einem gelben T-Shirt. Ihre nackten Füße, alle mit dem gleichen Nagellack, waren Doris ein Foto wert, anschließend behauptete sie, dass Anke die schönsten Füße hätte.

»Das kommt davon, dass sie immer so vernünftige Schuhe trägt«, murmelte Katja. »Bei mir lassen sich zwanzig Jahre Highheels leider nicht verleugnen.«

»Siehst du.« Anke stopfte sich noch ein Kissen in den Rücken. »Das spricht gegen meine mögliche Karriere in den Medien. Ich konnte noch nie gut mit hohen Absätzen laufen, eure Kleiderordnung hätte mich umgebracht. Dieser Champagner tut es übrigens auch. Ich habe schon Sodbrennen, den Rest könnt ihr allein trinken.«

»Ich möchte auch nichts mehr.« Doris stellte ihr leeres Glas auf den Boden. »Man kann gute Vorsätze auch zum

Geburtstag fassen, die von Silvester halte ich nie ein. Anke, hast du noch Cola in der Minibar? Oder Saft?«

»Bestimmt. Geh gucken.«

Katja beobachtete Doris, die barfuß durchs Zimmer lief. »Warum spricht dein ältester Sohn nicht mehr mit dir?«

Doris verharrte kurz, bevor sie an der Minibar in die Knie ging und die Tür öffnete. »Wie kommst du da jetzt drauf?«

»Weil ich glaube, dass du daran gedacht hast, als wir vorhin von Dingen sprachen, für die man sich schämt. Ich habe gebeichtet, jetzt kommst du.«

»Katja.« Anke stieß sie leicht an. »Wir veranstalten doch hier kein Tribunal.«

»Warum nicht?« Ihr abgeschminktes Gesicht glänzte. »Wir hängen hier in unvorteilhaften Klamotten und Bademantel, ohne Schminke, ohne Maske, ohne Rolle auf einem Bett rum. Wenn wir jetzt nicht offen reden, wird es nie mehr was. Und manche Geschichten verlieren ihren Schrecken, wenn man über sie spricht.«

»Vielleicht beruhigt man sich selbst, aber für andere bleibt es grausam.« Doris kam langsam zum Bett zurück, in jeder Hand eine Flasche Saft. Sie drehte die Schraubverschlüsse umständlich auf und ließ sich wieder aufs Bett sinken. »Sascha hat sich kurz vor seinem Abitur in eine Frau verliebt. Sie hieß Carolina, war eine polnische Studentin und hat bei Torsten in der Firma ein Praktikum gemacht. Sie war 26. Das Praktikum dauerte vier Monate.«

»Und weiter?« Katja fragte nur, weil Doris eine sehr lange Pause machte. Erst nach einem Räuspern redete sie weiter. »Sascha war nie der Superschüler. Er hatte ziemlichen Stress vor dem Abitur und dann brachte ihn diese Carolina auch noch total durcheinander. Ich habe gar nicht verstanden, was diese erwachsene Frau mit einem Abiturienten wollte …«

Katja hustete so demonstrativ, dass Doris stockte. »Dein Liebhaber ist erwachsen, wenn auch zu jung, aber Sascha war gerade mal volljährig, ein Kind. Das war etwas ganz anderes. Und sie passte auch gar nicht zu ihm. Außerdem lebte sie in Warschau und wollte nur diese vier Monate bleiben. Und plötzlich war sie dauernd bei uns, saß morgens in der Küche und tat so, als wäre sie mit Sascha seit hundert Jahren zusammen.«

»Und da wurde Mutti eifersüchtig?« Katja hatte wieder den alten Sarkasmus in der Stimme.

»Nein.« Doris schluckte. »Nicht eifersüchtig. Vielleicht könnt ihr das nicht verstehen, weil ihr selbst keine Kinder habt, aber ich werde ganz verrückt, wenn ich merke, dass jemand einem meiner Söhne schaden könnte. Außerdem hatte Carolina sich bei einem Freund Geld geliehen, das sie nicht mehr zurückzahlen konnte. Dadurch fühlte sie sich auch noch bedroht. Sie hatte Umgang mit ganz eigenartigen Typen. Das hat mir Sascha selbst erzählt. Mit so jemandem will man doch nichts zu tun haben. Ich sah Sascha schon völlig abrutschen. Und dann kotzte sie mir eines Morgens das Badezimmer voll, genau zwei Wochen vor Ablauf des Praktikums, und sagte mir heulend, sie wäre schwanger.«

»Lass mich raten.« Katja musterte ihre Zehen und spreizte sie. »Du hast ihr Geld gegeben und sie in die Wüste geschickt.«

Doris umschlang ihre Knie und legte die Stirn darauf. »Nicht in die Wüste, aber zurück nach Warschau.«

»Und dein Sohn?« Anke sah sie mit großen Augen an. »Was hat er dazu gesagt?«

»Er hatte keine Ahnung.« Doris' Lächeln war bitter. »Carolina hatte sich vorher, wie mit mir abgesprochen, von ihm getrennt und gesagt, dass sie zu ihrem polnischen Freund zurückgehe, es sei für sie nur ein Spaß gewesen.«

»Und was war mit dem Kind?«, fragte Katja.

»Kind?«, stieß Doris verächtlich aus. »Die war gar nicht schwanger, aber anschließend schuldenfrei.«

»Unglaublich«, Anke schüttelte den Kopf, »das klingt wie aus einem schlechten Roman.«

»Aber ohne Happy End. Später hat Sascha aus einer blöden Laune heraus Carolina gesucht. Und leider auch gefunden, verheiratet mit einem reichen Mann, und sie hat ihm alles gesagt. Nämlich, dass ich sie dafür bezahlt habe, ihn zu verlassen. Trotzdem kann er mir nicht verzeihen, dass ich mich in sein Leben eingemischt habe.«

Sie trank den Saft aus der Flasche und starrte wieder in den Sternenhimmel. »Und vermutlich hat er damit recht. Aber ich kann es nicht rückgängig machen. Ich wollte ihm nicht wehtun, ich dachte, es wäre für ihn das Beste.«

»Wenn Menschen meinen zu wissen, was für andere das Beste ist …« Anke lehnte ihren Kopf an die Wand und schloss kurz die Augen. »Geschichten wiederholen sich, Doris. Wir sind vorhin bei einem Thema hängen geblieben, als deine Mutter dazwischenkam.«

Doris sah Anke fragend an, und die berichtete, emotionslos, fast wie ein Reporter:

»Ich war schwanger. Es war der 2. September, als ich den Schwangerschaftstest gemacht habe. Positiv. Ich hatte keine Ahnung, was ich empfinden sollte, aber das brauchte ich auch nicht. Weil meine Mutter den Test gefunden hat. Und genauso schnell und effektiv wie du es erledigt hast, Doris, hatte auch meine Mutter einen Plan für mich. Ratzfatz war die Geschichte erledigt. Bevor ich mich besinnen konnte, war alles wieder auf null. Als ich danach wochenlang Blutungen und Depressionen hatte, erklärte meine Mutter das der Familie mit einem üblichen Frauenleiden. Niemand hat nachgefragt.« Für einen Moment stockte ihre Stimme, dann sagte sie leise: »Versteh mich bitte nicht falsch, Doris, aber ich kann heute meine Mutter noch nicht in den Arm nehmen. Sie hat es für sich gemacht. Um mich ging es dabei nie.«

Eine Träne lief Doris über die Wange, sie wusste selbst nicht, ob vor Mitleid für Anke oder aus Scham über sich.

Katja beugte sich vor, griff nach der einen Pikkoloflasche und sagte: »Bevor ihr euch weiter zerfleischt: Es bringt nichts. Für dich, Anke, ist das alles sicherlich furchtbar gewesen, aber es ist so lange her. Und du Doris: Vielleicht lernst du doch noch, dass man nicht alles im Leben kontrollieren muss. Und vielleicht gibt es doch noch ein Happy End und dein verlorener Sohn kommt morgen zu deinem Geburtstag. Und alles wird wieder gut.«

Elektrisiert fuhr Doris hoch. »Wie kommst du darauf?«

»Keine Ahnung.« Katja hob die Schultern. »Aber so ein runder Geburtstag ist doch immer irgendwie Pflicht.«

Ratlos lehnte Doris sich wieder zurück. »Das glaube ich kaum. Na ja, ist auch egal.« Sie biss sich auf die Unterlippe und dachte nach. Dann sagte sie: »Das ist auch ein Grund, warum mir dieser Geburtstag so bevorstand.«

»Weil du Angst hast, was die Leute sagen, wenn deine Familie nicht komplett ist?« Katja sah Anke vielsagend an. »Hören wir da Margret Goldsteins Stimme?«

»Nein. Weil ich Angst davor habe, wie ich mich fühle, wenn er tatsächlich nicht kommt.«

Doris wandte sich zu Anke.

»Von wem warst du damals eigentlich schwanger?«

»Das ist doch egal. Ein One-Night-Stand. Der Mann hat es noch nicht einmal richtig mitbekommen.«

Doris bekam große Augen. »So etwas hast du gemacht? Ausgerechnet du? Das glaube ich nicht.«

»Warum nicht?« Anke bekam vor lauter gespielter Lässigkeit fast Nackenschmerzen. »Ihr tut immer so, als wäre ich damals die langweiligste Tussi an der ganzen Schule gewesen. ›Tussi‹ sagt heute auch kein Mensch mehr, oder? Daran merkt man, dass man älter wird, man hat eine andere Sprache.«

»Lenk doch nicht ab, jetzt, wo es gerade spannend wird.« Katja rollte sich auf den Bauch und sah Anke an. »Du warst wirklich niemand, der nachts um die Häuser gezogen ist, du hast Discos gehasst, mochtest nie tanzen, wo hast du denn in der Zeit einen Typen aufgerissen?«

»Ach, den kann man auch beim Einkaufen kennenlernen. Oder im Schwimmbad.«

»Natürlich«, nickte Katja. »Du bezahlst an der Kasse Tomatenketchup, Milch und Dosenerbsen und gehst anschließend mit dem Typen hinter dir in die Kiste. Weil er Pommes im Wagen hatte. Das passte so gut. Das glaubst du doch wohl selbst nicht.«

Anke stieg umständlich über Katja und stand auf. »Ich muss mal. Und ich weiß gar nicht, wo er mir genau über den Weg gelaufen ist. Das ist mir einfach passiert. Es ist doch wirklich völlig egal.«

Sie ließ die Tür auf, Katja und Doris sahen sich an. »Man merkt, dass sie alleine lebt«, sagte Doris und etwas lauter: »Anke, mach die Tür zu. Ich hasse diese Pullergeräusche.«

»Wir beide sind früher sogar zusammen aufs Klo gegangen. In eine Kabine und haben nacheinander …« Katja drehte sich wieder auf den Rücken und verschränkte die Arme im Nacken. »Das hat dich doch nie gestört. Jetzt werd mal nicht spießig.«

Sie schloss die Augen. »Mir ist irgendwie schwummerig. Ist noch was in der Flasche?«

»Nein.« Doris hob die leere Pikkoloflasche hoch. »Leer. Ich habe aber nicht so viel davon getrunken.«

»Gut.« Katjas Stimme klang plötzlich schläfrig. »Sehr gut.«

Als Anke wieder zum Bett kam, warf sie nur einen kurzen Blick auf Katja und kletterte vorsichtig über sie hinweg.

»Severin schläft«, sagte sie. »Das konnte sie früher schon. Redet und tanzt die halbe Nacht und dann setzt sie sich in eine Ecke und macht die Augen zu. Weißt du noch? Die Klassenfahrt nach London? Da legte sie sich doch in einem Pub einfach auf die Bank. Wenn sie müde ist, ist sie müde.«

»Beneidenswert.« Doris musterte Katjas tief entspanntes Gesicht. »Und ich wälze mich jede Nacht von einer Seite auf die andere. Falls ich nicht gerade die Bettwäsche wechseln muss, die ich gerade durchgeschwitzt habe.«

»Hast du das hier auch?«

»Nicht so schlimm.« Doris war selbst über die Antwort überrascht. »Jetzt, wo du das sagst, fällt es mir erst auf. Seltsam.«

»Ich habe mal gelesen, dass Asiatinnen so etwas wie Wechseljahre überhaupt nicht kennen. Sie haben noch nicht einmal ein Wort dafür.«

»Ja, und?«

Anke sah sie an. »Sie haben keine Wechseljahressymptome, weil sie das Altwerden schön finden. Die Alten werden dort verehrt, deshalb gibt es keinen Grund, sich vor dem Alter zu fürchten. Vielleicht fürchtest du dich ja auch nicht mehr so sehr.«

Doris erwiderte ihren Blick. Dann lächelte sie. »Vielleicht. Zumindest fühle ich mich nicht mehr so allein beim Älterwerden.« Sie machte eine kleine Pause. »Wer war der Mann?«

Anke wandte sich ab. »Doris, bitte.«

»Wieso ist dir das so peinlich? Weil du denkst, dass ich so etwas verurteile, nur weil ich immer mit Torsten zusammen war? Das stimmt übrigens gar nicht, ich hatte mal eine Auszeit, ich habe mich sogar damals ganz furchtbar in jemand anderen verliebt. So sehr, dass ich nicht mehr wusste, was ich tun sollte. Ich war so durcheinander, dass ich sogar die Abifahrt abgesagt habe.«

»Ich denke, du warst krank?« Mit einem unergründlichen Ausdruck sah Anke sie an. »Du hattest doch eine ganz schwere Sommergrippe.«

»Nein.« Doris schüttelte den Kopf. »Die hatte ich mir ausgedacht, wir waren doch alle schon volljährig und konnten unsere Entschuldigungen selbst schreiben. Aber wenn ich mitgefahren wäre, dann hätte alles auffliegen können, davor hatte ich Angst.«

»Was hätte auffliegen können?«

Doris setzte sich aufrecht hin und atmete tief aus. »Ich habe es noch nie erzählt. Aber seit wir neulich darüber gesprochen haben, dass ich immer nur Torsten hatte, geht es mir nicht mehr aus dem Kopf.«

»Was?«

»Die Geschichte mit Tim Schneider.«

»Schneider. Der Referendar? Bei dem wir Sport hatten?« Anke lächelte. »Der war ja auch süß. Und in den warst du verliebt? Da warst du aber nicht die Einzige.«

»Ich habe mit ihm geschlafen.«

»Du?« Ungläubig setzte sich jetzt auch Anke auf. »Mit einem Lehrer? Das ist nicht wahr.«

»Er war doch nur Referendar. Noch kein Lehrer. Ich habe ihn zufällig in den Osterferien getroffen. Meine Eltern hatten damals in Timmendorf ein Ferienhaus gemietet. Ich bin für ein paar Tage hingefahren, und als ich alleine am Strand spazieren ging, lief er mir über den Weg. Und dann haben wir uns stundenlang unterhalten.«

Doris richtete ihren Blick auf die dunkle Ostsee. Plötzlich waren die Bilder ganz deutlich: Tim, der in Jeans und roter Regenjacke vor ihr lief, die Beine der Hose hochgekrempelt, die dunklen Locken vom Wind zerzaust. Sie selbst mit Herzklopfen, die langen Haare zum Pferdeschwanz gebunden, in einem weißen Rollkragenpullover und Gummistiefeln. Oder sie beide zusammen in einem Café am Marktplatz, im Radio lief Barclay James Harvest, sie tranken Schokolade mit Sahne und unter dem Tisch berührten sich ihre Knie. Sie hörte mit glänzenden Augen zu, wenn Tim von seinem Studium erzählte, er roch so gut und hatte dieselben Bücher gelesen wie sie. Er war schon erwachsen, er wusste genau, was er wollte, und er fand sie toll.

Sie hatte sich verliebt. Gegen alle Vernunft und mit einer Verwegenheit, zu der sie später nie mehr fähig gewesen war. Abends verabschiedete sie sich von ihren Eltern und fuhr mit ihrem grünen VW-Käfer in Tims Hotel.

»Es ist einfach so passiert. Nach den Osterferien gingen die Abiturklausuren los, es war diese besondere Zeit, alles fing doch erst an. Und ich dachte, ich würde etwas verpassen.«

Katja seufzte im Schlaf, Anke warf einen kurzen Blick auf sie und wandte sich wieder an Doris. »Und wie lange ging das?«

»Nicht lange.« Doris zog die Beine dichter an den Körper. »Wir haben uns zwei- oder dreimal getroffen, aber zu Hause war der Ostseezauber weg, und ich bekam ein schlechtes Gewissen. Er auch. Wenn auch aus anderen Gründen. Und dann war es vorbei. Das letzte Treffen war nach der letzten Klausur.«

»Wusste Torsten das?«

»Nein. Ich habe ihm damals gesagt, ich müsste allein lernen, und habe alles auf meine Prüfungsangst geschoben. Damit kam ich durch. Und nach dem Abitur war die Sache sowieso erledigt. Ich habe Tim nie wiedergesehen.«

»Und weil Tim Schneider als Begleitperson bei der Abschlussfahrt dabei war, bist du nicht mitgefahren?«

Doris nickte. »Ich hatte noch nie ein Pokerface. Jeder hätte mir etwas angesehen. Ich war noch ziemlich durcheinander. So war es besser.«

Beide schwiegen. Dann drehte Katja sich zu Anke und schlang ihr Bein um sie. Vorsichtig versuchte die, sich aus dem Klammergriff zu lösen, ohne Katja zu wecken.

»Severin ist anhänglich«, sagte Doris lächelnd. »Trotz des jungen Liebhabers.«

»Es war nicht besser, dass du nicht mitgefahren bist«, sagte Anke plötzlich ernst. »Für mich nicht. Ganz im Gegenteil. Es wäre alles nicht passiert, wenn du da gewesen wärst.«

»Aber wieso …?« Doris' Lächeln erstarb, als sie Ankes Gesichtsausdruck begriff. »Du hast … mit …? Torsten? Der Mann … war …?«

Katja rollte sich mit Schwung auf die andere Seite und fiel krachend aus dem Bett.

Der erste Gedanke, der Doris beim Aufwachen durch den Kopf schoss, war: ›Ich habe Geburtstag.‹ Und der zweite: ›Torsten und Anke.‹ Sie stöhnte und öffnete die Augen. Es war erst acht Uhr, sie hatte nur vier Stunden geschlafen. Mühsam rappelte sie sich hoch, lehnte sich an die Rückwand des Bettes und rieb sich die brennenden Augen. Entgegen aller Gewohnheiten hatte sie sich gestern Abend nicht abgeschminkt, die Reste der Wimperntusche rieselten auf die weiße Bettdecke.

Torsten und Anke.

Diese Vorstellung war ihr so sehr in den Magen gefahren, dass sie Katjas Sturz aus dem Bett überhaupt nicht richtig wahrgenommen hatte. Während Katja stöhnend auf dem Boden saß und sich die Schulter hielt, hatte sie nur Anke anstarren können, fassungslos und mit aufsteigenden Tränen. Anke hatte versucht, ihr die Hand auf den Arm zu legen, Doris hatte sie abgeschüttelt und war zur Minibar gegangen. Gute Vorsätze hin oder her, sie trank den Cognac aus der Flasche.

Natürlich schockte sie das jetzt noch, auch wenn Katja versucht hatte, es abzumildern. Es sei über dreißig Jahre her und Torsten habe es noch nicht einmal mitbekommen. Sie selbst habe doch bei der Geschichte mit Tim gemerkt, wie schnell man sich verlieben könne, sie würde das alles jetzt viel zu hoch hängen.

Anke hatte die ganze Zeit geschwiegen, bis Doris die Nerven verlor und nur noch heulte.

»Jetzt wirst du hysterisch«, hatte Anke daraufhin klar und deutlich gesagt. »Ich habe dir nicht gestanden, dass ich mit Torsten eine jahrelange Affäre hatte, sondern nur, dass wir einmal beide besoffen miteinander geschlafen haben. Mehr ist doch gar nicht passiert. Es hatte überhaupt keine Auswirkungen auf dein Leben.«

Doris war aufgesprungen und hatte schluchzend das Zimmer verlassen. Margret auf dem Flur zu treffen, empfand sie als die kleinere Bedrohung.

Eine halbe Stunde später hatte Katja geklopft. »Doris, mach auf. Ich hole sonst deine Mutter. Das ist hier wirklich Kinderfasching. Wir sind erwachsen, jetzt denk doch mal nach, worum es eigentlich geht.« Sie hatte Anke an der Hand hinter sich hergezogen.

Katja hatte Anke und Doris auf das Sofa gedrückt und sich dazwischen. Sie hatte verkündet, dass sie so lange hier sitzen bleiben würde, bis alles klar sei, und darauf bestanden, dass Doris erst zuhörte und danach antwortete.

Anke hatte mit tonloser Stimme erklärt: »Nach dem Schwangerschaftsabbruch lief bei mir nichts mehr nach Plan. Und ihr wart so selbstsicher. Doris, hat voller Stolz alles vorgezeigt: das Haus, ihre Kinder, die Firma. Ihre ganze heile Welt. Ich hatte immer Angst, dass ich irgendwann mit der Geschichte rausplatze, nur damit eure heile Welt einen Knacks bekommt.«

Plötzlich hatte Doris verstanden, warum Anke immer so schnippisch gewesen war, wenn sie Torsten getroffen hatte. Warum sie sich so selten gemeldet hatte.

»Heile Welt?« Doris hatte sich an die Zeit erinnert, über die Anke sprach. »Es war keine heile Welt. Ich wollte immer noch studieren, aber die Firma wurde größer und die Kinder anstrengender. Ich hatte damals doch überhaupt keine Zeit für mich. Eigentlich war mir alles zu viel, zu bürgerlich, zu verplant.«

»Das hast du aber nie gesagt«, hatte Katja sie erinnert. »Du Meisterin des Fassadenbaus. Du hattest tatsächlich was Überhebliches, wenn du mit vor Stolz geschwellter Brust von deiner Familie erzählt hast. Ich fand dich damals wahnsinnig spießig.«

Bis um vier Uhr hatten sie nebeneinander auf diesem Sofa gesessen und sich gegenseitig die Dinge erzählt, die sie damals nicht hatten sagen können. Anke, die ihrer Mutter nie verziehen hatte, sich so in ihr Leben eingemischt zu haben. Die sich immer wieder als Opfer und Unglücksrabe empfunden hatte, weil es leichter war, den anderen und dem Leben die Schuld für Dinge zu geben, die ganz anders liefen, als man sie sich gewünscht hatte.

Doris, die sich und allen immer wieder erklärte, dass sie alles richtig machte, nur um nichts durcheinanderzubringen und von allen gemocht zu werden. Die manchmal so trübe Gedanken hatte, dass nur der kalte Weißwein half. Die bei aller Tüchtigkeit über die Jahre vergessen hatte, dass Torsten früher auch ihr bester Freund gewesen war, mit dem sie nächtelang geredet und gelacht, ja, den sie geliebt hatte. Jetzt war sie sich seiner so sicher, dass sie ihn beinahe aus den Augen verloren hatte.

Katja hatte schließlich die Abrechnung unterbrochen. »Es steht unentschieden«, hatte sie gesagt und sich bei beiden untergehakt. »Bei euch beiden ist so einiges aus der Bahn gelaufen, allerdings bin ich der festen Überzeugung, dass wir das alles noch mal in die Spur bekommen. Hört mal: Wir liegen nicht auf dem Sterbebett und ziehen ein letztes Resümee! Wir haben noch alles in der Hand. Das hier war das große Aufräumen und nun richten wir alles neu ein. Na, vielleicht nicht alles, aber wenigstens die eine oder andere Ecke. Macht ihr mit?«

Doris hatte Anke lange angesehen, die dem Blick standhielt. Sie hatten beide gleichzeitig genickt.

Doris warf die Bettdecke von sich und stand auf. Im Badezimmer musterte sie ihr Spiegelbild. Die Reste des Make-ups verteilten sich in ihrem müden Gesicht. Auf der linken Wange hatte sie eine Schlaffalte, die Augenlider waren geschwollen, die Ringe darunter nicht zu übersehen.

Was war das für eine Nacht gewesen! Wann hatte sie das letzte Mal so unverblümt Dinge ausgesprochen und jemandem zugehört? Es war lange her. Bevor sie sich trennten, hatte Anke einen klugen Satz gesagt: »Man ist in dem Moment erwachsen, in dem man akzeptiert, dass man selbst für sein Leben verantwortlich ist. Ich will nicht mehr darauf warten, dass etwas passiert, was mich zwingt, etwas zu tun. Ich will es mir selbst aussuchen. Und angehen. Es wird jetzt Zeit.«

Als sie unter der Dusche stand, hob Doris das Gesicht in den Wasserstrahl und dachte an Torsten. Sie würde es ihm sagen. Sie hatte ihm immer alles gesagt. Vielleicht nicht jede Kleinigkeit, gerade in den letzten Jahren nicht, aber zumindest das meiste. Nur, was würde es nützen? Anke und Torsten, Doris und Tim und das alles vor dreißig Jahren. Spielte irgendetwas davon wirklich noch eine Rolle?

Sie stellte das Wasser ab und griff nach dem Handtuch, in das sie ihr Gesicht vergrub. Das war doch alles Unsinn, das war aus einem anderen Leben. Jetzt ging es um sie, um Sascha, um Torsten und um Anke und Katja, die sie nicht wieder verlieren wollte. Sie würde dafür sorgen. Sie selbst. Es wurde Zeit.

Ein lautes Klopfen an der Tür riss sie aus ihren Gedanken. Es wurde immer lauter und schneller, dann hörte sie die Stimme, die sie bis eben erfolgreich verdrängt hatte: »Doris. Herrgott, mach doch mal die Tür auf, ich bin's!«

Seufzend schlüpfte sie in den Bademantel, der an der Tür hing, und öffnete ihrer Mutter. »Morgen, Mama.«

Mit beleidigtem Gesicht rauschte Margret Goldstein an ihrer Tochter vorbei ins Zimmer. »Sag mal, wo hast du denn gestern bloß gesteckt? Ich reise extra früher an, um dir noch bei den Vorbereitungen zu helfen, und du bist nicht aufzufinden. Ich hätte mir diesen ganzen Reisestress sparen können.«

»Stimmt.« Doris knotete den Bademantelgürtel fester zusammen und hockte sich auf einen Sessel. »Hättest du. Du hättest mir aber auch einfach zuhören können. Es ist nicht meine Einladung, also muss ich auch nichts vorbereiten. Ich wollte nämlich gar nicht feiern. Das sagte ich ja bereits mehrfach.«

Margret winkte unwirsch ab. »So ein dummes Zeug. Torsten hat es wenigstens richtig gemacht. Man wird schließlich nur einmal im Leben fünfzig. Was ziehst du an?«

Ohne die Antwort abzuwarten, riss sie die Schranktür auf.

»Ich habe das graue Seidenkleid mit«, redete sie weiter, während ihre Hände eilig Kleiderbügel zur Seite schoben. »Was ist das denn? Das sind ja nur Hosen und normale

Blusen.« Ihre Stimme klang regelrecht schockiert. »Du hast ja überhaupt nichts Elegantes dabei?«

Sie drehte sich zu ihrer Tochter um, die inzwischen mit übereinandergeschlagenen Beinen in dem Sessel saß und ihr unbewegt zusah.

»Doris. Jetzt guck nicht so. Das kann ja wohl nicht wahr sein. Torsten hat es nur gut gemeint, das kannst du nicht machen.«

»Was kann ich nicht machen?« Doris blieb zu ihrer eigenen Verwunderung sehr entspannt.

»Nicht hingehen.« Margret hatte schon Flecken am Hals. Die bekam sie immer, wenn sie sich aufregte. »Du kannst das nicht boykottieren. Das bricht ihm das Herz. Und überleg dir mal, was die Leute sagen. Die denken doch alle, ihr seid zerstritten. Wie viele Ehen gehen in eurem Alter auseinander? Und denk auch mal an die Jungs. Und an deine Schwiegereltern. Kommen nicht auch noch Leute aus der Firma? Und …«

»Es ist gut.« Abrupt sprang Doris hoch und baute sich vor ihrer Mutter auf. Sie war fast einen Kopf größer. »Jetzt beruhigst du dich bitte. Und hörst mir mal zu. Ich komme da hin, zusammen mit Anke und Katja. Die beiden haben mich nämlich überredet. Ich finde Torstens Idee zwar immer noch blöd, aber das sage ich ihm nachher selbst. Und ich ziehe mich jetzt an, gehe frühstücken und anschließend haben wir noch einen Kosmetiktermin. Irgendwann danach kommen wir dann rüber. Und du mischst dich bitte nicht dauernd ein. Ich bin fünfzig, Mama, nicht fünfzehn, ich weiß selbst, was ich tun muss.«

Als sie es aussprach, wusste sie, dass es stimmte.

Im Frühstücksraum standen zwei Bedienungen an dem Tisch, vor dem Anke und Katja warteten, und nahmen das Tischtuch ab.

»Kerner hat schon wieder einen Kellner umgerannt«, teilte Katja knapp mit. »Zum Glück habe ich noch nicht gesessen, aus einer weißen Jeans kriegt man Kaffeeflecken ja niemals raus.«

Anke sah Doris entgegen und lächelte flüchtig. »Ich habe ihn nicht gesehen. Guten Morgen. Ist … alles gut?«

Mittlerweile war das Tischtuch ausgewechselt, Doris setzte sich neben Anke und nickte knapp. »Ihr habt ja auch nicht lange geschlafen. Seid ihr nicht müde?«

»Nein.« Katja fing im letzten Moment eine Gabel auf, die Anke mit ihrem Ärmel fast vom Tisch gefegt hätte. »Könntest du bitte versuchen, deine Grobmotorik etwas zu beherrschen? Ich habe keine saubere Hose mehr, bevor du dir also Rührei mit fettigem Speck holst, sag Bescheid.«

»Natürlich«, antwortete Anke. »Ich habe überhaupt nicht geschlafen. Ich war von dem blöden Champagner und diesen ganzen Themen und Problemen so knallwach, dass ich den Rest der Nacht am Fenster gesessen, die Schiffe angeguckt und nachgedacht habe.«

»Und?« Katja faltete schon mal die Serviette auseinander. »Was war das Ergebnis?«

»Mir ist da eine Idee gekommen, was wir drei zusammen machen könnten. Je länger ich mich damit beschäftige, desto zwingender erscheint sie mir. Ich hol mir jetzt was vom Büffet und dann erzähl ich es euch.«

Übertrieben vorsichtig stand sie auf, Katja hielt sich trotzdem die Serviette vors Gesicht. Erst als Anke weg war, sagte sie: »Wie geht's dir denn?«

»Okay«, antwortete Doris. »Das war die eigenartigste Geburtstagsnacht, die ich je erlebt habe. Aber alles war gut, es hatte irgendetwas … Aufbruchartiges. Ich kann es nicht richtig beschreiben, aber ich habe so ein neues Gefühl.« Unsicher wartete sie auf Katjas Antwort, die dann ungewohnt ernst klang.

»Du musstest ja ganz schön einstecken. Aber das hast du gut gemacht. Bleib dabei, alten Geschichten sollte man nicht mehr Bedeutung zugestehen, als sie haben. Sie lassen sich sowieso nicht mehr ändern. Und … ach du Schande, da kommt deine Mutter.«

Margret Goldstein stand schon am Tisch und nickte Katja kurz zu. »Guten Morgen. Sie sehen müde aus. Da sieht man mal, dass auch aus Fernsehköniginnen ganz normale Frauen werden, wenn keine Maskenbildnerin in der Nähe ist.«

Doris öffnete ärgerlich den Mund, Katja winkte ab und beugte sich vor. »Geht es Ihnen auch so, Frau Goldstein? Meine Mutter regt sich immer wahnsinnig auf, wenn irgendwo mein Alter steht. Weil es doch für sie peinlich ist, dass sie so ein altes Kind hat. Falls jemand mal nachrechnet. Soll ich Ihnen etwas Schonkost vom Büffet mitbringen?«

Margret presste die Lippen zusammen, schüttelte den Kopf und sah Katja auf ihrem Weg zum Büffet wütend hinterher. »Ich konnte sie als junges Mädchen schon nicht leiden. Sie war immer so arrogant. Geschiedene Eltern und bildet sich wer weiß was ein. Ich finde es nicht gut, dass Torsten sie eingeladen hat. Isst du nichts?«

An dieser Stelle hoffte Doris, dass Ankes Grobmotorik noch lange genug anhalten würde, um das Rührei über Margret Goldstein zu verteilen.

Ihre naive Hoffnung erfüllte sich aber nicht. Ohne Zwischenfälle und Karambolagen stellte Anke ihren vollen Teller auf den Tisch, begrüßte Margret und fing an, ein Brötchen aufzuschneiden.

»Und Sie wollten nicht ab Lüneburg mit dem Bus fahren?«, fragte sie freundlich. »Oder warum sind Sie schon früher gekommen?«

»Ich wollte meiner Tochter gratulieren. Allein«, antwortete Margret immer noch schnippisch. »Leider war sie ja aushäusig. Das Geschenk bekommst du übrigens heute Nachmittag«, wandte sie sich an Doris. »Das bringt Torsten mit. Ich gehe mir etwas zu essen holen. Kommst du mit?«

»Gleich, Mama.« Doris amüsierte sich immer noch über die »Schonkost«. »Geh schon mal. Ich frühstücke sowieso nicht viel.«

»Das ist ungesund«, erwiderte Margret beim Aufstehen. »Morgens wie ein Kaiser, mittags wie ein König, abends wie ein Bettelmann. Wenn man sich daran hält, hat man auch keine Figurprobleme. Du haust dir ja abends immer den Bauch voll, weil du den ganzen Tag über nichts isst.«

Sie rauschte ab und Doris sah ihr mit frostigem Blick nach. »Manchmal könnte ich sie erschlagen.«

»Reg dich nicht auf.« Anke türmte Salamischeiben auf ihr Brötchen. »Sie meint es bestimmt gut.«

Katja kehrte zurück und stellte einen Teller mit Obst und Müsli auf ihren Platz. »Habe ich etwas verpasst?« Sie setzte sich und legte die Serviette auf den Schoß. »Anke hat nämlich gesagt, sie habe ein tolles Projekt.«

Die kaute in Ruhe weiter, dann schluckte sie und sah beide ernsthaft an. »Wir hatten doch ein aufschlussreiches Wochenende, oder?«

Weder von Doris noch von Katja kam eine Antwort.

»Wir haben uns ja nun eine ganze Menge Geschichten aus unseren Leben erzählt, Geheimnisse und Tabus gebeichtet, uns gegenseitig angespornt und über Gott und die Welt geredet.«

»Ja, und?« Katja wurde ungeduldig. »Wir waren dabei. Komm doch mal zum Punkt.«

Anke führte ihr Brötchen zum Mund. Bevor sie aber hineinbiss, fragte sie: »Glaubt ihr nicht auch, dass ganz viele Frauen in unserem Alter sehr ähnliche Geschichten erleben, aber nicht die Chance bekommen, darüber so zu reden wie wir? Und dabei ganz viel verstehen. Und sich versöhnen können. Und dann vielleicht neue Wege einschlagen?«

»Anke.« Mit einem Blick auf ihre Mutter am Büffet machte Doris eine ungeduldige Handbewegung. »Du eierst so rum. Ich verstehe kein Wort. Und meine Mutter sitzt gleich wieder am Tisch.«

»Wir sollten ein Buch schreiben.« Ankes Stimme klang ganz hell. »Wir schreiben unsere Geschichten auf. Die Anfänge, die Irrtümer, die Geheimnisse, die Liebesgeschichten und die Pläne. Wir schreiben alles auf und zwar so, dass andere Frauen beim Lesen denken, sie wären dabei gewesen.«

»Als Roman?«, fragte Katja ungläubig. »Wir sollen zusammen schreiben? Über uns?«

Anke nickte. »Wir können das. Wir haben das früher schon gekonnt. Doris kommt aus ihrem langweiligen Trott raus und hat eine Aufgabe. Katja strengt ihr Gehirn wieder an und ich bin auch irgendwie dabei. Und wenn wir Glück haben, können wir damit sogar ein bisschen Geld verdienen. Auf jeden Fall aber wird es spannend. Ich hätte wahnsinnig Lust dazu.«

Doris blieb skeptisch. »Wir haben eine Schülerzeitung gemacht. Vor dreißig Jahren. Das heißt aber noch lange nicht, dass wir einen Roman schreiben können.«

»Natürlich können wir das.« Katja war schon immer leicht zu begeistern. »Da bin ich mir auch sicher. Wir müssen nur die nötige Disziplin haben. Nicht wahr, Doris? Ich bin davon überzeugt, dass wir das schaffen. Ob das Werk dann jemand lesen will, werden wir ja sehen. Aber versuchen sollten wir es.«

»Was solltet ihr versuchen? Redet ihr über das Fest?«

Nachdenklich betrachtete Doris ihre Mutter, die schon wieder neben ihr saß, und anschließend Katja und Anke. Es würde weitergehen. Anders und spannender. Und die guten Dinge würden bleiben. Sie hob den Kopf, richtete den Blick wieder auf Margret und sagte: »Wir wollen gemeinsam ein Buch schreiben. So wie früher die Schülerzeitung. Nach dem Fest fangen wir an.«

»Ein Buch?« Margret schüttelte spöttisch den Kopf. »Als ob du dafür Zeit hättest. Schnapsidee.«

Doris lächelte, legte ihre Hand auf Ankes und sagte: »Eine Superidee. Ich habe auch Lust dazu. Und wie Katja schon gesagt hat, ob es jemand lesen will, das sehen wir dann. Aber probieren können wir es. Wir müssen es. Katja?«

»Ich bin dabei.« Ihre Augen glänzten. »Genug Themen hatten wir ja gerade. Wir müssen sie nur noch in Form bringen. Anke? Du machst die Oberaufsicht? Wie früher?«

»Klar.« Anke hielt immer noch ihr Brötchen in die Luft. »Ich treibe euch an. Wir können gleich mit der groben Planung beginnen.«

»Können wir nicht.« Doris deutete auf die Uhr. »Wir haben in einer halben Stunde unsere Kosmetiktermine. Dabei können wir ja denken, zumindest erst mal jeder für sich. Tschüss, Mama, wir sehen uns später im Lokal. Wir sind auch pünktlich, das kannst du Torsten sagen, nicht, dass er die Nerven verliert. Also …«

»Doris.« Mit energischem Griff hinderte Margret ihre Tochter am Aufstehen. »Was ist denn los mit dir? Jetzt noch zur Kosmetik, das wird doch eine einzige Hetze. Und was soll diese Albernheit mit dem Buch? Was glaubt ihr denn, wer ihr seid? Künstler? Als ob du keine anderen Probleme hättest. Du wirst wirklich immer drolliger, du machst dich ganz verrückt wegen dieses runden Geburtstags.«

»Nicht mehr, Mama.« Doris lächelte mit einer Gelassenheit, nach der sie sich in der letzten Zeit so oft gesehnt hatte. »Ich mache mich überhaupt nicht mehr verrückt, ganz im Gegenteil. So langsam empfinde ich die Zahl fünfzig und diesen Tag als äußerst angenehm. Bis später, wir treffen uns unten.«

Anke schloss die Augen und gab sich den warmen Händen und der einschläfernden Stimme der Kosmetikerin hin. Sie hieß Sandra, war blond, jung, glatt, perfekt geschminkt und hatte Ankes Haut erbarmungslos analysiert. Gepflegt sei sie ja, so viel gestand Sandra ihr zu, aber von Feuchtigkeit könne ja wohl keine Rede sein. Außerdem gebe es die eine oder andere Alterspigmentstörung und die Partie unter den Augen müsse man ganz klar als Problemzone bezeichnen. Im Übrigen sei sie sehr sensibel, bei einer solch extremen Empfindlichkeit würde sie eine Pflegelinie empfehlen, die auf der Basis von Baumwollzellen wirke. Anke nickte nur und verlor sich zwischen warmen Kompressen und wohlriechenden Ampullen in ihren Gedanken.

Auf dem Weg zum Frühstück war sie noch voller Furcht gewesen. Sie dachte, sie habe mit ihrem Geständnis Doris so verletzt, dass alles, was sie in den letzten Tagen in diesem Hotel erlebt hatten, nichts mehr bedeutete. Doris hatte zwar etwas blass und angestrengt gewirkt, aber die Idee mit dem Buch hatte sie gleich gut gefunden. In diesem Moment war Ankes Herz leicht geworden.

Doris Goldstein-Wagner. Anke musste lächeln, riss sich aber nach einem Räuspern Sandras sofort zusammen. Nicht, dass sich diese cremige Paste, die sie gerade auftrug, nur in die Lachfalten versenkte.

Also Doris: immer perfekt angezogen, immer mit perfekten Manieren, immer mit perfektem Leben und sowieso mit dem perfekten Mann. Alles so, wie es sein sollte. Sie war genau der Typ Frau, den Anke nicht leiden konnte.

Aber nun hatte ein Wochenende gereicht, um Ankes Bild von Doris scharf zu stellen. Von der Doris, die verzweifelt versuchte, ihre Hitzewellen im Zaum zu halten, die Ängste hatte, die sich kaum noch etwas zutraute und die sich eigentlich genauso allein fühlte wie Anke. Trotz Torsten. Plötzlich wurde diese Frau wieder menschlich und war nicht mehr nur die beneidete Lüneburger Gattin mit dem leichten Leben. Und Anke fühlte sich ihr wieder so nah wie vor der unsäglichen Abiturfahrt nach Amrum. Als wäre wieder alles auf Anfang. Sie müssten diesen Neuanfang schaffen. Dafür würde sie sorgen.

»Bitte die Augen jetzt geschlossen halten«, holte Sandras Stimme sie wieder in den Behandlungsraum zurück. »Das ist eine Kaviarcreme-Maske, Ihre feuchtigkeitsarme Haut wird dankbar reagieren. Diese Maske wirkt jetzt einen Moment ein. Entspannen Sie sich, ich bin gleich wieder da.«

Anke war entspannt, deshalb brummte sie nur kurz und hörte die Tür klappen. Anscheinend hatte Sandra den Raum verlassen.

Sie atmete tief aus. Eigentlich konnte sie es überhaupt nicht leiden, wenn ihr jemand im Gesicht herumfummelte, feuchtigkeitsarme Haut hin oder her. Sie fand es distanzlos, sie wollte nicht, dass ihr fremde Frauen in die Poren sehen. Aber Doris hatte darauf bestanden. Besonders, als sie hörte, dass Anke erst ein einziges Mal in ihrem Leben bei einer Kosmetikerin war.

»Das war dann bestimmt eine schlechte Behandlung«, hatte sie gesagt. »Warte mal ab, hier machen die das ganz großartig, du gehst in Zukunft bestimmt öfter hin.«

Anke bezweifelte das, auch wenn es bisher mit Sandra gar nicht so schlimm gewesen war. Aber für solche Dinge würde sie auch kein Geld ausgeben, wenn sie das könnte.

Heute Morgen war sie von dem SMS-Ton ihres Handys wach geworden. Georg schrieb, er sei gut in Paris angekommen und habe vor dem Flug noch schnell einen Tisch bei dem Italiener an der Alster bestellt, über den sie gesprochen hätten. Und er freue sich.

Anke hatte tatsächlich Herzklopfen bekommen, als sie die Nachricht las. Anke Kerner bekommt Herzklopfen. Unglaublich. Jetzt schon wieder.

Ihre Nase juckte, das waren die Nerven. Es passierte ihr immer, wenn sie sich aufregte. Sie kratzte sich gedankenverloren und erschrak über die Pampe in ihrem Gesicht. Die Kaviarcreme-Maske klebte unter ihren Fingernägeln.

Und schon hörte sie Sandras Stimme. »Ach, was haben Sie denn gemacht? Sind Sie allergisch? Es ist ja alles verwischt. So wirkt das ja gar nicht ein.«

Anke hatte überhaupt keine Lust, sich zu entschuldigen. Es war Sandras Job, Feuchtigkeit in ihre extrem empfindliche Haut zu bekommen. Sie selbst war raus aus der Verantwortung. Sie freute sich auf den Abend mit Georg, auf viele Abende mit Katja und Doris und war zum ersten Mal seit sehr langer Zeit wieder zuversichtlich. Ihr Leben würde sich endlich verbessern!

Zwei Räume weiter lag Katja in einem Sessel und ließ sich mit angehaltenem Atem die Augenbrauen zupfen. Natürlich tat es nicht mehr weh, wenn man sich dieser Prozedur jahrzehntelang unterzog, trotzdem mochte sie silberne Werkzeuge, die in ihrem Gesicht herumfuhrwerkten, immer noch nicht. Ihr Vater gab ihr immer eine Pille vorab, der Satz »Wer schön sein will, muss leiden«, stammte zwar nicht von ihm, aber hätte von ihm sein können.

»Sie haben eine sehr schöne Augenbrauenform«, sagte die Kosmetikerin mit dem Namen Xenia bewundernd. »So fein. Und man merkt deutlich, dass Sie sehr viel Zeit auf Ihr Aussehen verwenden. Wenn ich nur Kundinnen wie Sie hätte, wäre mein Job viel einfacher.«

»Mmh«, antwortete Katja und dachte: ›Wenn du mich weiter so vollsülzt, hast du gleich keine Kundin mehr‹, sagte es aber nicht. Schließlich hatte Doris die Behandlung bezahlt und wie war das mit dem geschenkten Gaul? Also hielt sie den Mund. Xenia leider nicht.

»Es ist wirklich erstaunlich. Ich habe Sie jahrelang im Fernsehen verfolgt, bestimmt seit … ach, das wäre jetzt uncharmant. Aber man kann Ihnen das Älterwerden gar nicht ansehen. Ganz toll. Ich sage ja immer, Pflege ist die halbe Miete, aber die Gene müssen auch stimmen. Unter anderem. Und bei Ihnen ist ja alles wunderbar. Wir machen nur eine leichte Feuchtigkeitspflege, Ihre Haut ist nicht einmal empfindlich, wirklich ideal. Ich trage Ihnen gleich eine Vitalmaske auf, das entspannt und belebt, die Wirkstoffe sind Extrakte aus Seide und grünem Tee, das wird Ihnen einfach guttun.«

»Ruhe auch.«

Xenia stutzte kurz, dann lächelte sie. »Ja, Ruhe tut immer gut. Es ist ja auch ein so schönes Haus. Ich arbeite erst seit einem halben Jahr hier, vorher war ich in Berlin, aber da war es immer so laut und hektisch. Dagegen ist hier das Paradies. So schön ruhig und entspannt. Sie sind mit zwei Freundinnen hier, nicht wahr? Ich habe vorhin gesehen, dass Ihre Termine parallel laufen sollten. Das ist ja auch schön, wenn Freundschaften so lange halten, oder? Meine Kollegin erzählte mir, dass Sie sich alle schon seit der Schulzeit kennen. Das finde ich toll.«

Sie konnte natürlich gleichzeitig reden und eine Maske auftragen. Was aber nicht ging, war, sich eine Maske auftragen zu lassen und sich gleichzeitig gegen einen Redeschwall zu wehren. Katja hatte die eindeutig schlechtere Ausgangsposition. Zumindest ohne Einsatz von Armen oder gar Beinen. Aber sie wollte ja nicht ins Gerede kommen, weil sie eine Kosmetikerin niedergetreten hatte. Also schwieg sie und litt.

Xenia massierte die Extrakte aus Seide und grünem Tee voller Hingabe ein, dabei referierte sie mit belehrender Stimme über deren Wirksamkeit. Katja bekam langsam schlechte Laune und versuchte, an etwas Schönes zu denken.

An Alex zum Beispiel. Schön war er, das war unbestritten und dabei sogar ausgesprochen männlich und sexy. Aber eben richtig jung. Und das würde immer mehr auffallen. Je älter sie würde. Natürlich war er im Moment in sie verliebt, trotzdem sollte sie nicht so tun, als gäbe es keine Probleme. Die meisten Frauen in Alex' Clique könnten theoretisch Katjas Töchter sein. Zweimal hatte sie Alex zu einer Party bei Freunden von ihm begleitet, beide Male hatte sie sich unglaublich gelangweilt. Nicht, weil sie sich plötzlich zu alt gefühlt hätte, sondern weil ihr die anderen zu jung, zu naiv und zu uninteressant erschienen waren. Wenn sie ganz ehrlich war: Diese jungen Hühner waren ihr einfach zu blöd. Sie hatte sich im Auto auf der Heimfahrt furchtbar auf die

Lippe beißen müssen, um nicht lauthals über die Partygäste abzulästern. Ganz war es ihr nicht gelungen, aber Alex' Reaktion auf ihre ersten, durchaus noch gelinden Kommentare hatte sie davon abgehalten, über jeden einen sarkastischen Satz abzulassen. Vermutlich hatte er trotzdem gemerkt, dass seine Liebste nicht zu seiner Clique passte. Seither blieben sie für sich, was Katja in Ordnung fand. Sie fühlte sich wohl, wenn sie mit ihm zusammen war, obwohl sie sich immer öfter bei dem Wunsch ertappte, mal wieder ein ganzes Wochenende im alten Jogginganzug, ungeschminkt, ungekämmt und mit ungesundem Essen auf dem Sofa vor dem Fernseher zu verbringen. Das war mit Alex unmöglich. Nicht, weil er es ablehnte, sondern weil sie es nicht zuließ. Es war eben eine Sache, einen Freund zu haben, der fast zwanzig Jahre jünger war, und eine andere, ihn das auch merken zu lassen. Katja wirkte jünger, aber das lag, wie Xenia schon richtig bemerkt hatte, nicht nur an Pflege und guten Genen, sondern zumindest zur Hälfte an Disziplin.

Je lässiger sie aussah, je verwuschelter die Frisur war, desto mehr Zeit hatte es gebraucht. Was war das eigentlich für ein Stress, den sie sich da zumutete?

Sie hatte ganz vergessen, wie viel Spaß es ihr machte, einfach zu sagen, was sie gerade dachte, egal wie böse oder lästerlich das war. Ungeschminkt mit Anke und Doris auf dem Bett zu liegen und sich keine Gedanken darüber zu machen, wie man gerade aussieht. Das war herrlich. Und sie hatten es sich doch auch nach all den Jahren verdient. Aber das funktioniert nur mit Frauen, die sich lange kennen oder zumindest ähnliche Leben geführt haben. Die sich gegenseitig nicht mehr viel erklären müssen. Die etwas Ähnliches schon selbst mal erlebt oder zumindest gedacht haben.

Das etwas zu warme Frotteehandtuch, das ihr Xenia in diesem Moment über das Gesicht legte, um die Reste der Maske abzuwischen, ließ Katja zusammenzucken. Mit Sensibilität hatte das nicht viel zu tun, Katja musste husten und rang nach Atem.

»Haben Sie schon mal jemanden umgebracht?«

Statt zu antworten, lachte Xenia bloß. »Sie sind so witzig, Frau Severin. Echt jetzt.«

Katja machte den Mund wieder zu und nahm sich vor, Anke und Doris später alles detailliert zu berichten. Außerdem gehörte eine flotte Kosmetikszene unbedingt in das Buch.

Wenn sie sich bis jetzt noch überlegt hatte, ob sie wirklich mit den beiden anderen ein Buch schreiben sollte, dann war sie nun endgültig von der Idee überzeugt. Und wenn es nur zum Spaß war.

Doris begann fast zu schnurren vor lauter Wohlbehagen. Sie fand es unglaublich entspannend, unter warmen Decken zu liegen und mit duftenden Fingern das Gesicht massiert zu bekommen. Sie fühlte regelrecht, wie die teuren Öle und Cremes in ihre Haut flossen, die sofort jünger, glatter und rosiger wurde. Frau Hermanns, die Chefin des Spa, war in ihrem Alter, Doris kannte sie schon ein paar Jahre, es war nicht das erste Mal, dass sie sich in diese Hände begab.

»Und danach gehen Sie dann Ihren Geburtstag feiern?« Die ruhige Stimme passte zu den gleichmäßigen Fingerbewegungen. »Dann schminke ich Sie auch noch ein bisschen, oder?«

»Woher wissen Sie denn das schon wieder?« Doris öffnete erstaunt die Augen und schloss sie sofort wieder, als der tadelnde Blick von Frau Hermanns sie traf. »Sie haben meine Mutter getroffen? Ja?«

»Heute Morgen, als ich zur Arbeit kam. Sie stand an der Rezeption und wollte einen Termin. Ich hatte nur leider keinen mehr. Aber Ihre Mutter ist ja sehr hartnäckig. Wenn sie unbedingt etwas will, erweckt sie den Anschein, als ginge es um Leben und Tod. Ich habe es dann noch hinbekommen, wir mussten nur zwei Termine ein bisschen schieben.«

»Ich hätte es abgelehnt.« Doris sah den Tanz, den ihre Mutter hier aufgeführt haben musste, vor sich. »Sie geht nicht zu einem Ball. Es handelt sich lediglich um eine Nachmittagseinladung. Aber wenn sie kein Theater machen kann, fehlt ihr etwas.«

Frau Hermanns antwortete nicht darauf, sondern sagte: »Ich trage Ihnen ein Regenerationsserum auf. Das fördert die Durchblutung und alles wird wieder jugendlich.«

Sie klopfte den Inhalt einer Ampulle mit den Fingerspitzen in die Haut, während Doris darüber nachsann, dass die letzten Tage eigentlich schon wie eine Regeneration gewirkt hatten. Zumindest fühlte sie sich bereits belebt und jugendlich. Im Moment war sie ganz entspannt.

»So.« Frau Hermanns trat ein Stück zurück und machte sich an dem Tisch hinter sich zu schaffen. »Jetzt sehen Sie aus wie neu. Wann soll es denn nachher losgehen?«

»Was?« Doris war tatsächlich entspannt. »Ach so, die Geburtstagsfeier. Wir gehen einfach hin, wenn wir hier fertig sind. Mein Mann kommt mit den Gästen gegen drei. Wir müssen ja nicht pünktlich sein.«

»Aber Sie sind doch die Hauptperson.« Frau Hermanns hielt erstaunt inne. »Ihre Mutter hat mir erzählt, dass Ihr Mann alles organisiert hat, das hat mich so gerührt. Also, bei meinem Mann muss ich schon froh sein, dass er nicht vergisst, wann ich Geburtstag habe. Er hat's ja nicht mit Daten. Und auf so eine Idee würde er im Leben nicht kommen.«

»Das ist die magische Zahl fünfzig.« Doris drehte den Kopf, um sie ansehen zu können. »Ich habe vorher schon genug darüber lamentiert.«

»Fünfzig.« Frau Hermanns lachte. »Das ist doch eine schöne Zahl. Ich bin letztes Jahr sechzig geworden, im Nachhinein habe ich gedacht, dass die letzten zehn Jahre bislang die besten gewesen sind. Und Sie fangen jetzt damit an.«

Sie tupfte mit einem Kosmetiktuch Doris' Gesicht ab, die ihr im Spiegel dabei zusah. »Sie sind schon sechzig? Das sieht man Ihnen aber nicht an. Wirklich? Wie machen Sie das?«

»Das kommt von innen.« Frau Hermanns lachte. »Und ab und zu nehme ich eine von diesen Ampullen.«

Doris betrachtete sie verwundert. »Und Sie fanden das Leben mit fünfzig am schönsten?«

»Ja.« Frau Hermanns nickte und griff zu einem Tiegel mit Tagescreme. »Ich hatte ja plötzlich Zeit, weil meine Kinder ausgezogen waren. Keine Wäscheberge mehr, keine Fahrten von A nach B, kein Stress beim Einkaufen und Kochen, die Tage bekamen gefühlte vier Stunden mehr. Mein Mann kocht gern. Seit er pensioniert ist, hat er die Küche komplett übernommen, sodass ich trotz der Arbeit hier viel mehr Zeit für mich habe. Herrlich. Ich gehe wieder zum Sport, wir fahren oft spontan übers Wochenende weg, so unabhängig wie jetzt war ich noch nie. Nein, das Leben ist seit zehn Jahren sehr viel einfacher geworden. Und keiner kann einem mehr was vorschreiben.«

Sie trat einen Schritt zurück und legte den Kopf schief. »Möchten Sie ein leichtes Tages-Make-up?«

Doris betrachtete sie nachdenklich. »Meinen Sie das ernst? Das mit den besten Jahren?«

»Aber ja.« Frau Hermanns ließ die Hände in die Kitteltaschen gleiten. »Und wie. Sie können sich drauf freuen. Warten Sie mal ab, was für Energien bei Ihnen in der nächsten Zeit frei werden. Was ist jetzt mit dem Make-up?«

»Gern.« Entschlossen hob Doris den Kopf. »Wenn heute der Start in die schönen Zeiten sein soll, dann will ich auch entsprechend aussehen. Und wehe, es fotografiert nachher niemand.«

Dann ist alles klar, ja?«

Katja stand an der Rezeption. Anke, die auf sie zuging, hörte den letzten Satz und sah Jessica nicken.

»Was machst du denn hier klar?«, fragte sie und sah von einer zur anderen. Mit einem Lächeln verschwand Jessica hinter der Tür und Katja wandte sich Anke zu.

»Ich habe die Zimmer ... Wie siehst du denn aus? Oh Gott, juckt das? Sollen wir das Hotel verklagen?«

»Sieht man das so?« Unsicher legte Anke beide Hände ans Gesicht. Ihre Haut war anscheinend noch sensibler, als diese dämliche Jungkosmetikerin gedacht hatte.

Seit der Kaviarcreme-Maske kribbelte es in ihrem Gesicht. Schon im Bad hatte Anke gesehen, dass sich lauter kleine Pusteln gebildet hatten. Im Moment fühlte es sich an, als wäre sie in einen Mückenschwarm geraten. »Ich werde wahnsinnig. Ich habe mir schon minutenlang das Gesicht gewaschen, aber es fängt jetzt richtig an zu blühen. Vielleicht kennt diese Sandra, die mir das Zeug ins Gesicht geschmiert hat, wenigstens ein Gegengift. Dabei habe ich gesagt, dass ich Kosmetikanwendungen hasse. Was soll ich denn jetzt machen? Ich kann doch nicht so pickelig zu der Feier gehen.«

Katja biss sich auf die Unterlippe, um nicht zu lachen. »Komm, Kerner, wir haben dich doch so kennengelernt. Es ist eben alles wieder wie früher.«

»So viele Pickel hatte ich während meiner gesamten Pubertät nicht, erzähl doch keinen Blödsinn. Kaviarmaske, das ist doch das Letzte. Ich kann das Zeug nicht mal essen, und dieses Kalb schmiert es mir ins Gesicht. Starr mich nicht so an, das ist nicht witzig. Ich sehe, dass du gleich lachst. Ich gehe noch mal in die Kosmetikabteilung. Hoffentlich hat Doris noch nicht bezahlt.«

Mit hochrotem Kopf und den Tränen nahe, verschwand Anke ins Treppenhaus. Katja sah ihr belustigt, wenn auch nicht ohne Mitgefühl nach. Wenn kein Gegengift vorrätig wäre, könnte sie die Stellen wenigstens überschminken. Beim Fernsehen bekam man jedes Hautproblem in den Griff. Zumindest für die Dauer der Sendezeit.

»Es ist doch immer dasselbe.« Doris nahm die Kompresse von Ankes Gesicht und musterte kritisch das Hautbild. »Diese jungen Mädchen werden nach ein paar Monaten Berufserfahrung auf die Menschheit losgelassen und dann versauen sie alles. Nur, weil sie keine Ahnung haben. Aber es schwillt schon ab. Jetzt trink mal das Calcium aus.«

Katja beugte sich über Doris' Schulter. »Kerner, das wird. Außerdem ist Georg ja gar nicht dabei. Der behält dich so in Erinnerung, wie du gestern ausgesehen hast. Ganz glatt. Aber, guck mal Doris, sie hat gar keine Falten mehr. Die sind zugeschwollen.«

»Katja, bitte.« Doris schob sie rüde von ihrem Bett weg. »Hör jetzt auf. Hol lieber mal dein Wunder-Make-up. Frau Hermanns hat mir eine Creme mitgegeben, die erst noch einziehen muss, danach kannst du sie schminken.«

Vorsichtig tastete Anke ihr Gesicht ab. »Ist es noch dick? Oder macht Katja wieder grobe Scherze? Es juckt wenigstens nicht mehr.«

»Na, bitte«, sagte Doris zufrieden. »Frau Hermanns hat sich übrigens entschuldigt und dir einen Gutschein für einen Kosmetiktermin bei ihr angeboten.«

»Vielen Dank.« Anke hob abwehrend die Hände. »Ich habe doch gleich gesagt, dass das nichts für mich ist. Aber du hast es ja gut gemeint. Schade nur um das Geld.«

»Ich brauchte nicht zu bezahlen, mach dir darüber keine Gedanken. Katja, worauf wartest du denn? Wir haben nicht mehr sehr viel Zeit.«

Katja stand schon an der Tür. »Ja doch, ich wollte nur abschätzen, wie viele Tuben ich gegen diese Schwellungen brauche.«

Die Kompresse flog an die Tür, die Katja gerade noch hinter sich hatte schließen können.

»Ein Lästermaul«, seufzte Doris und setzte sich neben Anke aufs Bett. »Es tut mir wirklich leid, ich finde Kosmetik immer entspannend und dachte, es geht dir auch so. Ich wollte euch nur etwas Gutes tun.«

»Hast du ja auch.« Anke umschloss Doris' Hand. »Jedenfalls mit diesem Wochenende. Ich habe es sehr genossen, danke. Und, Doris?«

»Ja?«

»Wegen gestern Nacht, ich wollte dir nicht wehtun. Es ist so lange her, vielleicht war es falsch, dir jetzt noch davon zu erzählen?«

Doris betrachtete nachdenklich Ankes Hand, die ihre immer noch festhielt. »Ist das für dich wirklich alles abgeschlossen?«

»Ja.« Anke drückte vorsichtig die Hand. »Also, wenn du meine Verknalltheit in deinen Mann meinst. Die war so schnell weg, wie sie entstanden ist. Die andere Entscheidung muss man aus der Situation von damals sehen. Das bleibt als Zweifel im Leben, aber damit lernt man umzugehen. Und du und Torsten? Du musst was für euch tun, oder?«

Katja klopfte an die Tür. Während Doris aufstand, um sie hereinzulassen, blickte sie Anke an. »Ja«, sagte sie und nickte. »Das muss ich. Weißt du, er ist eigentlich ein ziemlich guter Typ.«

Zu dritt gingen sie nebeneinander die breite Treppe hinunter. Doris in der Mitte in schwarzer, schmaler Hose und schwarzer Bluse, zu der Katjas grüner Schal drapiert war. Anke in weißer Hose mit einer blauen Bluse von Doris und einem breiten Gürtel von Katja und schließlich Katja in einem feuerroten Kleid, die Haare zu einem Knoten gesteckt. Als sie sich in dem großen Spiegel am Fuß der Treppe erblickten, blieben sie stehen und sahen sich an. Doris griff nach den Händen rechts und links von sich und öffnete den Mund.

»Nein«, stoppte Katja sie. »Goldstein, du sagst jetzt bitte nichts Sentimentales, sonst fängt Kerner an zu heulen und eine Stunde Schminken ist im Eimer. Und ich mache das nicht noch mal. Außerdem habe ich Durst und du Geburtstag. Wir müssen los.«

»Ich wollte doch nur …«

Katja zog sie weiter. Zumindest bis zur Rezeption, wo Anke plötzlich zusammenzuckte und stehen blieb.

»Ach du Schande«, presste sie heraus. »Ich habe meine Sachen noch gar nicht aus dem Zimmer geholt. Wir fahren doch nachher zurück nach Hause. Diese blöden Pickel haben mich völlig aus dem Konzept gebracht. Habt ihr eure Taschen schon im Auto? Ich habe meine noch gar nicht gepackt. Ich muss noch mal hoch.«

Doris starrte sie an und schlug sich mit der Hand auf die Stirn. »Stimmt. Wir kommen ja nicht wieder her. Wir ... ach, Mist, das ist richtig ...«

»Kommt weiter.« Katja griff nach ihren Handgelenken und zog. »Ich habe das geklärt. Wir bleiben alle drei bis morgen. Das ist mein Geschenk. Und dich fahre ich nach Hamburg, Anke. Du bist garantiert pünktlich um neun im Verlag. Ist alles organisiert. Und nun kommt. Jetzt wird gefeiert.«

Selbst als sie im Taxi saßen, war Doris nicht zu beruhigen. Sie schob ihre Gedankenlosigkeit auf ihr fortgeschrittenes Alter. Schließlich habe sie noch nie in ihrem Leben vergessen, aus einem Hotel abzureisen, jetzt aber würde es losgehen mit der Demenz. »Vermutlich werde ich in den nächsten Wochen in regelmäßigen Abständen per Rundfunk gesucht: ›Frau Goldstein-Wagner ist circa einssiebzig groß und mit einem rot-weiß gestreiften Schlafanzug und einer blauen Strickjacke bekleidet. Sie ist orientierungslos, aber einsichtig. Wer sie sieht, benachrichtige bitte die nächste Polizeistation.‹ Kerner, wenn du es weiterhin schaffst, immer gleichzeitig mit mir dein Hirn abzuschalten, kann Severin uns wenigstens gemeinsam abholen.«

Sie begann leise zu kichern, der Taxifahrer blickte skeptisch in den Rückspiegel, was den Heiterkeitsausbruch nicht unbedingt eindämmen konnte. Anke ließ sich anstecken und gab einen leisen wimmernden Ton von sich, den Katja aber mit energischem Räuspern übertönte. Zu dem Taxifahrer neben sich sagte sie laut: »Kümmern Sie sich gar nicht um die beiden. Sie sind nur so ausgelassen, weil sie mal rauskommen. Immer in diesem Heim, das ist ja auch langweilig. Und heute mischen sie sich einfach unter eine Geburtstagsgesellschaft. Ich hoffe nur, keiner merkt, dass sie nicht eingeladen sind.«

Der Taxifahrer kurbelte die Scheibe einen Spalt hinunter und machte das Radio lauter. Doris bekam einen Hustenanfall.

»Nimm deine Tablette, Schätzchen, nicht, dass du spuckst.« Mit umwerfendem Lächeln setzte Katja ihre Sonnenbrille auf. Der Fahrer richtete seinen forschenden Blick auf den Rückspiegel.

»14 Uhr 34. Und jetzt der Verkehrsfunk. A1. Wie gerade eben in den Nachrichten berichtet, gab es heute Vormittag einen schweren Busunfall auf der A1 Hamburg, Richtung Lübeck. Die Sperrung zwischen den Anschlussstellen Reinfeld und dem Lübecker Kreuz ist jetzt nach fünf Stunden aufgehoben, der Stau hat aber immer noch eine Länge von 22 Kilometern.«

Entsetzt hielt Doris die Luft an und griff an Katjas Sitz. »Hast du gehört?« Das Blut rauschte in ihren Ohren. »Sie sind da langgefahren. In einem Bus. Ich ...«

Ankes kühle Hand legte sich auf Doris' Schulter. »Bleib ruhig. Es gibt Tausende von Bussen.«

Der Schweißausbruch kam explosionsartig. Doris schloss kurz die Augen und hoffte, dass die Welle gleich abebben würde. »Aber sie sind doch ... Wie geht denn dieses Fenster auf? Es ist so stickig hier. Wir müssen doch gleich da sein.«

Katja drehte sich zu ihr um. »Goldstein, jetzt werd nicht hysterisch. Was ist denn los? Mach mal Atemübungen. Du schnappst doch wohl nicht über, nur weil wir zu einer Geburtstagseinladung gehen?«

»Mir ist heiß.« Doris hatte keine Ahnung, warum sie sich plötzlich fühlte, als drehe sie gleich durch. Da kam wohl vieles zusammen: die letzte Nacht, die fünfzig, die Hormone, Torsten, den sie gleich sehen würde und der noch keine Ahnung davon hatte, was bei ihr im Kopf alles passiert war, der schnelle Gedanke an Sascha, ihre Mutter und der Taxifahrer, dessen Blick jetzt fast panisch war. Impulsiv legte sie ihm die Hand auf die Schulter und flüsterte: »Geht schon.«

Er zuckte zusammen.

Anke tastete vorsichtig ihr Gesicht ab. »Falls es euch interessiert, ich habe fast keine Beulen mehr. Zumindest keine, die man fühlt. Da vorn müssen Sie rechts rein.«

»Ich weiß.« Er sah noch einmal kurz zu Doris, dann setzte er, offensichtlich erleichtert, den Blinker und fuhr auf den Parkplatz vor der »Weidenklause«.

Direkt neben dem Eingang stand ein großer gelber Bus.

»Na bitte.« Anke deutete mit dem Kinn in die Richtung. »Unbeschadet und direkt aus Lüneburg. Die steigen ja gerade erst aus.«

Doris drückte sich tiefer in die Rückbank. »Wer ist das denn alles? Meine Güte, Torsten hat alle eingeladen, die wir kennen.«

»10,80.« Der Taxifahrer überlegte vermutlich, ob er jemanden warnen sollte, traute sich aber wohl nicht, den Wagen zu verlassen. Katja heftete ihren Blick auf den Bus, während sie in ihrer Tasche nach der Geldbörse suchte. »Da ist Torsten ja auch. Oh, und an der Tür steht deine Mutter, Doris. Sieht nicht gut gelaunt aus. Sie hat dich vorhin übrigens schon wieder im ganzen Hotel gesucht, hat mir Jessica gesagt, bis sie dann wutentbrannt mit dem Taxi losgefahren ist. Hier bitte, stimmt so.«

Sie hatte die Hand am Türgriff und drehte sich zu Doris um. »Los. Komm schon.«

Doris spähte vorsichtig durch die Scheibe. »Ich finde, das sieht aus, als würde ein Reisebus auf dem Weg zu einer Butterfahrt an der Tankstelle halten. Und alle müssen zum Klo.«

In diesem Moment entdeckte Torsten das Taxi. Er wechselte noch ein paar Worte mit dem Paar, das neben ihm stand, Petra und Lars, Nachbarn aus Lüneburg, dann lief er los. Doris blieb einfach sitzen, Katja und Anke standen schon vor dem Wagen.

»Goldstein, wir gehen mal vor und beruhigen deine Mutter«, rief Katja zurück ins Auto, dann begrüßten sie Torsten kurz und überließen ihm das Öffnen von Doris' Tür.

»Schön, dass du da bist.« Torsten lehnte seinen Arm auf die Autotür und blickte auf seine Frau. »Ich hatte wirklich Angst, dass du nicht kommst.«

Er reichte ihr die Hand, Doris atmete kurz durch und ergriff sie. Sie sahen dem abfahrenden Taxi nach, bevor Torsten sie umarmte und leise sagte: »Herzlichen Glückwunsch zum Geburtstag. Ich wollte dir einfach nur die Angst vor diesem Tag nehmen, deshalb habe ich das so organisiert. Ich habe gedacht, du würdest dich darüber freuen.«

Doris trat einen Schritt zurück und betrachtete diesen Mann, der sie fast durch ihr ganzes Leben begleitet hatte. Sie hatte immer geglaubt, dass sie sich in- und auswendig kennen würden. Die Geschichte von Anke und ihm auf Amrum hatte sie in diesem Glauben erschüttert, genauso wie die Tatsache, dass sie über ihre tiefsten Ängste und Wünsche nur mit Katja und Anke geredet hatte, nie mit ihrem Mann.

Abwartend stand er vor ihr. »Ist alles okay mit dir?«

Langsam nickte sie. »Ich glaube schon. Es ist so viel passiert, und ich muss einiges in meinem Leben verändern. Es geht so nicht mehr weiter.«

»Aber was …?« Torstens Blick wurde unsicher. »Willst du …«

»Jetzt nicht.« Entschlossen griff Doris nach seinem Arm. »Ich will diese Feier hinter mich bringen und danach mit dir reden. Und ich weiß, dass du es gut gemeint hast. Aber es ist bitte das letzte Mal, dass du allein entscheidest, was für mich gut ist und was nicht. Ich möchte das wieder selbst wissen. Und jetzt lass uns da reingehen, sonst bekommt Margret gleich einen bühnenreifen Nervenzusammenbruch.«

Dein Handy funktioniert immer noch nicht.« Margrets Stimme empfing Doris, noch ehe die ersten Gratulanten sie erreichen konnten. »Den ganzen Morgen habe ich versucht, dich zu erreichen. Du musst es reparieren lassen.«

»Ich habe es an die Wand geschmissen, Mama«, antwortete Doris im Vorbeigehen. »Lauter Einzelteile, das ist hin.«

»Aber warum?« Margrets verblüffte Frage ging in der ersten Begrüßungswelle unter.

Es waren genau fünfzig Gäste, die sich hier versammelt hatten. Torsten hatte ihr die Zahl zugeraunt, er war sehr stolz, dass alles geklappt hatte. Die Gäste standen in kleinen oder größeren Gruppen zusammen und sahen den beiden gut gelaunt entgegen. Doris unterdrückte den Impuls, sich auf dem Absatz umzudrehen und das Lokal zu verlassen.

Sie suchte Katja und Anke und sah die beiden am Tresen stehen, zusammen mit Stefan, Torstens bestem Freund, und dessen Frau. Doch Stefan war nicht der Einzige aus ihrem Abiturjahrgang, plötzlich erkannte Doris noch andere Gesichter und fragte sich, warum sie erst fünfzig werden musste, um alle wiederzusehen. Torsten zog sie weiter. Hilfesuchend schickte sie einen Blick über die Schulter, der von Katja aufgefangen und mit einem beruhigenden Lächeln quittiert wurde.

Egal, ob diese Feier nun überflüssig war oder nicht: Es

waren lauter Menschen hier, die sie mochte, die extra gekommen waren und sich vielleicht sogar darauf gefreut hatten. Torsten hatte sich wirklich viel Mühe gemacht. Also hob Doris das Kinn und stürzte sich ins Getümmel.

Während sie geküsst, umarmt und beglückwünscht wurde, hatte sie mit einem kurzen Blick gesehen, dass es offensichtlich eine Tischordnung gab, geordnet nach Familie, Freunden, Firma, Nachbarn. Sie hatte es befürchtet. Dafür gab es keinen gemischten Braten, sondern ein Antipasti-Büffet, ein klares Zeichen dafür, dass Margret sich nicht so sehr in die Vorbereitungen hatte einmischen können. Wenigstens das war weniger schlimm als erwartet. Jemand drückte ihr ein Glas Sekt in die Hand, Doris trank es aus, die guten Vorsätze würde sie hier und heute auf jeden Fall in den Wind schießen.

Das zweite Glas drückte ihr jemand in die Hand, als sie am Familientisch angekommen war. Moritz saß zwischen Wiebke und Margrets Lebensgefährten Werner und sprang sofort auf, als er seine Mutter sah.

»Mama, herzlichen Glückwunsch«, rief er, bevor er sie umarmte. An ihr Ohr gepresst flüsterte er dann: »Tut mir leid mit Oma, hat sie viel Theater veranstaltet? Sie hat mich einfach fertiggemacht.«

»Mich auch.« Doris schob ihn ein Stück zur Seite und wischte ihm ein paar Tropfen Sekt vom Ärmel, die sie bei seiner Umarmung versprüht hatte. »Es ist schon in Ordnung.«

Sie sah ihm über die Schulter, in der unsicheren Erwartung, ein ganz bestimmtes Gesicht in der Menge zu entdecken. Vergeblich. Außer Wiebke und Werner, die mittlerweile auch standen, und ihren Schwiegereltern, war nur noch Margret zu sehen, die gerade mit fliegendem Paschminaschal auf sie zu rauschte.

»Sind denn jetzt alle da? Dann kann ich mich vielleicht auch mal setzen. Ich habe alles mit der Küche besprochen, sie machen jetzt noch eine Hochzeitssuppe, ihr könnt doch nicht nur so ein kaltes Zeug anbieten. Ich habe …«

Doris gab Torsten ein Zeichen und floh.

»Wenn ich der Koch hier wäre, würde ich Margret jetzt für fünfzig Leute Hackfleischbällchen rollen lassen.« Doris ließ sich auf den leeren Stuhl neben Katja fallen. »Sie macht das ganze Lokal verrückt.«

»Sie meint es bestimmt nur gut«, sagte Stefan, der ihr gegenübersaß. »In unserem Alter sollte man froh sein, dass man noch eine Mutter hat.«

»Stefan, also bitte …«, begann Katja und stockte. Ihr fiel ein, dass seine Mutter vor zwei Jahren gestorben war. Mit dreiundachtzig, manche Frauen ihrer Generation hatten eben spät Kinder bekommen. »Sorry, stimmt. Ich habe immer nur meine Mutter vor Augen, die ist noch keine siebzig und benimmt sich, als wäre sie zwanzig Jahre jünger. Doris, lass dir nicht von Margret die Stimmung versauen. Ich glaube, Torsten und Moritz haben sie ganz gut im Griff. Und obwohl du keine Lust hattest, musst du zugeben, dass Torsten alles wirklich schön organisiert hat. Er hat sogar den DJ engagiert, der beim Abitreffen Musik gemacht hat. Das wird ein langer Abend, ich sag es dir.« Sie sah sich um, weil jemand hinter ihr stand. »Kerner, da bist du ja wieder. Hast du dir an der Tanke eine Bockwurst gekauft?«

Anke ließ sich neben Doris sinken und presste ihre Hand auf den Magen. »Ich bin kurz davor. Wann gibt es denn jetzt eigentlich was zu essen? Ich könnte jemanden anfallen.«

»Keine Ahnung.« Doris wandte sich um und suchte nach

Torsten, der an der Tür stand. »Es steht doch alles schon da. Vielleicht muss ich noch was sagen, ich dachte, dass er das macht. Ich gehe mal fragen, bis später.«

Sie hockte sich noch kurz neben den Stuhl ihrer ältesten Nachbarin, die sie an der Hand festhielt, und wollte sich gerade wieder erheben, als sie zur Tür sah und fast das Gleichgewicht verlor.

Da war er. Sascha. Die blonden Haare verstrubbelt, mit Jeans und einem grünen Kapuzenpullover. Er lächelte seinen Vater an und sagte etwas zu ihm. Neben ihm stand ein groß gewachsener Mann, dunkelhaarig, in Saschas Alter. Er war besser angezogen, trug ein Jackett, und das dunkle Haar war mit Gel in Form gebracht. Ihn als gut aussehend zu beschreiben, war untertrieben. Er war extrem gut aussehend. Und er legte Sascha die Hand auf den Rücken, während er sich mit kritischem Blick im Lokal umsah.

Es war ein völlig unpassender Moment, einen Schweißausbruch zu bekommen, aber darauf hatten Doris' Hormone ohnehin nie Rücksicht genommen. Ihr Puls pochte in der Halsschlagader, ihre Nackenhaare wurden feucht, ihr Körper glühte, aber sie blies sich nur Luft unter den Pony und ging mit langsamen Schritten auf die Gruppe an der Tür zu.

Ihre Gedanken überschlugen sich. An der Tür ist ihr Sohn, auf dem Rücken ihrer Bluse bilden sich Schwitzflecken, der junge Mann neben Sascha könnte Fotomodell sein, Torsten hat es geschafft, Sascha hierherzulotsen, der Mann neben ihm ist zu schön, um nicht schwul zu sein, ihr Sohn ist mit ihm zusammen hier, wen, außer seinen Partner, bringt man zum fünfzigsten Geburtstag seiner Mutter mit? Vor allen

Dingen dann, wenn man seit zwei Jahren den Kontakt fast abgebrochen hat.

Doris sehnte sich nach einem Schnaps, nach Sascha, nach frischer Luft, hoffte, nicht ohnmächtig zu werden, und hatte nur noch die Gedanken: »Sascha ist schwul«, gefolgt von »Sascha ist hier«.

Sie war dankbar, als sich Torstens Arm um ihre Schulter legte und er sie auf Sascha zuschob. »So, mein Schatz, nun sind auch die letzten Gäste da. Dann halte ich gleich mal meine Begrüßungsrede. Du kannst jetzt deine Mutter küssen, Sascha, ich kümmere mich mal um ein Mikro.«

Doris blieb wenige Zentimeter vor ihrem Sohn stehen. Die Hitzewelle ebbte gerade rechtzeitig ab, bevor Sascha die Arme ausbreitete und sie an sich zog. »Alles Gute, Mama. Das ist …«

Doris unterbrach ihn. »Sascha, es tut mir leid, es tut mir wahnsinnig leid. Ich hätte mich nie in dein Leben einmischen dürfen, ich habe einen Fehler gemacht. Es wird nie wieder passieren. Ich hoffe, wir kriegen das wieder hin. Du hast mir so gefehlt und …«

Sie stoppte sich selbst, bevor sie rührselig wurde, und schluckte weitere Erklärungen runter. »Schön, dass du da bist.«

Alles andere würde sie hoffentlich später mit ihm besprechen können. Sascha beugte sich zu ihr, um sie auf die Wangen zu küssen. »Okay. Bleib entspannt. Moritz hat mir gesagt, dass du abgehauen bist? Und dass Papa und Oma nicht wussten, ob du überhaupt kommst? Sehr stark, die Nummer. Und ganz untypisch. Du solltest öfter fünfzig werden. Übrigens, Mama, das ist mein …«

»Alex«, rief Katja von hinten, und noch bevor Doris dazukam, sich nach ihr umzudrehen, war sie schon da und drängte sich neben sie. »Da seid ihr ja.«

Unter den verblüfften Augen von Sascha und seiner Mutter fiel Katja dem schönen jungen Mann um den Hals, presste sich an ihn und küsste ihn mit aller Leidenschaft und geschlossenen Augen. Seine Hand lag dabei auf ihrem Po.

»... mein Geschäftspartner Alex.« Sascha war genauso perplex wie seine Mutter.

»Darf ich einen Moment um Ruhe bitten?« Torstens sonore Mikrofonstimme unterbrach das Stimmengewirr ebenso wie die Schockstarre an der Tür. »Ich rede auch nicht lange.«

Es wurde still, alle Augen wandten sich Torsten zu. Auch Doris drehte sich langsam von Katja und Alex weg und starrte ihren Mann, der in der Mitte des Raumes stand, an, als sähe sie ihn zum ersten Mal.

»Liebe Doris, liebe Familie, liebe Freunde. Ich habe dieses kleine Fest hinter Doris' Rücken und, ich muss es zugeben, auch gegen ihren ausdrücklichen Wunsch organisiert. In den letzten Tagen hatte ich deshalb auch ein paarmal den Anflug eines schlechten Gewissens. Das ist heute aber komplett verflogen, weil ich mir nun sicher bin, dass dieser Tag meiner Frau Spaß machen wird.«

›Sascha ist nicht schwul‹, dachte Doris. ›Katjas jugendlicher Liebhaber ist tatsächlich der Freund von Sascha.‹

»Der fünfzigste Geburtstag wiegt sicher schwerer als der achtzehnte oder der zwanzigste. Ich kann mich aber erinnern, dass wir den dreißigsten auch schon schockierend fanden.« Einige der Gäste lachten.

Doris dachte: ›Katja hätte ja auch mit Sascha zusammen sein können. Statt mit seinem Freund.‹

»Viele von euch kennen Doris schon seit dieser Zeit und erinnern sich an diesen dreißigsten Geburtstag und ihre Rede, die mit dem legendären Satz endete: ›Lasst uns für den Rest der Zeit wenigstens Spaß haben. Wenn wir schon alle zusammen alt werden müssen.‹ Daran habe ich in den letzten Jahren manchmal gedacht. Ich bin froh, dass wir alle zusammen alt werden, und hoffe, dass wir noch oft zusammen feiern. Und, liebe Doris, an die Sache mit dem Spaß sollten wir noch mal verstärkt rangehen, mit fünfzig kann man sich endlich eine gewisse Leichtigkeit im Leben leisten, dass wir viel können, haben wir doch in den letzten Jahren bewiesen.«

›Wenn meine Mutter Katja und Alex so sieht, fängt sie an zu kreischen.‹ Doris zwang sich, ihren Blick auf Torsten zu richten, der sie gerade liebevoll ansah. ›Lass uns abhauen‹, dachte sie, ›ich habe keine Lust auf diese ganzen Menschen.‹

Ihr wurde klar, dass sie kaum etwas von Torstens Rede mitbekommen hatte. Anke stand plötzlich in ihrer Nähe und blickte fragend. Doris nickte ihr zu und bemühte sich, den letzten Worten von Torsten zu folgen.

»Ich wünsche uns einen unbeschwerten Tag und Abend mit viel guter Laune und meiner Frau eines der besten Jahrzehnte ihres Lebens. Ich liebe dich, Doris Goldstein-Wagner, übrigens mit fünfzig genauso oder mehr wie mit fünfzehn, als wir uns das erste Mal geküsst haben. Und jetzt bitte ans Büffet. Danke für euer Kommen und ganz viel Spaß.«

Doris wollte so schnell wie möglich zu ihm und lief, unter einem herzlichen Applaus und ohne auf ihre Gäste zu achten, quer durch den Saal.

»Danke«, sagte sie und küsste ihn schnell auf den Mund. »Das hast du schön gemacht. Ich gebe mir Mühe, viel Spaß zu haben.«

»Keine Mühe mehr, bitte.« Er hielt sie an ausgestreckten Armen von sich und musterte sie prüfend. »Hast du ein Gespenst gesehen? Oder war die Rede so schlecht?«

Doris deutete hinter sich, wo Katja immer noch von Alex umfangen an der Tür stand. Sascha unterhielt sich mittlerweile mit Anke.

»Wenn Kerner jetzt auch noch was mit Sascha anfängt, muss ich mal über dich nachdenken. Ich glaube es einfach nicht. Severin und dieses Kind.«

»Oh.« Torsten grinste. »Katja lässt doch wirklich nichts aus. Respekt. Aber wenn's ihr gut tut? Wieso bist du plötzlich so moralisch? Und spießig?«

Doris sah ihn nachdenklich an. Er hatte recht. Sie bekam gerade wieder einen Rückfall. Dabei sollte doch eigentlich vieles ganz anders werden. Langsam hakte sie sich bei ihm unter. Er hatte eine helle Wildlederjacke und Jeans an, seine grauen Haare waren kurz, seine Augen sehr blau, er wirkte ungeheuer lässig und sehr männlich.

»Organisierst du uns zwei Gläser Sekt und gehst mit mir einen Moment vor die Tür?«

Überrascht ließ er sie los. »Jetzt? Vor dem Essen?«

»Seit wann bist du so spießig?«

Doris legte kurz die Hand an sein Gesicht und drehte sich um. »Bis gleich.«

Katja und Alex gingen mit Anke zu ihrem Tisch, Sascha folgte ihnen. Alle Gäste waren jetzt im Lokal, nur Doris war auf der Außenterrasse. Sie setzte sich auf eine Bank, von wo aus man das Meer sehen konnte, und wartete auf ihren Mann.

Nach wenigen Minuten war er da, balancierte zwei Gläser und sah sich suchend um, bis er sie entdeckte.

»Da bist du.« Er reichte ihr ein Glas und stieß mit ihr an. »Nochmals: Ich wünsche dir alles Gute zum Geburtstag. Und ich hoffe, du nimmst mir die Feier nicht mehr übel. Wie war es denn mit den Mädels?«

Doris hielt das Glas in der Hand und dachte einen Moment nach. »Besonders«, sagte sie dann. »Wir haben die ganze Zeit geredet. Über uns, über früher, über Träume und Hoffnungen und übers Älterwerden.«

Sie fing langsam an zu erzählen, sprach von den ›Wilden Wörtern‹, Ankes Schulden, Katjas Vater. Ihr Tempo wurde immer schneller, sie erzählte, als hätte sie Angst, etwas Wichtiges zu vergessen. Torsten hörte nur zu, er unterbrach sie nicht, er fragte nichts, ab und zu lächelte er, dann wurde er wieder ernst. Aber er ließ sie reden.

»Sie haben gesagt, ich würde zu viel trinken. Und es wäre ein Luxusproblem. Ich würde mir über zu viele Dinge zu viele Gedanken machen. Und meine Talente verschleudern. Und ich würde dich aus den Augen verlieren. Sie haben recht gehabt, nicht mit allem, aber mit ganz vielem. Ich will was ändern, Torsten, ich habe das alte Leben satt.«

Mit einem Seufzer lehnte sie sich zurück und wartete auf seine Reaktion. Die war dann ganz anders, als sie erwartet hatte.

»Du solltest das alles aufschreiben«, sagte er. »Damit du

dieses Gefühl festhältst. Du hattest in den letzten Jahren schon oft solche Aufbruchstimmungen. Du hast nur nie viel daraus gemacht.«

»Stimmt.« Doris rieb sich über die Stirn. »Ich bin träge geworden. Aber dieses Mal ist es anders. Kerner und Severin sind dabei. Danke fürs Zuhören. Du, ich glaube, wir müssen jetzt wieder da rein. Oder?«

Torsten hob die Schultern. »Wir bezahlen ja das Fest, da müssen wir nicht unbedingt noch mitfeiern. Vielleicht haben die Leute mittlerweile vergessen, warum sie eigentlich hier sind. Und es gibt ein großes Hallo, wenn wir reinkommen. Auf der anderen Seite habe ich jetzt Hunger. Und unsere Gläser sind leer. Und Sascha ist da. Und 49 weitere Gäste, die auch noch mit dir reden wollen. Reingehen wäre schon eine Option.«

»Gut.« Doris stand auf und griff nach den leeren Gläsern. »Also los.«

Kurz bevor sie die Tür erreichten, hielt Torsten sie am Arm fest. »Du hast mir seit Jahren nicht mehr so viel auf einmal erzählt. Danke.«

Doris legte ihm kurz die Hand auf die Brust. »Ich habe auch seit Jahren nicht mehr über so viele Dinge nachgedacht. Wir haben uns von diesem ganzen Trott auffressen lassen. Das ist ärgerlich.«

Er küsste sie auf die Stirn. »Besser jetzt als nie. Dafür haben wir den Trott schon mal erledigt. Jetzt komm.«

»Wann fährt denn der Bus zurück?« Moritz hatte keine klare Aussprache mehr, hielt sich aber tapfer, im Gegensatz zu seiner Freundin Wiebke, die sich zwischen die Mäntel an der Garderobe gelegt hatte.

Es war kurz vor elf, die meisten Gäste brachen schon auf. Der DJ packte gerade seine Anlage ein, während das umtriebige Bedienungspersonal die ersten leeren Tische abräumte.

»Gleich.« Anke kniff die Augen zusammen, als plötzlich das brutale Deckenlicht erstrahlte. »Meine Güte, das ist ja wie ein Rausschmiss. Da wird man ja blind und sofort wieder nüchtern. Dein Vater treibt die Leute schon zusammen.«

Katja hatte ihre Schuhe ausgezogen und die bloßen Füße auf den gegenüberstehenden Stuhl gelegt. »Ich an deiner Stelle würde mir Wiebke über die Schulter werfen und mich mal Richtung Parkplatz bewegen. Sonst fährt der Bus ohne euch. Die meisten sitzen schon drin.«

»Gut.« Moritz strahlte Katja an. »Dann hole ich mal Wiebke. Wo ist denn meine Mutter?«

»Hinter dir.« Doris legte ihrem Sohn die Hände auf die Schulter. »Deine Süße schläft schon im Bus. Papa hat sie reingetragen. Letzte Reihe, dritter Platz von rechts, falls du sie suchst.«

»Okay.« Jetzt bekam er auch noch Schluckauf. »Wo ist denn Sascha?«

»Der ist mit Alex gefahren, die sind schon los.« Katja rieb ihre Füße aneinander. »Mir tun die Füße weh. Die sind das Tanzen überhaupt nicht mehr gewöhnt. Trinken wir jetzt noch einen Absacker, oder müssen wir den Saal räumen?«

»Wo ist denn Oma?« Moritz' Schluckauf wurde stärker. Doris schüttelte ihn leicht.

»Die ist auch schon im Bus. Jetzt steh mal auf, die warten auf dich.«

Moritz blieb lächelnd und etwas schwankend sitzen. »Ich will aber nicht neben Oma sitzen.«

»Was ist denn jetzt mit dir?« Torsten stand plötzlich am

Tisch und beugte sich über seinen Sohn. »Bist du kampfunfähig? Wir wollen abfahren. Komm.«

Während Moritz sich mühsam und umständlich von seinem Platz löste, zog Torsten Doris zur Seite. Er strich ihr eine Strähne aus dem Gesicht und küsste sie. »Alles gut?«

»Ja.« Sie lehnte sich kurz an ihn. »Du könntest aber auch hier bei mir bleiben, du musst nicht mit zurück. Das wäre eigentlich ganz schön. Vom Bett aus kann man das Meer sehen.«

Er lächelte. »Du kannst gern das nächste Wochenende für uns buchen, aber jetzt muss ich die Leute schon zurückbringen. Außerdem brauche ich vermutlich die ganze Fahrt, um Margret zu beruhigen.«

»Goldstein, komm nicht auf die Idee, nach Hause zu fahren«, rief Katja über den Tisch. »Wir gehen jetzt noch tanzen.«

»Siehst du«, raunte Torsten Doris zu. »Dabei würde ich nur stören. Ich greif mir jetzt deinen betrunkenen Sohn, und wir sehen uns ja dann morgen.«

»Der betrunkene Sohn gehört auch dir.« Doris sah zu Moritz, der sich so überschwänglich von Anke verabschiedete, als hätte sie ihn großgezogen. »Danke, Anke, für alles.« Mit unsicheren Bewegungen, aber äußerst charmant klopfte er ihr auf die Schulter. »So schön, alles, bis irgendwann mal.«

»Moritz, mach hin.« Sein Vater griff energisch nach seinem Jackensaum. »Sag tschüss zusammen und dann komm.« Er schob seinen leise singenden Sohn zum Bus.

Katja sah den beiden nach, bis die Tür hinter ihnen zufiel. »Das hätten wir geschafft. Goldstein, das war ein tolles Fest, und das, obwohl du vorher so ein Gezicke gemacht hast.«

Doris ließ sich auf einen Stuhl fallen und streckte ihre Beine aus. »Ja. Es war nicht so schlimm, wie ich dachte. War die Frau von Stefan eigentlich immer schon so dick?«

Katja grinste. »Nein. Aber bevor wir jetzt anfangen, jeden einzelnen Gast durchzuhecheln, möchte ich etwas trinken. Entweder hier oder wir gehen noch in die Hotelbar. Kerner, was machst du da eigentlich mit deinem Handy? Schreibst du um diese Zeit noch eine SMS?«

Ohne den Blick von ihrem Display zu heben, tippte Anke in Ruhe weiter und antwortete: »Du hast den ganzen Abend mit einem Kind rumgemacht, dann kann ich ja wohl mal einem erwachsenen Mann schreiben, wie es mir gerade geht. Außerdem geht dich das gar nichts an.«

Sie drückte den Sendebefehl und sah Katja an. »Severin und der Knabe. Doris hat Schweißausbrüche bekommen, als sie euch gesehen hat.«

»Ich weiß gar nicht, was du willst.« Lasziv räkelte sich Katja auf dem Stuhl. »Bloß kein Neid. Doris hat nur geschwitzt, weil sie plötzlich dachte, dass es auch ihr Sohn sein könnte. Stimmt, oder? Du willst mich nicht als Schwiegertochter.«

»Anfangs habe ich gedacht, Alex wäre der Freund von Sascha.« Doris betrachtete Katja und registrierte wieder, wie gut sie aussah. »Also, ich meine, nicht nur so, auch anders. Aber es stimmt doch, wenn Alex an dem Tag nicht da gewesen wäre, dann hätte Sascha dein Tattoo gestochen.«

»Bestimmt.« Katja setzte sich aufrecht hin und sah Doris an. »Aber ich wäre nicht mit ihm in die Kiste gegangen. Du brauchst gar nicht zusammenzuzucken, dein Sohn ist nicht mein Typ.«

»Er hätte dich ja auch erkannt.« Anke hatte ihr Handy

weggesteckt und stützte das Kinn auf die Faust. »Und es ist auch nicht besonders erotisch, wenn man zu der Frau, die bei einem im Bett liegt, früher Tante Katja gesagt hat.«

»Das hat er nie«, korrigierte Doris. »Immer nur Katja. Aber hast du ihn denn nie getroffen?«

»Nein.« Katja hob die dritte Wasserflasche an, die auch leer war. »Wirklich nichts mehr drin. Ich wusste bis gestern nicht, dass er mit Alex das Studio hat. Was wäre für dich eigentlich schlimmer? Wenn dein Sohn schwul wäre oder wenn seine Freundin so alt wäre wie ich?«

»Du hast die dritte Möglichkeit vergessen.« Anke grinste. »Wenn du die Freundin wärst. Das wäre der Supergau!«

»Es ist mir egal. Es soll ihm gut gehen«, sagte Doris. »Aber müssen wir denn jetzt bei diesem fiesen Licht ohne ein Getränk hier sitzen bleiben und über solche Themen reden? Ich möchte in die Hotelbar und in Ruhe noch einen Champagner trinken. Und über Stefans dicke Frau lästern.«

»Und einen Toast darauf aussprechen, dass Severin nicht Mutti zu dir sagen muss.« Anke war schon aufgestanden und nahm ihre Tasche vom Tisch. »Katja, zieh deine Schuhe an, ich rufe uns ein Taxi.«

Doris schloss die Haustür auf und drehte sich noch einmal um, während Katja ihr dunkelgrünes Cabriolet wendete und mit einem Hupkonzert aus der Einfahrt fuhr. Sie ließ die Hand sinken und wartete, bis der Wagen nicht mehr zu sehen war, dann betrat sie das Haus.

Im Flur ließ sie den Koffer stehen und ging in die Küche. Ein Rosenstrauß stand auf dem Tisch. Ein Zettel lehnte an der Vase:

»Ich habe heute Nachmittag frei genommen, bin gegen 13 Uhr zu Hause. Küsse, T.«

Sie lächelte und blätterte die Post durch. Lauter Glückwünsche zum fünfzigsten Geburtstag, eine Karte schlimmer als die andere. Die Siegerkarte war eindeutig ein Glückwunsch auf Blümchendekor, umrankt von goldenen Blättern, die in einer Fünfzig endeten, mit den besten Wünschen ihres Sanitätshauses. Doris legte die scheußlichsten Karten zur Seite. Katja würde ihren Spaß daran haben.

Sie hatten noch eine ganze Weile in der Hotelbar gesessen. Keine hatte Lust, diesen letzten Abend zu beenden. Erst spät in der Nacht hatten sie sich getrennt. Anke musste um neun im Verlag sein. Sie hatten verabredet, um halb acht abzureisen, also blieben ihnen noch fast vier Stunden Schlaf.

Katja würde erst Anke zur Arbeit und anschließend Doris nach Hause fahren. Wenigstens konnten sie gemeinsam reisen, was das Wochenende noch ein wenig verlängerte. Während Katja lauthals indiskrete Geschichten von verschiedenen Fernsehprominenten erzählte und Anke mit entsprechenden Informationen über Autoren, die sie auf Messen kennengelernt hatte, konterte, lehnte Doris ihren Kopf mit geschlossenen Augen an die Kopfstütze.

»Goldstein, bist du eingeschlafen oder hast du Altersdepressionen?«

Katjas Rückspiegel war so eingestellt, dass sie Doris im Blick hatte. »Du siehst aus, als würdest du gleich heulen.«

Doris schlug die Augen auf und sah, dass Anke sich zu ihr umgedreht hatte.

»Ich habe gerade gedacht, dass ich nicht möchte, dass wir uns wieder nur sporadisch sehen. Nach diesem Wochenende.«

»Sag mal, bist du verrückt?« Anke tippte sich an die Stirn und drehte sich wieder zurück. »Da redet man stundenlang über ein Buchprojekt, ich gehe schon in die Planung, selbst Severin hat mal gute Ideen, und du erzählst was von sporadischen Treffen. Ich will das Ding bis zum Jahresende durchziehen, das habe ich doch gestern, vielmehr heute Morgen in der Bar gesagt. Ich brauche die Kohle. Und ihr die Arbeit. Das wird richtig Stress, ihr Lieben, das ist nicht mit einer halben Stunde mal ab und zu getan. Ich treibe euch dahin, ich bin wild entschlossen. Und ihr lasst mich nicht hängen, dafür sorge ich. Das erste Treffen ist Mittwochabend, bis dahin habe ich ein Konzept. Ihr könnt überlegen, bei wem und wann.«

»Bei Doris.« Katjas Antwort kam umgehend. »Halb acht zum Essen. Ich möchte Fisch. Und für Anke kannst du ja ein halbes Schwein grillen. Mit Kartoffeln.«

»Und Rotkohl.« Anke drehte sich wieder um. »Und während Torsten die Küche aufräumt, fangen wir drei an zu arbeiten. Von wegen sporadisch. Du bist wohl nicht bei Trost.«

Doris lächelte und schloss wieder die Augen. Dieses Mal voller Zuversicht.

Buchpremiere an der Ostsee

(asc) Vor ausverkauftem Haus fand am gestrigen Freitag in der »Weidenklause« eine Buchpremiere der besonderen Art statt. Drei Autorinnen, die sich seit ihrer Schulzeit kennen und schon damals Erfahrungen mit einer Schülerzeitung gemacht haben, stellten ihren ersten gemeinsamen Roman vor.

›Bei Hitze ist es wenigstens nicht kalt‹ erzählt genau das, was der Titel ahnen lässt. Es geht um Frauen in der Mitte ihres Lebens, um Freundschaften, ums Älterwerden, um Hormone, Kinder, Geheimnisse und Liebe. Anke Kerner, Doris Goldstein-Wagner und die aus Funk und Fernsehen bekannte Katja Severin unterhielten die Gäste, in der Mehrheit natürlich Frauen, intelligent und gleichzeitig amüsant. Es wurde nicht nur gelesen, es wurde auch erzählt, gelästert, gelacht und auf viele Fragen geantwortet. Angst vor dem fünfzigsten Geburtstag hat keine der Autorinnen, das spürten die anwesenden Frauen deutlich. Es bleibt zu hoffen, dass dieses erste gemeinsame Buch nur der Anfang einer schriftstellerischen Karriere zu dritt war. Themen haben KGS (Kerner/Goldstein/Severin) genug.

DANKE

Kein Mensch kann ein Buch allein machen, zum Glück hatte ich auch dieses Mal wieder viele gute Geister.

Bedanken möchte ich mich bei:
Silvia Schmid, Bianca Dombrowa und Konstanze Renner aus dem Lektorat, die sich immer Zeit zum Telefonieren nehmen und trotzdem einen tollen Job machen;
Christine Püffel, Petra Büscher und Bea Habersaat, genauso großartig;
Gabi Fischer und dem ganzen Vertriebsteam;
wieder einmal Marion Blum (wieder mal am Strand);
Carola Lamp (die besten Gespräche kommen in der Sauna);
Kerstin Lok (mit der das Älterwerden kein Problem ist);
Anne Be (die einfach nie älter wird);
Königin Ingrid Grimm, mit der die Übergänge zwischen Strandkorb und Arbeit fließend sind;
ganz besonders Birgit Schmidt für die Fotos und Britta Toebs für den Spaß dabei und überhaupt für alles andere, und Bernd Schumacher für die Umsetzung der schwesterlichen Ideen;
und schließlich, wie immer, bei Joachim Jessen, dem nicht nur die besten Titel und die besten Ideen einfallen, sondern der auch der weltbeste Agent ist.

Was ein Glück, dass es euch gibt!

Dora Heldt

Der beste Geburtstag meines Lebens

Keine Blumen ...

... keine kitschigen Karten ...

... sondern ...
... ich will mit euch ans Meer.

Wellness, Ruhe ...

... keine Störungen

... und nur wir drei.

„Wilde Wörter"
Redaktion
D. Goldstein, A. Kerner, K. Severin
WILDE WÖ
Redaktion
D. Goldstein, A. Kerner, K. Severin

Redaktion
D. Goldstein, A. Kerner, K. Severin
... und das Gefühl von früher.

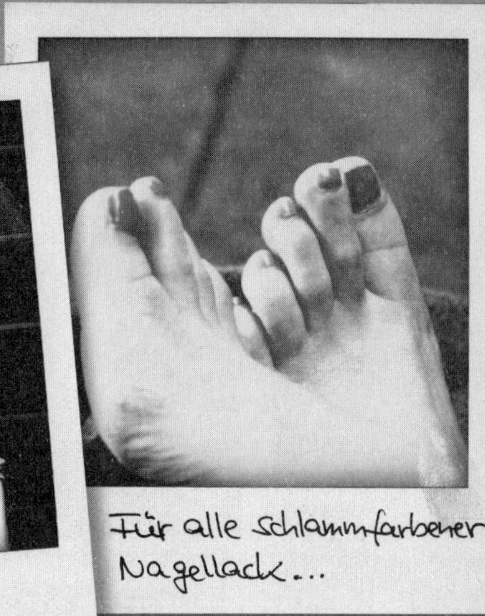
Für alle schlammfarbener
Nagellack …

… Schönheit und …

für mich soll's rote
Blumen regnen.

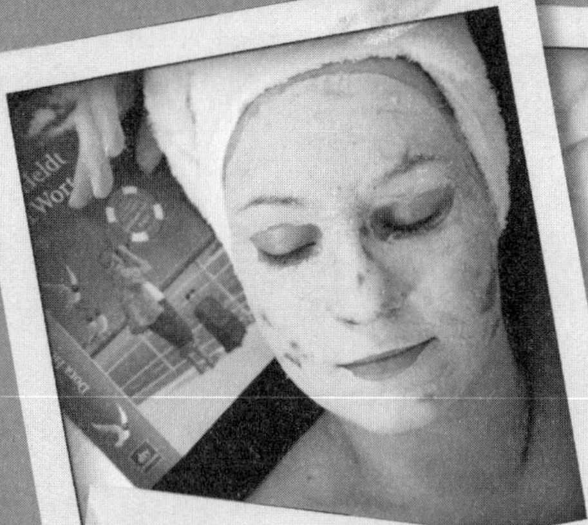

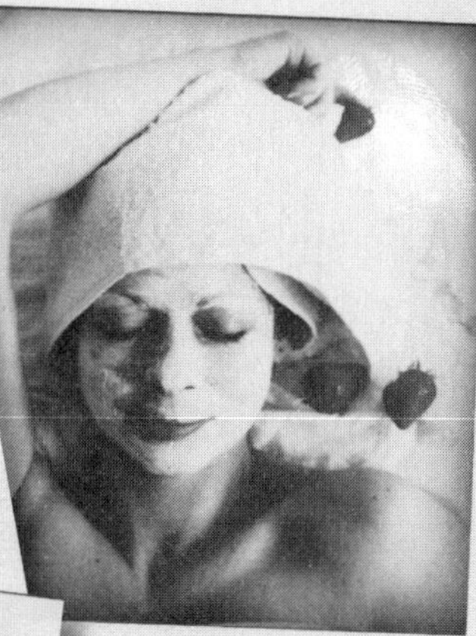

Anwendungen,

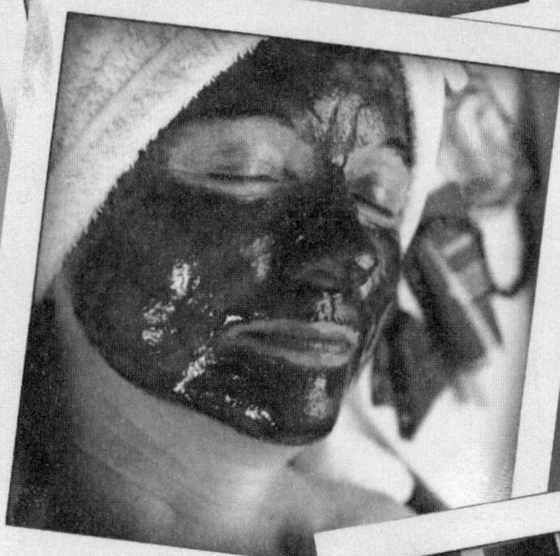

Anwendungen,

Anwendungen.

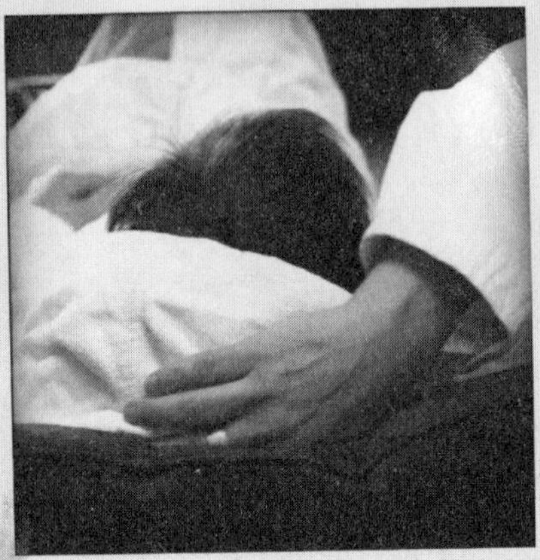

Und ...

... schön!

Haare ...

Essen mussten wir auch,

aber warum...

ausgerechnet Roulade?

Und dann eine Idee.

Wir schreiben ein Buch!

Die Idee !!!

Doch ein Buch…

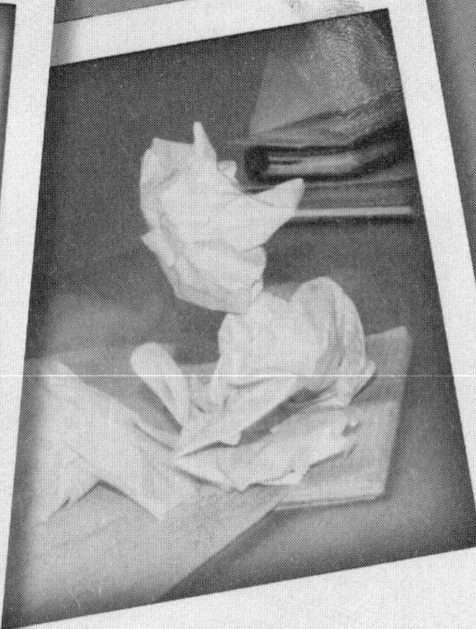

…muss…

…noch…

… geschrieben…

... und dann

... bearbeitet

... und bearbeitet

und bearbeitet werden.

Roman
dtv
Viele Hände helfen

und helfen …

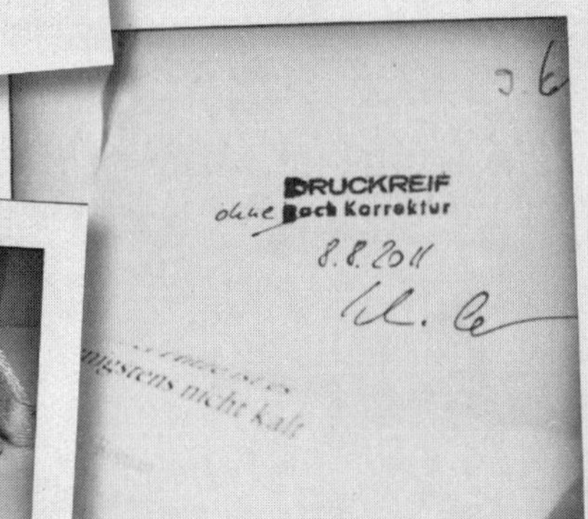

… und helfen.

Es ist geschafft.

Für alle Frauen vor,
während und nach der
Hitze. Ihr werdet sehen,
es ist alles halb so
schlimm.

Dora Heldt